사회적 기업을 말한다

이론과 실제

[경상대학교 인권사회발전연구총서 3]

사회적 기업을 말한다
이론과 실제

강욱모 · 심창학 엮음

Understanding Social Enterprises
Theory and Practice

Edited by

Wook-Mo Kang & Chang Hack Shim

ORUEM Publishing House
Seoul, Korea
2013

머리말

　최근 복지국가가 당면한 제 문제를 해결하기 위한 방안으로 사회적 기업에 대한 관심이 높아지고 있다. 1970년대 후반부터 신자유주의자들에 의해 주도된 복지국가 논쟁의 핵심은, 사회복지 정책들이 근로의욕의 감퇴와 함께 수혜자들의 의타심을 조장했을 뿐만 아니라 정부실패의 결과를 초래했다는 것이다. 이러한 진단에 따라 신자유주의자들은 작고 효율적인 정부, 최소한의 사회안전망 구축, 자율적인 시민사회 등으로 상징되는 정책전환을 도모하였다. 하지만 이러한 정책들은 경제적·사회적 양극화의 심화 등으로 상징되는 시장실패라는 정책적 한계를 노출함으로써 새로운 정책 대안을 모색하지 않을 수 없었다.

　이처럼 사회적 기업에 대한 관심은 기존의 공공정책 및 전통적인 사회·경제주체의 한계에 도전하여 정부와 시장의 실패에 따른 사회적 갈등을 해소하고자 하는 의도에서였다. 방글라데시에서 다양한 사회적 기업을 탄생시켜 2006년 노벨평화상을 받은 무하마드 유누스가 사회적 기업을 "인류의 가장 절박한 요구를 채워주는 새로운 유형의 자본주의"라고 언급한 바와 같이, 기존 정책들의 대안으로서 여러 국가들에서 주목을 받고 있으며, 우리나라 또한 2007년 사회적 기업육성법을 제정하여 활성화를 도모하고 있다.

본 저서는 경상대학교 인권사회발전연구소(소장 강욱모)가 사회적 기업에 대한 학문적 토대를 보다 공고히 하고자 하는 의도에서 저술되었다. 경상대학교 인권사회발전연구소는 연구소 내에 '사회적 기업 연구센터'의 설립을 추진 중에 있으며 전국의 사회적 기업 연구자들과 네트워크를 구축하는 한편, 이를 통하여 세미나를 개최하는 등 사회적 기업 연구에 관심을 기울이고 있다. 본 저서는 경상대학교 인권사회발전연구소가 그동안 노력한 사회적 기업연구의 첫 번째 결과물인데, 8명의 연구자가 집필에 참여하였다.

본 저서의 내용은 크게 2부로 구성되어 있다. 제1부는 "사회적 기업의 이론적 접근"이란 주제하에 '사회적 기업의 개념, 특성 및 유형', '사회적 기업과 사회적 가치,' 그리고 '사회적 기업과 내발적 발전'이라는 세 편의 글로 구성되어 있다. 제2부는 "사회적 기업의 국내외 사례"라는 주제하에 '프랑스의 사회적 기업: 사회적 경제의 외연 확대 혹은 정체성 상실?', '이탈리아의 사회적 기업과 사회적 경제', '유럽 중간지원조직 사례: 토트네스 전환마을', '사회적 기업과 기업연계의 이론과 사례: 강원랜드와 정선재활용센터 연계 사례' 그리고 '사회적 기업의 지속가능성과 지방정부의 역할'이라는 다섯 편의 글로 구성되어 있다. 각 집필자들의 연구내용을 간략히 제시하면 다음과 같다.

제1장 "사회적 기업의 개념, 특성 및 유형"은 강욱모가 집필하였는데, 이 책의 서론에 해당하는 것으로서 사회적 기업의 등장 배경, 개념 정의 및 특성, 유형, 그리고 한국에서의 사회적 기업의 발달과정과 주요 내용 등을 중심으로 기술되었다. 사회적 기업이 논의된 지 30여 년이 되어감에도 불구하고 아직 개념상의 혼란을 겪고 있는 이유는 개별 국가들이 당면하고 있는 사회문제들이 다양할 뿐만 아니라 이러한 문제해결을 위한 국가, 시장, 나아가 사회적 기업의 역할과 기능이 다르

기 때문으로 판단하고 있다. 아울러 개별 국가들이 당면한 사회문제가 다르기 때문에 사회적 기업의 유형도 다양하게 나타나고 있는 것으로 진단하고 있다. 나아가 이 글에서는 사회적 기업의 개념과 유형에 대한 기존의 연구자들과 연구기관 및 단체들이 제시한 내용들을 체계적으로 정리하였을 뿐 아니라 한국에서의 사회적 기업의 발달과정과 주요 내용을 제시함으로써 본 저서의 전체적인 논점을 개괄적으로 살펴볼 수 있는 기회를 제공하고 있다.

제2장 "사회적 기업과 사회적 가치"에서 최문경은 사회적 기업이 추구하는 사회적 가치를 핵심 주제로 다루고 있는데, 필자는 우리나라 사회적 기업 육성법에서 제시하고 있는 사회적 가치가 '취약계층을 대상으로 한 서비스 제공'에 한정되어 있다고 지적하면서 사회적 기업의 핵심적 가치가 '공동체 정신의 활성화'로 확대되어야 한다고 주장하고 있다. 특히 필자는 '공동체 정신'을 '서로 돌봄의 정신'으로 재해석하면서 우리나라에서 공동체 정신에 관심을 기울어야 하는 근본적 이유를 시장의 확장과 노동의 문제 등에서 찾고 있다. 나아가 필자는 사회적 기업을 통해 우리 사회에서 점차 약화되어가는 '서로 돌봄의 정신'을 우리의 생활 속으로 다시 불러들어옴으로써 우리들이 서로 연결되어 살아가는 공동체의 일원이라는 사실을 깨닫게 할 필요성을 강조하고 있다.

강병준이 집필한 제3장 "사회적 기업과 내발적 발전"은 사회적 기업이 유래된 유럽에서 도시보다는 농촌지역에서부터 먼저 발달했다는 사실에 근거하여 농촌 지역의 발전전략으로서 사회적 기업과 내발적 발전전략을 제시하고 있다. 필자는 농촌지역의 새로운 지역발전전략으로 프랑스, 미국, 일본 등 주요 농업 선진국들의 농업정책과 성공적인 농촌형 사회적 기업의 사례를 분석하여 사회적 기업들이 생태적·자연친화적 특성을 가지고 있다는 점, 자원을 적극 활용함으로써 내발적 발전 전략을 사용하고 있다는 점, 지역주민의 참여를 강조하고 있다는 점, 사회적 기업가 혹은 사회 혁신가들의 노력이 중요하다는 점, 그리고 거버넌스 구축이 사회적 기업의 성공에 중요하다는 점 등을 한국 농촌의 사회적 기업 발전을 위한 시사점으로 제시하고 있다. 이 글은 『지역발전연구(ISSN 1738-3846)』제21권 제1호(2012)에 발표된 논문을 수정·보완한 것이다.

제4장 "프랑스의 사회적 기업: 사회적 경제의 외연 확대 혹은 정체성 상실?"에서 심창학은 구조기능적 접근방법과 법적 접근방법을 통해 프랑스 사회적 기업의 정체성을 논의하고 있다. 특히 필자는 프랑스의 사회적 기업을 논할 때 구조기능적 접근방법에 따라 정의된 '경제활동 통합구조'와 법적 접근방법에 따라 정의된 '공공이익 협동조합회사' 양자를 함께 고려해야 한다는 점을 강조하면서, 기존의 사회적 경제와 사회적 기업 간에는 개념상의 간극이 있다는 점을 지적하고 있다. 나아가 사회적 기업의 등장이 사회적 경제의 재해석을 통한 외연확장의 기폭제가 될 수 있음을 지적하고 있다. 이 글은 『시민사회와 NGO (ISSN 1599-8568)』제10권 제2호(2012)의 논문을 수정·보완한 것이다.

채종헌은 제5장 "이탈리아의 사회적 기업과 사회적 경제"를 통해 협동조합의 전통이 가장 강한 이탈리아의 사회적 경제의 전통과 실제를 분석하고 있다. 특히 필자는 이탈리아에서 지역별로 사회적 경제의 양태가 다르다는 점을 고려하여 사회적 경제의 지역적 차이를 분석하고 있을 뿐만 아니라 이탈리아를 대표할 수 있는 사회적 기업 사례들을 제시함으로써 이탈리아 사회적 기업의 특성을 파악할 수 있는 기회를 제공하고 있다. 나아가 이탈리아 사회적 기업의 사례분석을 통해 저자는 우리나라에서 사회적 기업의 지역별·유형별 차별화 전략의 필요성을 강조하고 있다. 이 글은 『한국지방자치연구(ISSN 1738-1592)』제14권 3호(2012)의 논문을 수정·보완한 것이다.

제6장 "유럽 중간지원조직 사례: 토트네스 전환마을"에서 김종수는 사회적 기업의 양적 팽창뿐만 아니라 질적 향상을 위한 방편으로 중간지원조직의 중요성을 강조하고 있다. 필자는 토트네스 사례를 통해 얻을 수 있는 시사점으로 지역기반을 바탕으로 한 조직화 및 주민들과

의 신뢰형성, 지역 현안을 중심으로 한 공동목표 설정, 사회경제의 틀에 맞는 지역 커뮤니티 재조직화, 지역의 성공사례 홍보, 중간지원조직 협의체 형성 및 운영평가지표 개발·공유 등을 제시하고 있다. 나아가 필자는 지속가능한 중간지원조직 발전전략으로 지역사회 내의 사회적 자본형성, 공동체자산의 활용, 전환(내적 운동의 외적 확산) 등을 제시하고 있다.

권영빈은 제7장 "사회적 기업과 기업연계의 이론과 사례: 강원랜드와 정선재활용센터 연계 사례"에서 사회적 기업이 사회적 목적과 영리를 동시에 추구하기 때문에 재정안정과 사회적 목표달성이라는 두 가지 목표달성을 위해서는 정부나 민간기업, 지역사회 등 파트너십 구축이 필요하다는 점을 강조하고 있다. 필자는 강원랜드와 정선재활용센터 사례를 통해 기업과의 연계를 통해 경제적 자립을 원하는 사회적 기업에게 제시할 수 있는 정책적 함의로 사회적 기업이 가진 보유자원 중 대상 기업과 교환할 수 있는 자원 파악, 연계대상 기업의 사회공헌 의지와 목표 파악, 지역사회가 공유하는 사회문제에 대한 연계도모, 그리고 사회적 기업 역량제고 등을 제시하고 있다. 나아가 필자는 정부와 지방자치단체에 대한 제언으로 지역 내 기업에 대한 정보제공, 사회적 기업의 지역화 유도, 그리고 사회적 기업의 특성을 고려한 지원정책 설계 등을 제시하고 있다.

끝으로 제8장 "사회적 기업의 지속가능성과 지방정부의 역할"에서 최조순은 한국에서 사회적 기업 관련 정책이 '지역화'라는 새로운 국면으로 전환되고 있다는 전제에서 사회적 기업 활성화를 위한 지방정부의 역할을 중심으로 논의를 전개하고 있다. 필자는 사회적 기업의 지속가능성을 높이기 위한 지방정부의 역할로 사회적 기업을 둘러싼 환경적 요소를 감안한 정책목표 및 방향 전환, 직접지원보다는 간접지원 형태로의 지원정책 전환, 다양한 이해당사자들과의 네트워크 및 협력적 파트너십 구축 등을 제시하고 있다. 이 글은 『시민사회와 NGO (ISSN 1599-8568)』제10권 제2호(2012)의 논문을 수정·보완한 것이다.

이상 여덟 편의 글은 필자 나름대로의 문제의식과 관점을 보여주고 있다. 그럼에도 불구하고 사회적 기업이 각자 목표로 한 고유한 목적을 수행하면서 지역사회에서 뿌리내리기 위해서는 새로운 접근방법 내지 방향성을 가질 필요가 있다는 점에서 필자 모두 인식을 같이하고 있는 것으로 보인다. 본 저서에서 제시된 여러 정책방향 및 대안들이 사회적 기업이 안고 있는 당면과제들을 일거에 해소할 수 있는 방안이 되지는 못할 것이다. 하지만 후속 연구를 통해 보다 정교한 이론체계 구축과 함께 국·내외의 새로운 사례들을 분석하면서 한국의 사회적 기업 정착에 일조할 수 있을 것으로 기대한다.

끝으로 본 책의 집필에 참여해 주신 여러 연구자들에게 깊은 감사의 말씀을 드리고 싶다. 그리고 책의 출판에 귀중한 도움을 주신 도서출판 오름의 관계자들께도 감사를 드린다. 마지막으로 원고 교정이라는 힘든 작업을 수행한 경상대학교 사회복지학과 박사과정의 박경빈, 석사과정의 최재웅, 석사과정 졸업생 윤영섭에게도 고마움을 전하고 싶다.

2012년 11월
경상대학교 인권사회발전연구소장
강욱모

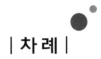

| 차 례 |

제1부 | 사회적 기업의 이론적 접근

제1장 사회적 기업의 개념, 특성 및 유형   강욱모

제1부

사회적 기업의 이론적 접근

제1장

사회적 기업의 개념, 특성 및 유형

강욱모

I. 들어가는 말

최근 고용 없는 성장 사회와 높은 실업률, 경제적·사회적 양극화의
심화 등에 따른 각종 사회문제가 대두되면서 기존의 정책적 접근의 제
한성을 극복하는 대안의 하나로 사회적 기업에 대한 관심이 높아지고
있다(Spear and Bidet, 2005).

1970년대 스태그플레이션(stagflation) 이후 서구 선진제국들에서 진
행되어 왔던 정책적 논쟁은 정부실패, 근로의욕 감퇴에 따른 수혜자의
의타심 조장 등을 초래하였다는 신자유주의자들의 비판과 함께 시장
주의를 표방하면서 작고 효율적인 정부, 최소한의 사회 안전망 구축,
자율적 시민사회 등으로 상징되는 신자유주의적 정책을 추구하였다.
하지만 이러한 신자유주의 정책은 경제적·사회적 양극화의 심화 등으
로 상징되는 시장실패라는 정책적 한계를 노출함으로써 새로운 정책
대안을 모색하지 않을 수 없었다.

　이러한 배경에서 등장한 사회적 기업은 기존의 공공정책 및 전통적인 사회 · 경제주체가 해결할 수 없었던 사회문제에 도전하여 시장과 정부의 실패에 따른 사회적 갈등을 해소하고 이를 보완할 것으로 기대된다.

　즉, 기업을 제1섹터, 정부를 제2섹터, 비영리 자원조직을 제3섹터로 구분할 때, 사회적 기업은 제3섹터에 속하는 조직으로 시장과 정부가 제공하기 어려운 사회경제적 가치를 사회적 기업이 대체할 수 있을 것으로 기대된다(Moizer and Tracey, 2010). 방글라데시에서 다양한 사회적 기업을 탄생시켜 2006년 노벨평화상을 받은 무하마드 유누스는 사회적 기업을 "인류의 가장 절박한 요구를 채워주는 새로운 유형의 자본주의"라고 표현하기도 했다.

　이처럼 사회적 기업은 기존 정책들의 대안으로서 최근 들어 여러 국가들에서 주목을 받고 있다. 이러한 추이를 반영하여 한국에서도 실업 극복 및 사회양극화 해소의 정책수단으로서 정부차원에서 사회적 기업 활성화 정책을 적극적으로 추진하고 있다.

　하지만 OECD(1999)가 "사회적 기업이 일반에게 알려져 있음에도 불구하고 사회적 기업에 대한 공통의 이해가 확립되지 않고 있다"고 지적하고 있는 바와 같이, 현재까지 사회적 기업은 명확한 개념조차 확립되지 못하고 있는 실정이다. 따라서 본 장에서는 사회적 기업의 개념 및 유형화, 그리고 최근의 발전 동향 등을 개괄적으로 살펴봄으로써 사회적 기업에 대한 포괄적인 이해의 폭을 넓히고자 한다.

II. 사회적 기업의 개념 및 특성

1. 사회적 기업의 등장 배경

사회적 기업을 이해하기 위해서는 먼저 사회적 기업의 출현 배경을 살펴볼 필요가 있다. 각 사회가 필요로 했던 사회적 기업의 출현 배경에 따라 사회적 기업의 개념, 형태, 명칭 그리고 내용이 달라지기 때문이다. 대체로 사회적 기업의 출현배경은 크게 유럽과 미국으로 구분하여 살펴볼 수 있다(홍현미라, 2008: 138).

먼저, 유럽의 사회적 기업의 출현 배경은 1980년대 이후 자본주의 경제체제가 직면한 경제적 위기와 사회적 위기가 중첩되어 나타난 결과로 볼 수 있다. 대체적으로 유럽 국가들은 오랜 역사를 통하여 잘 발달시킨 사회보장제도를 통하여 그들이 당면한 사회적 위험에 대응하려 했다. 하지만 체계화된 사회보장제도에도 불구하고 노동시장에서 배제된 이민자, 사회적 적응에 실패한 청년실업자, 장기실업자 등 이른바 사회적 배제 문제가 심각해지자 이에 대한 대응 전략의 하나로 사회적 기업에 관심을 가지게 되었다. 곧 정부가 직면한 과도한 재정 부담과 사회적 배제 문제를 해결하기 위하여 기존의 협동조합(노동자조합 및 이용자조합)과 비영리조직의 중간지대에 '기업적 성격'과 '사회적 성격'을 동시에 가진 사회적 기업이란 새로운 형태의 사회조직을 등장시켜 대응한다는 것이다. 이러한 배경에서 유럽 국가들은 사회적 기업의 지위를 법적으로 승인하거나, 취약계층의 노동시장 통합과 관련해서 사회적 기업을 지원할 수 있는 제도들을 도입하였다. 이태리의 '사회적 협동조합(social cooperative),' 벨기에의 '사회적 목적 기업(social purpose company),' 프랑스의 '사회적 연대기업(social solidarity cooperative),' 스페인의 '사회적 목적 협동조합(social initiative cooperative),' 포르투갈의 '사회연대 협동조합' 등이 바로 이러한 조치들의 일환으로 등장하게 된 것이다.

반면, 미국에서 사회적 기업이라는 용어는 1970년대 후반의 경제불황과 함께 연방정부의 재정지원예산이 삭감되면서 이에 대응하기 위해 비영리조직들이 수익창출을 위한 방안의 일환으로 사회적 기업이라는 개념을 모색하게 되었다. 다른 말로 사회서비스 분야에서 비영리기관의 전통이 매우 강했던 미국에서 이 분야에 영리기관이 진출함에 따라 비영리기관들 또한 경영역량 강화의 필요성과 함께 사회적 기업이 등장하게 된 것이다. 이와 같이 미국의 사회적 기업은 비영리조직의 수익창출 활동에 기원을 두고 있으나 현재 미국의 사회적 기업은 협동조합, 비영리조직, 상호조직 등을 포함하는 광범위한 의미로 사용되며, 다른 나라들과 비교해서 상업성이 높다는 특징을 지니고 있다. 이러한 특성은 미국의 비영리조직이 정부의 복지지출 삭감과 경기침체로 인한 재정적 어려움에 직면하면서 영리활동을 추구하면서 나타나게 되었기 때문이다(이은선, 2009: 381).

한편, 한국의 경우 참여정부에 들어 저출산·고령사회의 급속한 진행과 함께 빈곤계층의 일자리부족의 상존, 이에 따른 사회적 양극화의 심화가 가속화되면서 이에 대한 새로운 대책 모색이 사회적 과제로 등장하게 되었다. 그 중에서도 고령층, 장애인, 극빈계층 등과 같은 사회적 약자계층을 대상으로 한 '사회적 일자리제공'이 긴급한 사회적 과제로 나타났다. 이와 같은 사회적 분위기 속에서 정부는 2007년 1월에 사회적 기업육성법을 제정, 동년 7월부터 이를 시행하게 되었다(정재욱, 2010: 205).

이처럼 사회적 기업의 출현 배경이나 기원 및 주요 동기 등에서 국가마다 상이하나 일반적으로 사회적 경제영역의 확대와 더불어 이러한 영역에 속하는 기업을 기존의 사기업과 구별하여 사회적 기업이라 지칭하고 있다. 유럽, 미국, 그리고 한국에서 사회적 기업의 등장 배경을 정리하면 〈표 1-1〉과 같다.

〈표 1-1〉 유럽 · 미국 · 한국의 사회적 기업 등장 배경 및 특징

구분		유럽	미국	한국
역사적 맥락	등장배경	1980년 복지국가 위기 - 실업, 사회서비스 필요에 대한 대응	1980년대 정부의 복지지원 축소 - 비영리조직의 상업적 수익 창출 전략에서 발전	2000년대 취약계층 일자리 창출과 사회 서비스 필요에 대한 대응 - 생산공동체운동 기원
	제도관계	주로 사회적 협동 조합법(영국은 CIC)	미흡	사회적 기업육성법
	조직 형태	협회 또는 협동조합	비영리조직	비영리조직(일부 영 리기업)
	규모	적음(영국은 예외)	아주 많음	적음
용어의 맥락	목적	사회적 편익창출 - 일자리창출, 사회 서비스공급, 지역 재생 등	비영리조직의 사명을 지원하기 위한 이중목적 비 즈니스	사회적 편익창출 - 일자리 창출, 사회 서비스 공급
	의미	사회적 목적을 가진 비즈니스사업체	사회적 목적을 가 진 비즈니스	사회적 목적을 가진 비즈니스사업체

자료: 김성기, 2009: 150 재정리

2. 사회적 기업의 개념

1) 개념 정의

사회적 기업은 기존의 협동조합과 비영리조직의 중간지대에서 조직 되고 활동하는 새로운 형태의 사회조직으로서 사회적 목적성과 기업 성이라는 두 가지 성격을 포괄하고 있다는 점에는 대체적인 합의가 있 어왔다. 그럼에도 불구하고 사회적 기업은 연구자들이나 관련 기관 및 단체들에 따라 다양하게 정의되고 있는 실정이다. 이러한 상황을 톰슨 (Thompson, 2002)은 "사회적 기업이란 용어는 아직까지 충분한 이해 없이 채택되어 사용되고 있을 뿐만 아니라 아직까지 많은 사회적 기업 들이 기업이란 단어에 대해 스스로 불편하게 느끼고 있다"고 지적하고

있다.[1] 몇몇 연구자들과 국가 및 단체들이 제시하고 있는 사회적 기업의 개념은 다음과 같다.

먼저, 사회적 기업에 대한 연구자들의 개념정의를 살펴보면, 캠벨(Campbell, 1998)은 "사회적 목적을 갖는 사업으로서 지역사회에서 필요로 하는 재화 및 서비스를 생산하고 부족한 재원을 지원하는 활동을 통해 이윤을 사회적으로 보편화하고자 하는 조직," 오티리(Auteri, 2003)는 "순수한 사업에서 시도되어서 박애주의적 기업으로 변한 조직이라고 정의하면서, 박애주의와 특별한 목적을 달성하기 위해 시장을 혼합하여 선택된 특별한 형태," 그리고 보자가와 드프르니(Borzaga and Defourny, 2004)는 "주로 제3부문에서 나타나는 것으로, 전통적인 의미의 기업형태가 아닌 협동조합, 주식회사, 교육, 문화, 복지 분야의 비영리조직, 비정부기구 등이 공익성과 수익성을 동시에 추구하며 사업을 실행하는 조직형태"라고 정의하고 있다. 한편, 한국 학자들의 정의를 보면, 정선희(2003)는 "영리적인 기업 활동을 통해 수익을 창출하고 창출된 수익은 사회적 목적을 위해 환원하는 기업," 그리고 임혁백 등(2007)은 "비이윤 추구적인 사회적 경제를 운영하는 기업"으로 정의하고 있다. 이처럼 사회적 기업에 대한 연구자들의 개념 정의는 많은 유사점에도 불구하고 강조하는 바에 따라 약간의 차이를 발견할 수 있다.

한편, 연구기관이나 단체들이 제시하고 있는 사회적 기업의 개념을 살펴보면, OECD(2003)는 "기업적 방식으로 조직되는 일반 활동 및 공익활동을 아우르며 주된 목적은 이윤극대화가 아니라 특정한 경제 및 사회적 목적, 그리고 재화와 용역의 생산이나 사회적 배제 및 실업문제에 혁신적인 해결책을 제시하는 데 주된 목적이 있다"고 정의하고 있

1) 특히 톰슨은 기업과 자원봉사 영역 사이에서 사회적 기업의 범위는 효율적으로 정해지지 않고 있고, 자원봉사 영역을 사회적 기업으로 정의하는 사람들도 있지만, 사회적 기업 스스로 자원봉사 영역까지 개념정의를 확대하는 것에 동의하지 않는다고 밝히고 있다.

으며, 영국 통상산업부(DTI, 2007)는 "사회적 목적을 우선적으로 추구하는 기업으로서, 주주와 소유주의 이익 극대화를 추구하기보다는 창출된 수익을 사회적 목적 달성을 위해 주로 사업 자체나 지역사회에 재투자하는 기업"으로 정의하고 있다. 한편, 한국의 사회적 기업육성법은 "취약계층에게 사회서비스 또는 일자리를 제공하여 지역주민의 삶의 질을 높이는 등의 사회적 목적을 추구하면서 재화 및 서비스의 생산·판매 등 영업활동을 수행하는 기업"으로 규정하고 있다(법 제2조 제1호).

이처럼 사회적 기업에 대한 학자들과 기관 및 단체들의 개념 정의가 매우 다양한 이유는 각 국가마다 전통과 역사에 따라 매우 다양한 형태로 발달하고 진화해 왔을 뿐만 아니라 아래에서 제시하는 바와 같이 사회적 경제, 비영리단체, 제3섹터 등의 개념과 혼동되어 사용되고 있기 때문으로 볼 수 있다(조상미 등, 2011: 4). 대체로 미국의 사회적 기업은 일반적으로 비영리조직들의 수익창출을 위한 기업에 초점을 두고 있는 반면(Kerlin, 2006), 유럽의 경우 사회적 목적 및 가치추구에 초점을 두고 있기 때문으로 볼 수 있다(Defourny, 2006).[2]

그럼에도 불구하고 유럽의 리서치 네트워크인 EMES는 경제적 기준 네 가지와 사회적 기준 다섯 가지에 기초하여 사회적 기업을 정의할 것을 제안하고 있다. 이를 요약하면 〈표 1-2〉와 같다.

〈표 1-2〉에서 제시한 경제적 기준에 준거해 볼 때 사회적 기업은 첫째, 기업지향성을 가지고 있다. 이는 사회적 기업이 비록 사회적 목적을 추구한다고는 하나 재화와 서비스를 생산하고 판매하는 지속적인

---

2) 유럽 내에서도 사회적 기업의 정의는 두 가지 경향으로 구분된다. 먼저, 영국은 사회적 기업을 사회적 목적을 가진 비즈니스 조직으로 보는 다소 포괄적 접근을 하고 있다. 반면, 영국을 제외한 대다수 유럽 국가들은 노동시장에서 배제된 사람의 노동통합 목적을 갖고 있는 협회나 협동조합을 사회적 기업으로 보고 있는데(Defourny, 2006), 이와 같은 사회적 기업을 '노동통합사회적 기업(Work Integration Social Enterprise)'으로 규정하고 있다(Spear and Bidet, 2005).

⟨표 1-2⟩ 사회적 기업의 기준

경제적 차원	
(1) 지속적으로 재화를 생산하거나 서비스를 판매하는 활동	사회적 기업은 전통적인 비영리기관과는 달리 자선사업이나 이익의 재분배만을 주된 목적으로 하지 않으며 지속가능한 제품의 생산과 서비스제공에 주력함. 따라서 그러한 제품과 서비스의 제공은 사회적 기업을 지속 가능케 하는 근거가 됨.
(2) 높은 수준의 자율성	사회적 기업은 자율적 프로젝트 하에 자발적으로 참여하는 사람들과 조직에 의해 생성되었음. 따라서 그들은 일부 공공보조금에 의존하지만, 직 간접적으로 공공기관과 여타 다른 기관의 통제를 받지 않고, '자신의 입장을 고수하거나, 혹은 사업을 자유롭게 마무리 지을 권리'가 있음.
(3) 상당한 경제적 위험 감수	사회적 기업을 설립하는 사람들은 완전 혹은 부분적으로 사업시작 전 경제적 위험을 감수해야 함. 대부분 공공기관과는 달리 그들의 운용재정은 재원을 제공하는 회원들과 근로자들에게 의존함.
(4) 최소한의 유급 노동자	대부분 전통적인 비영리기관의 경우처럼, 사회적 기업은 재정·비재정적 자원, 자원봉사인력과 유급인력을 모두 활용함. 그러나 사회적 기업에서 수행되는 활동은 최소한의 유급 인력만을 요구함.
사회적 차원	
(1) 지역사회 이익을 명시적으로 추구	사회적 기업의 주된 목표 중 하나는 지역사회나 특정 집단의 사람들에게 봉사하는 것임. 사회적 기업의 주된 특징 중 하나는 결국 지역 수준의 사회적 책임감을 촉진시키는 데 있음.
(2) 시민들의 자발적 참여	사회적 기업은 지역사회나 특정한 목표와 필요를 공유하는 집단에 속하는 사람들의 자발적이고 역동적인 참여의 결과이며, 진정한 사회적 기업은 이러한 자발성을 유지해야 함.
(3) 의사결정권이 자본소유에 기반하지 않음	일반적으로 '한 회원당 한 표'의 원칙을 의미하거나, 적어도 집단 내 의사결정이 자본의 소유구조에 따르지 않는다는 사실을 의미함.
(4) 사회적 기업에 의해 영향을 받는 사람들도 의사결정과정에 참여	고객의 대변과 참여, 지분참여자의 참여, 민주적 경영스타일은 사회적 기업의 특성 중 하나임. 많은 경우 사회적 기업의 주된 목적 중 하나가 민주적 활동을 통한 지역차원의 민주주의 확대에 있음.
(5) 제한적인 이윤 배분	사회적 기업은 강제적으로 이윤배분을 하지 않는 비영리조직이나 협동조합과 같이 제한적으로 이윤을 분배하는 조직과 같이 이윤 극대화를 하는 행위를 피하도록 하여야 함.

자료: Borzaga(2006); 조영복(2008); 김재인(2012: 71)

활동을 한다는 것으로 재정적인 지원이나 후원이 있을 경우에만 한시적으로 운영되는 NPO나 NGO와는 근본적으로 다르다(조영복, 2008: 16-17). 아울러 지속적인 영업활동이나 경제적 위험 감수, 최소한의 유급노동을 통한 경영의 효율성을 추구 등은 기업으로서 성격을 가지고 있다. 둘째, 사회적 기준으로 보면 사회적·환경적·윤리적 목적 등과 같은 다양한 목적을 동시에 추구하기 위해 시민이 자발적으로 참여하는 사회적 조직이다. 즉 자본의 소유에 근거하지 않는 사회적 소유의 개념을 바탕으로 다양한 이해관계자들이 기업경영의 의사결정 과정에 참여할 수 있다. 동시에 제한적인 이윤비분을 통하여 그 성과를 사회적 목적에 재투자해야 한다. 셋째, 사회적 기업은 사회적 소유의 개념 아래 민주적 의사결정구조로 운영된다. 즉 자본의 투자자가 소유하고 의사결정권을 가지는 것이 아니라 참여자, 수혜자, 이해관계자들이 동시에 의사결정에 참여하는 구조를 가지고 있다. 특히, 사회적 기업조직에서의 민주적 의사결정 구조는 일반 기업 조직과 구분되는 가장 큰 특징으로 설명된다.

2) 사회적 기업과 유사개념

위에서 언급한 바와 같이, 사회적 기업이 다양하게 개념이 정의되고 있는 이유 중의 하나는 '제3섹터(the third sector)', '사회적 경제(social economy),' 그리고 '비영리조직(non-profit organization: NPO)' 등과 관련하여 사회적 기업이 등장했기 때문이기도 하다(Defourny, 2004). 따라서 사회적 기업의 명확한 개념을 이해하기 위해서는 이들 개념 또한 살펴볼 필요가 있다.

(1) 제3섹터(the third sector)

제3섹터는 자본주의 사회를 구성하는 국가 및 공공부문(제1섹터)과 민간영리활동의 시장부문(제2섹터)에 대한 상대적 개념으로서 이 두 영역을 제외한 나머지 다양한 민간부문을 통칭하는 용어로 주로 미국

에서 사용되고 있다. 캠벨(Campbell, 1998)은 제3섹터를 구성하는 조직
의 특징을 첫째, 공공이나 민간부문에서 공급되지 않는 욕구를 충족하
기 위한 활동을 하는 조직, 둘째, 자주적으로 조직되고 관리되는 조직,
셋째, 지역사회에 기반을 두거나 이를 지향하는 활동을 하는 조직, 넷
째, 이윤을 분배하지 않는 비영리 조직, 다섯째, 자원봉사를 포함한 자
선에 기반을 둔 활동을 하는 조직 등을 제시하고 있다. 이처럼 제3섹터
라는 용어는 다분히 가치중립적인 개념으로서 대체적으로 사회적 기
업 개념과 유사하다고 볼 수 있다.

(2) 사회적 경제(social economy)

사회적 경제를 정의하는 방식과 주장에는 학자에 따라 그리고 국가
별로 다소 차이가 있다. 드프르니와 데벨테리(Defourny and Develtere,
1999)는 "기업, 협동조합, 연합과 상호조합 등이 수행하는 모든 경제
활동을 포함하며, 연대, 자율성, 그리고 시민성을 기초로 한 모든 경제
적 시도들의 연합," 장원봉(2006)은 "사회적 목적을 가진 경제활동으
로, 사회적 취약계층의 사회통합과 새로운 복지서비스의 제공 등이 사
회적 목적을 진행하기 위해서 시민사회가 주도적으로 진행하는 경제
활동"으로 정의하고 있다. 또한, 피어스(Pearce, 2003)는 사회적 경제
를 범위로써 정의하면서 경제영역을 시장지향적 상업(market-driven
trading), 비상업적 계획경제(planned economy non-trading), 사회적
목적에 기반을 둔 상호적 자조영역(third system)으로 구분하고, '사회
적 목적에 기반을 둔 상호적 자조영역'을 다시 가족경제, 자원활동조
직, 사회적 기업으로 구분하였을 때 상업적 활동의 자선단체와 사회적
기업을 포함하는 구간을 사회적 경제로 보았다.

한편, 사회적 경제는 국가별로 다소 상이한 용어로 사용되고 있는데,
미국에서는 전통적으로 '비영리조직(non-profit organizations)' 혹은
'독립부문(independent sector),' 영국에서는 '자원활동조직(voluntary
organizations),' 그리고 프랑스 등에서는 자원활동조직과 협동조합 및

공제조합 등을 포괄하는 '사회적 경제' 혹은 '연대의 경제'라는 용어를
사용한다(장원봉, 2006: 30-31).

이처럼 사회적 경제라는 용어도 다양하게 사용되고 있지만 이윤보
다는 구성원이나 지역사회에 서비스 제공, 자율적 관리, 민주적 의사결
정 과정, 그리고 이윤의 분배에서 자본보다 사람과 노동 우선성의 원리
등 사회적 측면에서의 공익성을 강조한다는 점에서 수익이나 형평성
을 목적으로 하는 시장경제나 공공경제와 다르다. 또한, 비영리적 성격
과 영리적 성격 모두를 가진다는 점에서 비영리조직과도 다르다고 볼
수 있다.

(3) 비영리조직

유럽에서의 사회적 경제와 유사한 의미로 미국에서 주로 사용되는
개념이 비영리조직인데, 비영리조직을 특징짓는 가장 중요한 요소는
법적인 측면에서 면세 혜택을 부여받는 조직이라는 점과 창출된 수익
을 조직의 구성원이나 대표의 이익을 위해 전혀 사용하지 않는다는 것
이다. 즉, 비영리조직은 주식회사 등의 이익을 추구하는 기업과는 달
리 이익을 소유자에게 배분을 목적으로 하지 않는 조직이다. 이처럼 사
회적 경제와 비영리조직의 특성은 유사점이 많다. 다만 차이는 분배의
제한인데, 사회적 경제 혹은 제3섹터를 구성하는 중요한 조직인 협동
조합과 상호부조조직이 이 기준에 따른 비영리조직으로부터 배제되기
때문이다. 또한, 규범적 측면에서 사회적 경제와 달리 비영리조직은 명
시적인 사회적 목적, 즉 '이윤이 아니라 구성원이나 지역사회공동체의
이익을 위해 활동'한다는 목적을 갖지 않는다.

요약하여, 제3섹터, 사회적 경제, 사회적 기업, 비영리조직의 관계를
보면, 가장 포괄적인 개념은 제3섹터이며, 전술한 바와 같이 유럽에서
는 제3섹터와 사회적 경제는 동일시된다. 비영리조직은 구성원에게 이
익을 분배하는 협동조합이나 상호부조조직을 배제하기 때문에 제3섹
터보다 범위가 좁다고 할 수 있다. 사회적 경제와 제3섹터는 유럽에서

동일시 취급하듯이 포괄 범위가 거의 같으나 굳이 구분하지만 제3섹터 란 정부와 영리를 목적으로 한 기업부문을 제외한 나머지의 다양한 조 직들을 포괄하는 개념이다. 여기에는 크게 협동조합과 상호부조조직, 기타 자발적으로 만들어진 다양한 조직들이 포함된다. 제3섹터가 중립 적인 느낌을 주는 표현이라면 사회적 경제는 이 조직들이 갖는 정부로 부터의 독립성과 영리 기업과 달리 사회적 목표를 동시에 추구한다는 점, 그리고 조직운영의 민주성 등의 특징을 더 함축하는 것처럼 느껴 진다.

3) 사회적 기업의 특성 및 한계

무엇보다도 사회적 기업의 특성은 이윤을 추구하는 '기업적 특성'과 공공성을 강조하는 '사회적 특성'을 모두 포괄한다는 데서 찾을 수 있 을 것이다. 먼저, 사회적 기업의 '기업적 특성'이란 비록 사회적 목적 을 추구한다고는 하지만 재화를 생산하거나 서비스를 판매하는 지속 적인 영업활동이나 위험감수적인 활동 등이 기업의 시장지향적인 활 동 중의 하나일 뿐만 아니라 최소한의 유급노동을 통하여 경영의 효율 성을 추구하여 시장에서 지속가능한 수익과 자립을 추구하는 기업으 로서의 성격을 가진다는 점 등을 의미하는데, 이러한 특성들이 재정적 인 지원이나 후원이 있을 때에만 한시적으로 운영되는 비영리민간기 관이나 NGO 단체와의 구분점이 되고 있다.

또한, 사회적 기업은 사회적·환경적·윤리적 목적과 같은 다양한 '사회적 특성'을 동시에 추구하고 있다. 즉, 사회적 기업은 자본주의의 기업 특성과는 달리 지역사회의 이익을 명시적으로 추구하거나 자본 의 소유에 근거하지 않은 의사결정, 다양한 이해관계자들의 의사결정 에의 참여, 그리고 제한적인 이윤분배를 통한 사회적 목적에의 재투자 등의 특성을 강조하고 있다.

이와 같이 사회적 기업이 표방하고 있는 '기업적 특성'과 '사회적 특 성'은 어떻게 보면 상호 모순되는 가치를 추구하고 있다고 볼 수 있으며, 그 결과 사회적 기업의 지속가능성 측면에서 다음과 같은 몇 가지 한계에 직면할 개연성이 매우 높다.

먼저, 사회적 기업의 '기업적 특성'은 시장에서 다른 영리기업들과의 경쟁을 전제하고 있다고 볼 수 있는데, 창출된 이윤을 경쟁우위 확보를 위해 활용하는 것이 아니라 단기적으로는 기업의 경쟁력 도모에 전혀 도움이 되지 않을 수 있는 '사회적 목적'을 위해 사용해야 하기 때문에 영리기업과의 경쟁에서 불리할 수밖에 없는 한계를 가진다.

둘째, 사회적 기업의 설립 자체가 외부자금에 대한 의존을 최소화하면서 고유의 목적을 달성한다는 것을 전제하고 있는데, 이러한 특성으로 인해 사회적 기업은 외부자금에 의해 전적으로 의존하는 유사한 성격의 비영리조직과의 경쟁에서도 불리한 입장에 처할 수밖에 없는 한계를 가진다.

끝으로, 미국의 사회적 기업의 등장 배경에서 보았듯이, 사회적 기업은 경영전문성 확보를 통하여 수익성을 보장받아야 하는데 만약 수익성 확보가 강조되면 될수록 사회적 목적 달성의 효과는 감소되는 한계를 가질 것이라는 점이다.

이처럼 사회적 기업은 '기업적 특성'을 반영하여 영리기업과 비영리기업과 경쟁하면서 '사회적 특성'을 동시에 추구해야 하기 때문에 지속가능성 측면에서 매우 어려운 과제를 안고 있다고 볼 수 있다. 더욱이 사회적 기업이 활동하는 영역이 신자유주의자들이 주장하는 이른바 '전지전능한' 시장이 해결하지 못한 영역일 뿐 아니라 '시장실패를 교정'하려는 정부도 해결하지 못한 영역이라는 점을 감안할 때 사회적 기업의 지속가능성은 앞으로 해결해야 할 큰 과제라 할 수 있다.

III. 사회적 기업의 유형

사회적 기업에 대한 정의와 마찬가지로 매우 다양하게 유형화되고 있지만(이지영, 2011: 34), 기존 연구자들과 단체들이 제시하고 있는 사회적 기업의 유형들을 살펴보면 다음과 같다.

1. 임혁백 등의 분류

임혁백 등(2007)은 사회적 기업을 설립 목적에 따라 노동통합 사회적 기업, 사회통합 사회적 기업, 혼합적 사회적 기업으로 구분하고 있다. 먼저, 노동통합을 목표로 하는 사회적 기업은 취업 취약계층에게 일자리를 제공하여 이들의 경제적·심리적 자립을 지원하는 사회적 기업이며 이를 노동통합 사회적 기업(Work Integration Social Enterprise: WISE)으로 별도로 명명하기도 한다.

또한, 사회통합 사회적 기업은 공적기관이 제공하는 사회서비스에서 제외된 사회계층을 위한 서비스를 제공하는 기업으로 정부의 지원이 거의 없이 독자적으로 운영되는 형태와 정부가 지원하는 과정을 사회적 기업이 외주계약하여 운영하는 형태가 있다. 사회통합을 목표로하는 사회적 기업의 경우 제공하는 사회서비스가 공익적 목적을 갖고 있다고 인정을 받게 되면 정부가 사회적 기업의 운영에 필요한 재정의전부 또는 일부를 지원하는 형태로 공적자금을 지원 받을 수 있다.

끝으로, 혼합적 사회적 기업은 노동통합과 사회통합을 동시에 수행하는데, 약물중독자 등 한계 근로집단을 위한 서비스를 제공하는 형태를 말한다. 이들은 시장에서 고용에 불리할 뿐만 아니라 스스로 사회서비스를 요구하는 집단이기 때문에 사회적 기업의 노동통합적 성격과 사회 통합적 성격 모두를 필요로 한다. 혼합형 사회적 기업의 재원조달

은 기업의 목표와 처한 상황에 따라 사회통합 사회적 기업처럼 적극적
인 지원을 하기도 하고 노동통합 사회적 기업처럼 시장에서의 수익창
출활동을 활용하기도 한다(이은선, 2009: 372).

2. 김경휘·반정호의 분류

김경휘와 반정호(2006)는 사회적 기업을 정부-기업-제3부문과의 협
력 형태에 따라 공공부조형 사회적 기업, 지역사회 친화형 사회적 기
업, 시장친화형 사회적 기업의 세 가지로 분류하고 있다. 먼저, 공공부
조형 사회적 기업(Public Asistance Type)은 빈곤탈피를 목적으로 만들
어진 조직에서 사회적 기업의 참자와 구성원을 위한 '보호된 시장'을
만들어 이들에게 시혜적으로 복지급여를 제공하기 때문에 공공부조의
연장선이라 볼 수 있다. 공공부조형 사회적 기업은 보호된 시장으로서
중앙 정부 및 지방 정부로부터 확실한 제도적 지원이 수반되어야만 제
대로 된 역할을 할 수 있기 때문에 국가에 의존적인 성격이 강하다.
둘째, 지역사회친화형 사회적 기업(Local Friendly Type)은 흔히 유럽
식 사회적 기업으로 불리며 사회적 기업이 속한 지역사회의 발전을 목
적으로 하여 구성원들의 빈곤탈피뿐 아니라, 그 지역사회에서 필요로
하는 재화와 서비스를 생산하는 기능을 담당한다. 여기서는 부족한 재
원을 지역사회에 대한 지지적 활동을 통해 얻고 발생한 보편적인 이익
을 다시 지역사회에 환원하는 경제적 순환구조를 갖고 있다(김경휘·
반정호, 2006).
셋째, 시장친화형 사회적 기업(Market Friendly Type)은 미국식 사회
적 기업으로 대표되는데, 기업의 활동으로 이익을 추구하고 발생된 이
익을 공익활동과 자선을 위한 재정적 기여로 환원한다. 이들이 제시하
고 있는 세 가지 유형의 특성을 살펴보면 〈표 1-3〉과 같다.

〈표 1-3〉 협력형태에 따른 사회적 기업의 특성

구분	공공부조형	지역사회친화형	시장친화형
목적	빈곤탈피	세계화, 자본주의로 부터의 독립적인 삶 유지	노동시장 진입
성격	시혜적 · 의존적	자활 · 자립적	독립적
주체	국가	민간+국가(제한적)	민간
주요영역	공적영역	지역사회 기반 사적영역	포괄적 사적영역
전달체계	공적 전달체계	지역사회 네트워크	노동시장 내 모든 조직
투자 중심성	낮음	높음(단, 지역사회 내)	매우 높음
충족조건	보호된 시장으로서 정부 및 지방정부로 부터 확실한 제도적 자원이 수반되어야 제대로 된 역할 수행	필요한 자원을 지역 사회에서 조달, 생산 된 이윤을 다시 지역 사회로 환원시켜 지 역사회와 유기적 네 트워크구축, 이익재 분배, 의사결정구조 의 유연성과 투명성 확보	시창 내 경제활동을 하기 위해서 아이템, 판로개척, 자금조달 등의 조건에 있어서 확실한 자원이 필요

자료: 김경휘 · 반정호, 2006: 46

3. 남승연 · 이영범의 분류

남승연과 이영범(2008)은 사회적 기업을 경제적 활동과 사회적 활동의 통합정도에 따라 일체형, 일부 중첩형, 그리고 분리형으로 구분하여 제시하고 있다. 일체형은 비영리조직 자체가 기업 단위로서 활동하는 경우로, 기업 활동 자체가 비영리 조직의 생존수단이 된다. 이 형태의 기업은 사회적 프로그램, 직업훈련이 목적이라기보다 정상취업이 어려운 사람들을 정규직원으로 고용하여 자립을 돕기 위해 설립된다. 따라서 수익의 대부분은 임금으로 지급된다. 또한, 참가자에 대한 직업훈련이나 하우징, 치료상담 프로그램, 학습프로그램 등의 사회적 미션을 수행하는 일환으로 영리적 수익사업을 하는 기업이다. 이 기업의 영리적 수익활동은 다양한 사회적 프로그램을 위한 수익원이 된다.

일부 중첩형은 일부 자산과 비용을 공유하여 비영리조직의 원활한 운영을 위해 경제활동을 수행하는 형태로 사회적 임무에 직접 영향이 없는 '수익창출비즈니스'를 하는 기업이다. 이 경우 비영리기관의 프로그램이나 운영 자원을 조달하기 위한 '비영리기관이 재정적 펀딩 메커니즘'의 일환으로 운영된다. 먼저 비영리기관이 운영비와 프로그램 조달을 위한 수익원으로 설립한 사업이다.

끝으로 분리형은 비영리조직이 외부에서 사회적 기업을 운영하는 경우로, 사회적 기업 자체는 사회적 목적을 수행하지 않으나, 비영리조직과 상호 협조적이며 경제적인 지원 기능도 행한다.

4. EMES 분류

EMES는 노동통합 유형들(modes of integration), 노동통합 근로자의 신분(status of the workers in integration), 직업 및 교육훈련의 유형(modes of social and professional training), 대상 집단의 주요 특성(main characteristics of the target groups), 동원된 자원의 유형(distribution of the resources mobilized)이라는 다섯 가지 기준에 따라 사회적 기업의 유형을 분류하고 있다(Davister et al., 2004).

첫 번째 기준은 사회적 기업의 노동시장 통합을 위한 취약계층의 일자리 제공 목적이라는 기준에 따라 분류한 것인데, 네 가지 유형으로 구분된다. 먼저, 취약계층에게 직업 전환기 또는 실습 현장으로서의 일자리를 제공하기 위한 목적으로 그리고 개방된 노동시장에서 불이익을 받고 있는 취약계층 노동자들의 노동통합을 이룬다는 관점을 가지고 직업에 대한 체험 기회를 제공하는 유형이고, 둘째, 영구적으로 재정 자립이 가능한 일자리를 창출하는 유형이 있다. 이러한 유형의 사회적 기업은 노동시장에서 불이익을 받고 있는 사람들이 중장기적으로 안정된 경제생활을 유지할 수 있는 일자리를 창출하는 데 그 목적을 두고 있다. 세 번째 유형은 영구적인 보조금을 갖춘 일자리를 창출하는 유형이다. 개방된 노동시장에서 취약계층이 안정된 직업을 찾는 것은 쉬운 일이 아니기에, 이러한 취약계층을 고용한 사회적 기업에게 공공부문에 의해서 영구적으로 보조금이 제공된다면 개방된 시장경제체제에서 보호받는 기업으로서 고용된 취약계층에게 안정된 일자리를 제공할 수 있을 것이다. 노동통합 유형에 의해서 분류하는 사회적 기업의 마지막 유형은 생산 활동을 통한 사회화를 제공하는 것이다. 이러한 사회적 기업의 목적은 엄밀히 말해 개방된 노동시장에서의 취약계층에 대한 노동통합이라기보다는 취약계층에 대한 규칙적이고 체계적인 사회생활의 경험 제공을 통해 재사회화에 있다.

두 번째 기준은 노동통합형 사회적 기업에서의 근로자의 신분이고, 이것은 다시 3개의 유형으로 나누어 볼 수 있다. 첫째는 기한의 유한·무한에 관계 없이 근로 계약자의 형태를 갖춘 유형이며, 이 유형에서의 근로자는 법에 의해 근로계약을 하게 되고 정해진 급여수준에 따라 보수도 지급받게 된다. 둘째는 훈련생 신분의 근로형태를 갖춘 유형이고, 이 유형의 사회적 기업에 고용된 근로자는 보통 1~2년의 기간 동안 생산 작업이라는 경험을 통해 교육훈련을 제공받는 신분을 유지한다. 셋째는 노동통합 사회적 기업에서의 근로자 신분을 종사자(occupational status)의 형태로 갖춘 유형이다. 이러한 유형에서의 기업의 생산 활동은 취약계층에게 직업의 기회와 재사회화를 제공하게 되지만, 여기에서의 근로자는 급여를 받지 않고 숙식을 제공받는 형태이기 때문에 이는 사회적 지지(social support) 유형에 가깝다고 할 수 있다.

세 번째 기준은 취약계층 근로자에게 제공하는 직업교육 훈련의 형태이다. 이는 보통 짧게는 2~3시간에서 길면 2~3일 정도의 비교적 단시간 동안 행해지는 사무기기 사용법이나 현장에서의 안전 수칙 교육 등 담당해야할 업무 수행에 있어서의 기본적인 정보 제공에 초점을 맞춘 직업현장실습과 개방된 노동시장에서 경쟁력을 갖출 수 있도록 장기간동안 체계적으로 행해지는 체계적인 직업교육훈련의 두 가지 유형으로 분류해 볼 수 있다.

네 번째 유형 분류를 위한 기준은 대상 집단의 주요 특성이다. EMES에서는 소위 취약계층이라고 하는 사회적 기업의 대상이 되는 집단을 신체적 · 정신적 장애인, 약물중독 등 사회문제 소지자, 장기 실업자, 미숙련 · 저연령 구직자, 소수 인종집단 및 여성집단의 6개로 분류하고 있다.

사회적 기업의 유형화를 위한 마지막 기준은 동원된 자원의 유형으로, 이것은 시장 경제활동에 의한 재정자원과 공공부문 보조금에 의한 자원, 기부와 자원 활동에 의한 자원의 세 가지 형태로 구분하고 있다.

한편, EMES 보고서는 이상의 다섯 가지 기준에 따라 유럽의 사회적 기업을 유형화한 주요 결과를 다음과 같이 제시하고 있다. 첫째, 노동통합 유형을 기준으로 보면, 대상 기업 중 전환기의 직업이나 실습 현장으로 일자리를 제공하는 형태가 가장 많았고, 생산 활동을 통한 사회화를 제공하는 형태가 가장 적게 나타났다.

둘째, 노동통합 사회적 기업에서의 근로자의 신분을 기준으로 보면, 대체로 계약 근로자의 신분을 유지하는 형태가 많아서 39개 유형 중 35개가 이에 해당하였다. 이는 노동통합 사회적 기업 또한 근로자를 정식 직원으로 인정하고 급여를 지급함으로써 직업 교육훈련을 제공받는 훈련생 신분이나 재사회화를 제공받는 종사자의 형태와는 달리 안정된 근로환경에서의 신분 유형을 선택하고 있는 것으로 해석할 수 있다.

셋째, 직업 교육 훈련의 기준으로 보았을 때 유럽의 노동통합 사회적 기업 형태가 국가별 특성을 많이 따르는 한편 총 5개 유형의 사회적 기업이 체계적인 직업훈련만을 제공하고 있었다. 이는 취업 취약계층의 사람들에게는 그들이 개방된 노동시장에서 경쟁력을 갖게 하기 위한 체계적인 직업 교육훈련 이전에 현장 경험과 실습을 통한 교육이 선행될 필요가 있음을 의미한다.

넷째, 대상 집단의 특성이라는 기준으로 보면 전체적으로 장기 실업자를 그 대상으로 하는 경우가 가장 많고 또한 2개 이상의 집단을 그 대상으로 하는 유형이 2/3를 차지할 정도로 복합적이라고 할 수 있다. 이는 다양한 유형의 사람들을 그 대상으로 함으로써 기업 활동을 용이하게 하면서 다양한 부류의 취업 취약계층에 대한 일자리 창출을 시도하고 있다고 볼 수 있다.

마지막으로, 동원된 자원의 유형으로 분포시켜 봤을 때, 시장 자원으로 충당하는 경우가 28개 기업으로 많았고, 공공부문 보조금으로 충당하는 기업이 11개로 자체 수익구조를 갖춘 사회적 기업으로 나아가려는 경향이 많은 것으로 나타났다. 또한 절반 정도의 노동통합 사회적 기업이 기부나 자원 활동으로부터 자원을 동원하는 성향을 보였다.

5. 사회적 기업육성법상의 사회적 기업 유형

한국의 사회적 기업 유형은 사회목적별로 구분하여 살펴볼 수 있는데, 사회적 기업육성법 시행규칙에서는 사회적 목적에 따라 일자리 제공형, 사회적 서비스 제공형, 혼합형, 그리고 기타형으로 구분하고 있다.[3] 이러한 네 가지 형태의 사회적 기업은 그 목적과 법적 판단기준이 다른데, 그 구체적인 내용을 살펴보면 〈표 1-4〉와 같다.

---

3) 한편, 사회적 기업시행령 상에는 없으나, 고용노동부가 발행한 사회적 기업 육성계획에서 제시한 마지막 유형은 지역사회 공헌형이다. 취약계층에게 일자리나 사회적 서비스를 제공하는 것이 주된 목적은 아니나 환경, 문화, 지역개발 등 지역 사회 내 일반주민을 수혜자로 하는 공익사업을 수행한다.

〈표 1-4〉 사회적 목적 및 판단기준에 따른 유형

유형	목적	판단기준	특징
I. 일자리 제공형	취약계층에게 일자리 제공	전체 근로자 중 취약계층 고용비율 50% 이상 (2011년 6월까지 한시적으로 30% 적용)	재정의존도 높음. 항구적 일자리형(장애인보호작업장 등)과 경과적 일자리형으로 구분
II. 사회서비스 제공형	취약계층에게 사회서비스 제공	전체 사회서비스 수혜자 중 취약계층의 비율이 50%이상(2011년 6월까지 한시적으로 30% 적용)	복지 관련 사회적 기업 다수, 재정의존도 높음
III. 혼합형	취약계층에게 일자리 및 사회서비스 제공이 혼합	일자리 제공형 및 사회서비스 제공형 기준이 각 30% 이상(2011년 6월까지 한시적으로 20% 적용)	I 유형 또는 II 유형에 비하여 상대적으로 시장성이 높은 유형. 재정의존도 낮음
IV. 기타형	사회적 목적실현 여부를 위의 기준으로 판단하기 곤란한 경우	사례별 '사회적 기업 육성위원회'의 심의	환경, 문화, 지역개발 등 지역사회 내 일반주민을 수혜자로 하는 파급성이 큰 공익사업 수행, 재정의존도 낮음

자료: 사회적 기업육성법시행령; 문환규 · 김봉진, 2010: 25

IV. 한국의 사회적 기업

1. 사회적 기업의 등장 및 발달과정

한국에서 사회적 기업에 대한 관심이 높아지게 된 것은 대체로 세 가지 점에서 살펴볼 수 있다. 첫째는 실업문제이다. 1997년의 외환위기 이후 우리 경제는 과거의 고성장 추세가 둔화되고 산업구조의 변화로 고용창출능력이 저하되면서 일자리 창출이 시급한 과제로 대두되었다.

둘째는 여성의 사회참여 증가와 사회 고령화 문제이다. 급속한 고령화, 가족구조의 변화, 여성의 경제활동 참여 증가 등으로 간병, 보육, 복지 등 사회서비스에 대한 국민들의 수요가 급속히 증가하였지만 이에 대한 공급은 충분히 이루어지지 못하였다. 특히 여성의 사회참여를 확대하기 위하여 과거와는 다른 새로운 사회적 서비스를 필요로 하게 되었고, 인구구조의 급속한 고령화로 노인 대상 사회적 서비스의 수요가 증가하는 등 전통적인 가정의 역할을 보완할 수 있는 사회적 서비스에 대한 요구가 높아진 점도 사회적 기업이 등장하게 된 주요 배경이 되었다.

마지막으로, 사회적 취약계층 문제를 들 수 있다. 형평과 균형을 주요한 정책기조로 삼은 김대중 정부와 노무현 정부에서 10년 동안 이루어진 사회적 취약계층을 위한 정책도 사회적 기업의 중요한 등장배경으로 작용하였다.

이러한 상황에서 정부는 1998년 3월 '실업문제 해결을 위한 종합대책'을 발표하면서 공공근로사업을 실업극복을 위한 핵심 방안으로 제시하였으며, 1999년 9월 '국민기초생활보장법' 제정과 함께 '자활사업'을 적극적으로 실시하였다. 특히 자활사업은 빈곤계층에게 단순하게 현금과 현물을 지급하기보다 일자리를 제공함으로써 자립을 유도하기 위한 방안으로 '사회적일자리사업'으로 발전하였다. 사회적일자리사업은 2003년 노동부의 시범사업으로 시작되어 그 후 교육부, 여성부, 보건복지부 등 여러 부처가 참여하는 사업으로 확대되었다. 이와 같은 과정을 거쳐 정부지원하에 민간 기업이 주도하는 사회적 기업이 등장하게 되었고, 2005년 육성법 제정에 대한 논의가 국회에서 시작되어, 2007년 1월 3일 제정되고 같은 해 7월 1일 발효되었다.

사회적 기업육성법은 총 6차례의 개정이 있었는데, 제1차에서 제4차까지의 개정은 타법개정에 의한 것이고, 제5차 개정(2010년 6월 8일) 및 제6차 개정(2012년 2월 1일)은 이 법의 내용이 실질적으로 일부개정된 것이다. 제5차 일부개정의 주요 내용을 살펴보면, 사회적 기업의 정

의에 지역사회 공헌을 추가하여 사회적 기업의 범위를 확대하였고(제2
조 제1호), 시 · 도별 사회적 기업 지원계획 및 우수한 시 · 도 지원(제5
조의 2 신설), 사회적 기업의 운영 전문 인력의 육성 및 사회적 기업 근
로자의 교육훈련(제10조의 2), 사회적 기업에 대한 인식 확산(제16조의
2 신설), 한국사회적 기업진흥원을 설립(제20조의 2 및 제20조의 3) 등
을 포함하고 있다. 제6차 일부개정의 주요 내용은 인증 사회적 기업의
법적 형태로서 합자조합 및 특별법에 따라 설립된 법인을 추가하였고
(제8조 제1항), 국공유지에 관한 지원방식으로서의 임대를 "국유 · 공
유 재산 및 물품을 대부하거나 사용하게 할 수 있다"로 확대하였으며
(제11조), 공공기관의 우선구매에 관한 통보 및 공고 절차의 정비(제12
조), 사업보고서 제출기한의 변경(제17조 제1항), 인증 취소제도의 정
비(제18조), 한국사회적 기업진흥원의 사업내용의 확대(제20조) 등을
포함하고 있다.

아울러 '사회적 기업육성기본계획'에서는 사회서비스 혁신과 일자
리 창출을 견인하는 제3섹터형 혁신기업을 육성하여 시장경제 활성화
와 사회통합이라는 비전을 제시하고 있다. 정부는 창의적이고 시장경
쟁력을 갖춘 견실한 사회적 기업의 성공모델을 마련하고 확산하겠다
는 목표 아래 다음과 같은 추진전략을 수립하고 있다.

첫째, 사회적 기업에 대한 대국민 인식을 제공하고, 자생력을 갖춘
성공모델을 발굴함으로써 민간의 자발적인 참여를 위한 동기부여를
강조하고 있다.

둘째, 사회적 기업의 의의 및 역할에 고유한 지원제도를 확충하고 선
진화를 지향하고 있다.

셋째, 업종별 · 지역별 협의체 등을 육성하여 사회적 기업 간의 교류
및 협력을 활성화하고 대기업, NGO 등이 참여하는 민간협의기구의 구
성과 운영의 필요성을 제시하고 있다.

끝으로 사회적 기업육성을 위한 관계부처의 참여를 확대하는 동시
에 지방자치단체와의 협력 강화를 강조하였다. 정부부문에서의 제도

〈표 1-5〉 사회적 기업 육성 정책 발달과정

연도 구분	사업명칭	주관부서	주도형태
1998년	공공근로사업	고용노동부 행정안전부	정부주관
2000년	자활사업	보건복지부	비영리 민간단체에 위탁운영하나 모든 비용을 정부가 부담
2003년	사회적일자리사업	고용노동부 외 8개 부처	민간단체와 기업이 참여하는 발전된 조직체이나 정부 예산의 통제하에 수행
2007년	사회적 기업육성법 제정	고용노동부 외 6개 부처	정부지원하에 인증된 사회적 기업이 주도
2010년	사회적 기업육성법 제정	고용노동부	사회적 기업진흥원을 별도 설립하여 사회적 기업 발전 지원
2012년	사회적 기업육성법 개정	고용노동부	

적 지원은 사회적 기업에 대한 정부의 재정지원을 의미하는 것으로 각국의 사회적 기업을 육성하기 위해 정부 차원에서 재정 지원은 일반적인 추세이다. 이러한 정부의 연도별 정책의 변화를 살펴보면 〈표 1-5〉와 같다.

2. 사회적 기업 현황

정부는 사회적 기업육성법에 근거하여 2007년 10월 사회적 기업을 최초로 인증하였다. 사회적 기업 인증 첫 해의 인증비율은 33.1%로 4년간 전체 평균(51.5%)보다 다소 낮았지만, 지방자치단체의 예비 사회적 기업 육성노력 등에 힘입어 인증비율이 차츰 높아지고 있다(김재완 외, 2012: 147). 한편 전국 16개 광역자치단체는 각자 사회적 기업 관련

조례를 제정하여 사회적 기업을 육성하기 위한 다양한 사업을 전개하고 있다.⁴⁾ 2011년 7월 말까지 정부로부터 인증을 받은 사회적 기업의 수는 총 572개인데, 일부가 폐업, 인증 반납 또는 취소되고 2011년 말 현재 약 555개의 인증 사회적 기업이 존재하고 있다.

먼저, 사회적 목적별로 현황을 살펴보면, 2010년 말 기준 '일자리 제공형'이 56.9%로 가장 높은 비율을 차지하고 있고, '사회서비스 제공형'은 9%에 불과하다. '혼합형'에서도 일자리 창출을 주요한 기능으로 갖고 있다는 점을 고려한다면, 우리나라 인증 사회적 기업은 고용창출을 주된 목적으로 하고 있다고 평가할 수 있다. 한편, '기타형'이 점차 증가하고 있는데, 이는 다양한 사회적 목적을 수행하는 사회적 기업이 출현하고 있음을 보여준다(고용노동부, 2010: 16). 고용인원을 살펴보면, 일자리 제공형이 6,951명을 고용하여 57.3%를 차지하고 있다(김재완 외, 2012: 148).

둘째, 조직형태별 현황을 살펴보면, 상법상 회사가 40.9%로 가장 높은 비율을 차지하고 있다. 일반적으로 상법상 회사는 영리를 목적으로 하는데, 사회적 기업은 사회적 목적 실현을 조직의 가치로 삼고 있으므로 양자의 가치지향점에서 차이가 나는 문제점이 있다(김재완 외, 2012: 148). 한편, 상법상 회사가 조직형태를 취하고 있는 사회적 기업은 4,320명으로 가장 많은 근로자를 고용하고 있지만, 평균 고용인원은 다른 조직형태보다 낮은 수준이다. 평균 고용인원이 가장 높은 것은 사회복지법인이고, 그 다음은 생활협동조합이다(김재완 외, 2012: 148).

셋째, 사회분야별 현황을 살펴보면, 사회적 기업의 사회분야는 2006년 정부의 사회서비스 확충 전략에서 제시된 사회서비스 영역과 연동되어 교육, 보건·의료, 사회복지, 문화·환경 영역이 주를 이루고 있

4) 인증 사회적 기업의 약 60%는 서울특별시와 경기도에 집중되어 있고, 대전광역시와 제주특별자치도는 사회적 기업의 수가 각각 11개로 타 지역에 비해 적은 편이다(고용노동부, 2010: 14).

다. 그 중 사회복지, 환경이 각각 17.8%, 16.0%로 높은 비율을 보이고 있지만, 가장 높은 비율을 차지하고 있는 영역은 '기타'인데, 이는 제조업, 식품제조, 청소 등을 포함하고 있다. 기타 사업으로 분류되는 사회적 기업은 가장 많은 수의 유급근로자를 고용하고 있지만, 평균 고용인원은 낮은 편이다. 평균 고용인원은 간병·가사 분야가 39.3명으로 가장 많고, 문화예술관광 분야가 16.2명으로 가장 적다.

끝으로, 고용현황을 살펴보면, 사회적 기업은 유급근로자를 고용하여 재화와 서비스의 생산·판매 등 영업활동을 수행하여야 하는데, 2010년 말 기준으로 사회적 기업은 평균 24.2명의 유급근로자를 고용하고 있고, 501개 사회적 기업에 고용된 총 근로자 수는 12,126명이다. 인증 사회적기업은 11~30명 규모 사업장이 거의 절반을 차지하고 있고, 100인 이상의 유급근로자를 고용하고 있는 사회적 기업은 2%에 불과하다(김재완 외, 2012: 149).

3. 사회적 기업의 인증요건

사회적 기업은 '사회적 기업육성법' 제8조에 의거 인증요건이 제시되어 있다. 사회적 기업의 인증요건은 사회적 기업 활동 전제조건이며, 최소한의 기준이 충족되어야 한다는 의미이다.

1) 조직형태

사회적 기업으로 인증받기 위해서는 사회적 기업육성법 제8조 제1항 제1호에 따른 독립된 조직형태를 갖추어야 한다. 여기서 독립된 조직형태라는 의미는 조직의 부서나 사업단 등은 원칙적으로 사회적 기업으로 인증 받을 수 없다는 의미이다. 다만 비영리법인이나 단체 등의 경우 조직의 목적달성을 위한 수익사업을 수행하는데 용이하도록 별도의 사업단을 구성하여 신청하여야 한다. 그러나 이 경우에도 그 사업단이 인사 · 회계 · 의사결정 등에 있어 모 법인과 실질적으로 독립되어 자율적으로 운영되는 것이 객관적으로 확인되는 경우에 한하여 그 사업단도 사회적 기업으로 인증받을 수 있다. 따라서 인증 가능한 조직형태는 민법상 법인 · 조합, 상법상 회사, 비영리단체[5] 등이라고 할 수 있다.

2) 유급근로자를 고용하여 영업활동 수행

사회적 기업으로 인증받기 위해서는 '유급근로자'를 고용하여 '영업활동'을 해야 한다. 단순히 자원봉사자만으로 구성되어 있거나, 실적이 아닌 사업 계획만 있는 경우는 허용되지 않는다.

3) 사회적 목적 실현

사회적 기업은 취약계층에게 일자리나 사회서비스를 제공하여 지역주민의 삶의 질을 높이는 등의 사회적 목적 실현을 주된 목적으로 하여야 한다. 사회적 목적 실현은 단순히 취약계층 고용 또는 서비스 제공 비율을 만족시켰다고 하여 당연히 인정되는 것은 아니고, 법 제8조 제1항 3호에 규정된 바와 같이 조직의 주된 목적이 사회적 목적을 추구해 온 경우에만 인정된다.

4) 이해관계자가 참여하는 의사결정구조

사회적 기업은 서비스 수혜자, 근로자 등 이해관계자가 참여하는 의사결정구조를 갖추어야 한다. 의사결정구조는 총회, 주주총회, 이사회, 운영위원회나 운영협의회 등으로 구성되며 기관의 의사결정에 서비스 수혜자, 후원자 등 다양한 구성원이 참여할 수 있도록 회의체가 구성되

---

5) 비영리단체 등에는 공익법인의 설립 운영에 관한 법률에 따른 공익법인, 비영리민간단체지원법에 따른 비영리민간단체, 사회복지사업법에 따른 사회복지법인, 소비자생활협동조합법에 따른 생활협동조합, 그 밖에 다른 법률에 따른 비영리단체 등이다.

어 있는지 확인되어야 한다.

5) 영업활동을 통한 수입

사회적 기업으로 인증받기 위해서는 유급근로자를 고용하여 영업활동을 해야 한다. 영업활동은 최소한 6개월 이상 영위하여야 신청 자격이 있고, 그 수입이 총 노무비 대비 30% 이상이어야 한다.

6) 정관과 규약

사회적 기업으로 인증받기 위해서는 목적, 사업내용, 명칭, 주된 사무소의 소재지, 기관 및 지배구조의 형태와 운영방식 및 중요 사항의 의사결정방식, 수익배분 및 재투자에 관한 사항, 출자 및 융자에 관한 사항, 종사자의 구성 및 임면에 관한 사항, 해산 및 청산에 관한 사항, 기타로 사회적 기업의 지부, 재원조달, 회계에 관한 사항이 포함된다.

7) 이윤의 사회적 목적 재투자(상법상 회사)

정관이나 운영규정 등의 수익배분, 재투자, 이익금의 처분에 관한 조항에 이윤의 2/3 이상을 사회적 목적을 위해 사용한다는 내용이 있는지 확인한다.

4. 정부의 사회적 기업 지원

사회적 기업에 대한 정부의 지원정책은 고용노동부와 보건복지부의 지원을 가장 대표적으로 볼 수 있다. 먼저, 고용노동부에서 제공하는 인증 사회적 기업에 대한 지원 내용은 〈표 1-6〉과 같다.

한편, 보건복지부의 지원은 정부와 기업, 그리고 사회복지재단이 공동으로 출자하여 사회성이 있는 기업의 자금을 지원한다. 이는 사회적 성격의 기업이 보다 쉽게 창업할 수 있도록 지원하는 복지사업의 일종

〈표 1-6〉 고용노동부의 사회적 기업 지원 내용

지원형태	내용	법 조항
경영지원	• 사회적 기업의 운영에 필요한 경영/기술/세무/노무/회계 등의 분야에 대한 전문적인 자문 및 정보제공	제10조
시설비지원	• 국가 및 지방자치단체는 사회적 기업의 설립 또는 운영에 필요한 부지구입비/시설비 등을 지원/융자하거나 국 공유지를 임대	제11조
공공기관의 우선구매	• 공공기관의 장은 사회적 기업이 생산하는 재화나 서비스의 우선구매를 촉진 • 공공기관의 장은 구매계획을 작성하는 경우에는 사회적 기업이 생산하는 재화 및 서비스의 구매계획을 구분하여 포함	제12조
조세감면 사회보험료 지원	• 국가 및 지방자치단체는 법인세법, 조세특례제한법 및 지방세법이 정하는 바에 따라 국세 및 지방세를 감면 • 국가는 고용보험의 보험료 징수 등에 관한 법률에 따른 고용보험료 및 산업재해보상보험법에 따른 산업재해보상 보험료, 국민건강보험법에 따른 보험료 및 국민연금법에 따른 연금보험료의 일부를 지원	제13조
사회서비스 제공기업에 대한 재정지원	• 사회서비스를 제공하는 사회적 기업에 대하여 예산의 범위 안에서 공개모집 및 심사를 통하여 사회적 기업의 운영에 필요한 인건비/운영경비/자문비용 등의 재정적인 지원 기업 또는 지방자치단체와 연계되어 있는 사회적 기업에 대하여 연계기업이나 연계지방자치단체의 재정 지원 상황을 고려하여 사업비를 추가로 지원	제14조
연계기업에 대한 조세감면	• 국가 및 지방자치단체는 연계기업에 대하여 법인세법, 조세제한특례법, 지방세법이 정하는 바에 따라 국세 및 지방세를 감면	제16조

자료: 사회적 기업육성법 재구성

이다. 회사의 설립에 필요한 초기자금은 비영리 복지재단과 함께 일반 기업이 지원하며, 주로 취약계층을 우선적으로 고용하고 이들에게 안정된 일자리를 제공하도록 한다. 지원제도에 의해 설립된 기업은 발생하는 수익의 50%를 다시 사회에 환원하는 조건이다.

V. 결론: 사회적 기업의 동향 및 발전방향

사회적 기업은 자본주의 사회에서 발생하는 시장실패와 정부실패를 교정·보완함으로써 사회적 갈등을 완화하기 위한 수단으로 등장하게 되었는데, 대부분의 국가들에서 신규 사업영역을 개척·확대해 나가고 있는 추세이다. 특히 지역사회에 기반을 둔 사회적 기업은 지역사회가 필요로 하는 제반 서비스, 즉 보육서비스나 가사서비스 등의 지역사회 활성화 서비스, 지역교통서비스, 관광, 문화유산재개발, 환경활동, 주택서비스 등으로까지 사업영역이 확대되고 있다. 나아가 최근에는 기업이 사회 공헌 차원에서 비영리조직이나 비정부기구와 연계하여 다양한 사업에 투자함으로써 사회적 기업의 활성화에 이바지하고 있다.

우리나라의 경우도 최근 들어 지방자치단체를 중심으로 사회적 기업을 발굴하고 육성하는 지원정책이 강화되고 있다. 그동안 사회적 기업 육성정책은 고용노동부에 의한 '사회적 기업 인증제'를 기반으로 중앙정부 주도하에 추진되었으나 2010년 중반 이후 사회적 기업 정책의 중심이 지역 차원으로 변화하기 시작한 것이다. 이른바 '지역형 예비 사회적 기업 지정제'를 지방자치단체가 운영할 수 있도록 함으로써 16개 시·도가 사회적 기업 육성 조례를 제정한데 이어 기초자치단체들도 조례를 제정하고 있는 추세이다. 특히 기초자치단체들은 광역자치단체에 비해 지역사회와 보다 밀접한 협력관계를 유지할 수 있기 때문에 지역의 고유한 문제를 해결하기 위한 '지역 풀뿌리형 사회적 기업'을 육성할 수 있을 것으로 기대된다.

이와 같이 사회적 기업이 저변을 확대하기 위해서는 무엇보다도 다양한 이해관계자들의 참여와 동원을 통한 지역공동체의 확립 내지 지역의 사회적 경제의 확충이라는 보다 근원적인 비전을 가질 수 있어야 할 것이다.

하지만 사회적 기업은 '기업적 특성'을 반영하여 영리기업과 비영리

기업과 경쟁하면서 '사회적 특성'을 동시에 추구해야 하는 이중의 부담을 안고 있다는 점을 감안하여 정부차원에서 지속가능성을 제도적으로 지원할 필요가 있다. 사회적 기업 스스로가 자립하고 성장할 수 있도록 관련 규정을 보완함과 동시에, 사회적 기업 협의체 및 민간지원 단체 등 사회적 기업의 주변 환경을 개선하여 사회적 기업이 건전하게 발전할 수 있도록 지원하는 것이 무엇보다도 필요할 것이다.

참고문헌

고용노동부. 2010.『사회적 기업개요집』. 서울: 고용노동부.

김경휘 · 반정호. 2006. 한국 상황에서의 사회적 기업의 개념과 유형에 관한 소고.『노동정책연구』6(4): 31-54.

김성기. 2009. 사회적 기업 특성에 관한 쟁점과 함의.『사회복지정책』36(2): 139-166.

김재인. 2012. 지방정부의 사회적 기업 성장모델 탐색: 제주지역 사회적 기업 운영 실태분석을 중심으로.『지방정부연구』제16권 제1호: 67-88.

김재완 · 정태길 · 양동수. 2012. 사회적 기업 육성을 위한 우리나라 법제의 현황과 개선 방안.『법조』, Vol. 668: 138-196.

남승연 · 이영범. 2008. 우리나라 사회적 기업의 유형화와 발전방향에 관한 연구: 일자리 제공형 사회적 기업을 중심으로.『사회과학연구』34(30): 29-60.

이은선. 2009. 사회적 기업의 특성에 관한 비교 연구: 영국, 미국, 한국을 중심으로.『행정논총』47(40): 363-397.

이지영. 2011. 우리나라 사회적 기업 활성화방안 모색-해외 사례 분석을 중심으로.『한국균형발전연구』제2권 제3호: 31-53.

임혁백 · 김윤태 · 김철주 · 박찬웅 · 고현면. 2007.『사회적 경제와 사회적 기업: 한국형 사회적 일자리와 사회서비스 모색』. 서울: 송정문화사.

장원봉. 2006.『사회적 경제의 이론과 실제』. 서울: 나눔의 집.

정선희. 2003.『이익을 만들고 행복을 나누는 사회적 기업』. 서울: 다우.

조상미 · 김진숙 · 강철희. 2011. 사회적 기업 정책특성 비교분석 연구: 영국, 프랑스, 이탈리아, 한국을 중심으로.『사회복지정책』38(2): 1-38.

조영복. 2008.『사회적 기업의 이해와 국내외 경영사례』. 서울: 고용노동부.

홍현미라. 2008. 사회적 기업의 지역사회 접근전략에 관한 탐색적 연구.『사회과학논총』23(20): 135-155. 전주대학교 사회과학연구원.

Auteri, M. 2003. The Entrepreneurial Establishment of a Nonprofit Organization. *Public Organization Review,* 3(2): 171-189.

Borzaga, C. 2006. *New Trend in the Non-Profit Sector in Europe:* The

Emergence of Social Entrepreneurship.

Borzaga, C., and J. Defourny. 2004. *The Emergence of Social Enterprise*. London: Routledge.

Campbell, S. 1998. Social Entrepreneurship: How to Develop New Social Purpose Business Venture. *Health Care Strategic management*, 16(5): 1-18.

Davister, C., J. Defourny, and O. Gregoire. 2004. *Work Integration Social Enterprises in the European Union: An Overview of Existing Models*. EMES European Network.

Defourny, J., and P. Develtere. 1999. *The Social economy: The Worldwide making of a third sector*. Economie sociale au Nord et au sad.

Defourny, J. 2006. Defining social enterprise. In M. Nyssens. (ed.). *Social Enterprise: At a crossroads of markets, public policies and civil society*. London: Routledge.

DTI. 2007. 『영국의 사회적 기업 육성계획』. 사회적 기업연구원 역(Social Enterprise Action Plan). 부산: 사회적 기업연구원.

Kerlin, J. A. 2006. Social Enterprise in the United States and Europe: Understanding and Learning from the Difference. *International journal of Voluntary and Nonprofit Organizations* 17: 247-263.

Laville, J. et al. 1999. *Third System: A European Definition*. European Commission.

Moizer, J., and P. Tracey. 2010. Strategy Making in Social Enterprise: The Role of Resource Allocation and Its Effects on Organizational Sustainability. *Systems Research and Behavioral Science* 27(3): 252-266.

OECD. 1999. *Social Enterprises*. Paris: OECD.

_____. 2003. *The Non-profit Sector in Changing Economy*. Paris: OECD.

Pearce, J. 2003. *Social Enterprise in Anytown*. London: Calouste Gulbenkian Foundation.

Spear, R., and E. Bidet. 2005. Social Enterprise for Work Integration in 12 European Countries. *A Descriptive Analysis, Annals of Public and Cooperatives Economics* 76(2): 195-231.

Thompson, J. L. 2002. The World of the Social Entrepreneur. *The International Journal of Public Sector Management* 15(5): 412-431.

EMES 홈페이지(http://www.emes.net).

제2장

사회적 기업과 사회적 가치[*]

최문경

I. '서로 돌봄의 정신' 소생(蘇生)

사회적 기업이라는 낯선 용어가 최근 몇 년 사이 우리들의 일상으로
빠르게 들어왔다. 하지만 우리들이 흔히 사용하는 표현, '그것이 무엇
인지 정의할 수는 없지만, 그것을 보게 되면 알 수는 있다'에서와 같이
사회적 기업을 개념적으로 분명하게 정의하는 것은 아직은 쉽지 않은
작업인 듯, 사회적 기업을 둘러싼 개념적 혼란이 존재하는 것이 현실이
다. 그럼에도 불구하고 '기업으로서 경제적 가치를 창출하면서 동시에
사회적 가치를 창출하는 조직'이 사회적 기업의 핵심적인 개념이라는

---

* 이 책의 본문 중 〈III. 공동체 정신이란 무엇인가?의 제2절 '2.개인과 공동체: 본성'〉
부분은 성균관대학교 유학동양학부 전현 교수님의 지도에 전적으로 의존하였음을
밝혀둔다. 교수님은 필자의 편협한 시각의 지평을 넓혀주셨음은 물론 필자가 연역과
귀납의 개념을 재검토하게 지도해주심으로써, 사실상 본고의 기본적인 골격을 세워
주셨다. 교수님께 깊이 감사드린다.

것에는 일반적인 동의가 이루어져 있는 듯하다. 그런데 이때 사회적 가치란 무엇을 이야기하는 것일까?

2007년 7월 1일부터 시행되고 있는 우리의 '사회적 기업육성법'은 사회적 기업을 다음과 같이 정의하고 있다.

> '사회적 기업'이라 함은 취약계층에게 사회서비스 또는 일자리를 제공하여 지역주민의 삶의 질을 높이는 등의 사회적 목적을 추구하면서 재화 및 서비스의 생산 판매 등 영업활동을 수행하는 기업으로서 제7조에 따라 인증받은 자를 말한다.

이에 의하면 사회적 가치란 '취약계층에게 사회서비스 또는 일자리를 제공하여 지역주민의 삶의 질을 높이는 것'이라고 할 수 있을 것이며, 만일 이렇게 사회적 기업의 사회적 가치를 개념화 한다면 그러한 가치의 수혜자는 취약계층으로 한정되는 것이라고 할 수 있을 것이다. 이러한 개념화는 적절한 것일까?

본 장에서는 사회적 가치에 관한 이러한 협소한 개념에 문제를 제기하며, 그렇다면 과연 사회적 기업이 창출하는 사회적 가치는 어떠한 것이 될 수 있는지 검토해보고자 한다. 이를 위해 다음과 같은 세 가지의 주제들에 관한 기존의 논의들을 문제의식에 준해 재구성해 보았다.

첫째, 사회적 기업이라는 개념이 우리에 앞서 제기된 미국과 유럽에서의 사회적 기업에 관한 논의들, 그리고 우리나라에서 그동안 사회적 기업에 관해 진행된 논의들을 검토하였다. 이를 통해 필자는 사회적 기업이 추구하는 핵심적인 가치가 '공동체 정신의 활성화'이며 이것이 바로 사회적 기업이 추구하는 사회적 가치인 것으로 논의하고 있다.

그렇다면 다음으로 우리가 질문해야 하는 것은 바로 공동체 정신이 무엇인가이며, 이에 대한 답을 구하기 위해 필자는 '시민자본'에 관한 논의들과 '인간의 본성(本性)'에 관한 논의들을 검토해 보았다. 이를 통해 공동체 정신이란 '서로 돌봄의 정신'이며, 이는 귀납적인 접근(시민적 자본의 중요성)을 통해서이건 또는 연역적인 접근(인간의 본성)을 통해서이건 우리가 도달할 수밖에 없는 우리들 존재의 실체라는 점을 논의하고 있다.

마지막으로는 우리가 왜 공동체 정신에 관심을 기울여야 하는 시점에 있는가 하는 질문이다. 이에 관한 답도 우리는 다시 귀납과 연역의 과정을 통해 탐구해 볼 수 있다. 즉 사회적 기업에 관한 논의가 등장한 사회적 배경을 검토하는 것이 귀납적 접근이 될 것이며, 우리들이 자신의 본성을 살피며 살아가는 것이 힘들게 하는 삶의 조건들에 자신을 적응시켜가야 함으로 인해 경험하게 되는 실체의 왜곡, 그리고 대안에 대한 모색들이 연역적인 접근이 될 것이다.

이러한 개념적 정리를 통해 필자는, 사회적 기업이 추구하는 사회적 가치가 단순히 취약계층에게 일자리 또는 사회서비스를 제공하는 것

이 아니라, 우리들 모두에게 우리가 잊고 살아가는 '서로 돌봄의 정신'이 우리 안에서 되살아날 필요가 있다는 것을 확인시켜주는 것이 아닐까 고민해 보고자 한다.

II. 사회적 기업이 추구하는 것은 무엇인가?

1. 사회적 기업의 개념

주지하는 바와 같이 사회적 기업의 개념은 미국과 유럽에서 다소 다르게 이해되고 있다. 매우 개략적으로 정리한다면, 미국에서의 사회적 기업은 'NGO들의 수익활동'의 개념으로 이해된다고 할 수 있으며, 유럽에서의 사회적 기업은 사회적 경제의 일부분으로 이해되고 있다고

할 수 있다(Kerlin, 2006). 사회적 경제란, 유럽의 결사체적 삶이라는 역사적 뿌리에 기초해서, 이윤창출보다는 회원들이나 공동체의 보호를 목적으로, 운영에서의 자율성, 그리고 민주적 의사결정과정 등을 기본원칙으로 운영되는 협동조합, 상호공제조직, 그리고 민간단체에 의해 실행되는 경제적 활동 영역을 지칭한다(Defourny, 2009).

그러나 유럽의 사회적경제연합회(EMES Network) 의장을 맡고 있는 드푸르니 교수에 의하면 사회적 기업에 관한 논의는 기존의 사회적 경제에 관한 논의나 비영리기구에 관한 논의들을 넘어서는 것이어야 하며, 그 중심에는 '새로움'이라는 개념이 존재해야 한다고 한다(Defourny, 2001). 그에 의하면, 사회적 기업의 새로움은 다음과 같은 6가지 영역에 있어 존재 할 수 있다; 혁신적 행위로서의 사회적 기업, 상품 또는 상품의 질에 있어서의 새로움, 조직구성 그리고(또는) 생산방식에 있어서의 새로움, 생산요소에서의 새로움, 시장에서 맺어지는 관계들의 구성 방식에서의 새로움, 그리고 기업 운영 방식에서의 새로움. 이러한 '새로움'에 관한 논의는 미국의 사회적 기업에 관한 논의들에서도 중요한 개념으로 부각되고 있어, 사회적 기업 그 자체가 중요한 것이라기보다 본질적인 것은 바로 '사회 혁신'이며 사회적 기업은 그러한 혁신이 일어날 수 있는 여러 가지 메커니즘 중 하나라는 논의도 제기된다(Phills et al., 2008).

이처럼 혁신·새로움이 사회적 기업에 관한 논의에서 중심에 등장하는 이유는 바로 사회적 기업이라는 새로운 조직체가, 현실에서 우리가 직면하는 사회문제들, 국가와 시장이 해결하지 못하고 있는 문제를 해결해야 한다는 매우 현실적이고 절실한 필요성에서 출발하였기 때문이다. 즉 흔히들 이야기하는 '국가와 시장의 실패'가 발생한 부분을 우리가 해결해보고자 하는 것이며, 그렇게 하기 위해 우리는 기존의 방식이 아니라 여태까지 존재하지 않았던 새로운 접근 방법을 취해야 한다는 필요성이다.

그렇다면 사회적 기업이란 어떠한 의미에서 이러한 혁신적인 측면

을 가지는가? 무엇보다도 중요한 것은 사회적 기업은 기존의 기업이
추구하는 경제적 가치 이외에 사회적인 가치를 동시에 추구한다는 점
이다. 사회적 기업의 명백한 목표는 공동체에게 이익을 가져오는 것이
다(Defourny, 2001). 사회적 기업의 사명은 사회적 가치를 창출하고 유
지하는 것이다(Dees, 1998). 사회적 기업을 여타 기업과 구분하는 가
장 핵심적인 요인은 사회적 기업의 사회적 이익 추구의 우선성이다
(Martin and Osberg, 2007). 사회적 기업은 사회적 가치 창출을 단일 목
표 또는 절대적인 목표로 한다(Peredo and McLean, 2006). 사회적 기업
에 관한 개념 정의를 시도하고 있는 위와 같은 글들을 통해서도 볼 수
있는 바와 같이 사회적 가치 창출은 사회적 기업의 가장 본질적인 목표
라고 할 수 있다.

　그렇다면 여기에서 지칭하는 사회적 가치의 의미는 무엇인가? 일차
적으로 사회적 가치는 공공재(public goods)의 개념으로 이해되고 있는
것이 일반적인 듯하다. 공공재란 재화 획득에 따른 이득이 개개인에게
머물지 않고 공동체 구성원 모두에게 돌아가는 특성을 지닌 재화를 지
칭하며, 사회적 기업이 추구하는 것이 직면한 '사회문제'를 해결하는
것이라고 할 때 이를 통해 공공재가 산출되리라는 것은 당연하다고 할
수 있다. 이러한 공공재란 앞서 기술한 바와 같이 우리의 사회적 기업
육성법이 목표로 하는 '취약계층에게 사회서비스 또는 일자리를 제공
하여 지역주민의 삶의 질을 높이는 것'을 통해서도 쉽게 이해할 수 있
다. 그렇지만 사회적 기업에 관한 논의들을 조금 더 깊이 있게 검토해
보면, 사회적 기업을 통해 창출되는 사회적 가치는 이러한 공공재의 산
출 이상의 개념을 가지고 있음을 알 수 있다.

　사회적 기업을 통해 창출되는 사회적 가치의 또 다른 측면은 '사회
자본'의 개념과의 연관성 내에서 이해되고 있다. 이러한 사회 자본에
관한 논의는 일차적으로는 사회적 기업의 산출물로 이해될 수 있다. 즉
사회적 기업이 생산하는 공공재를 통해, 그러한 공공재의 긍정적 외부
효과로서 공동체내의 사회적 자본(주민들이 지역사회 그리고 지역 주

민들에 대해 느끼는 유대감, 신뢰)이 증가하는 것이다. 하지만 사회적 자본은 사회적 기업의 산출물인 동시에 사회적 기업에 필요한 자원이 되기도 한다. 왜냐하면 사회적 기업은 일반적으로 지역사회에서 비상업적인 자원들을 동원하며, 그러한 의미에서 사회적 자본은 사회적 기업의 중요한 생산요소 중 하나라고 할 수 있기 때문이다. 따라서 사회적 자본과 사회적 기업과의 관계는 상호 상승작용을 하는 관계라고 할 수 있다(Evers, 2001).

이상의 논의를 정리해보자면, 사회적 기업에 관한 논의에서 핵심이 되는 개념은 결국 '공동체'라는 개념이며, 본질적으로 사회적 기업이 추구하는 정신은 '공동체의 문제를 공동체에서 해결하자'라는 공동체 정신인 것으로 생각된다. 이러한 맥락에서 사회적 기업에 관한 논의는 종종 지역사회기반의 기업(커뮤니티 비즈니스)에 관한 논의와 함께 진행되고 있다고 할 수 있다(김경휘 · 반정호, 2006)

2. 우리나라의 사회적 기업

우리나라에서 사회적 기업은 2007년 사회적 기업육성법이 시행되면서 빠른 속도로 확산되어 가고 있으며, 사회적 기업에 대한 일반의 인지도도 높아지고 있다. 그러나 사실상 우리가 위에서 개념화 한 새로운 형태로서의 기업인 사회적 기업에 대한 고민은 그보다 훨씬 이전부터 시작되었다고 할 수 있다.

실제적으로 조직화된 기업으로 생각해본다면 사회적 기업의 시작은 2003년에 시작된 '사회적일자리창출사업'으로 보는 게 적합할 것이며, 개념적인 차원에서 유럽의 사회적 경제 개념을 빌려와 새로운 형태의 기업을 고민하기 시작한 시점으로 생각한다면 외환위기 이후인 1990년대 말부터라고 할 수 있다. 그런데 사실상 1990년대 말 사회적 경제 담론 형성에 주도적인 역할을 담당했던 사람들이 사실은 1990년대 초부터 생산공동체운동이나 노동자협동운동 등을 주도했던 활동가들이며, 이들이 1996년 자활지원사업에 적극적으로 참여했음을 고려한다면, 사회적 기업의 개념에 관한 논의는 1990년대 초부터 시작된 것이라고도 할 수 있을 것이다(김정원, 2009).

여기서 중요한 것은 사회적 기업 담론을 시작한 활동가들이 구상한 새로운 형태의 기업은 '생산·협동·나눔'을 기본으로 하는 '공동체 정신'을 핵심적인 가치로 생각했다는 것이다(김정원, 2008; 모세종, 2005).

그런데 2007년 사회적 기업육성법이 제정되고 나서 사회적 기업은 기본적으로 노동부에서 관할하는 고용사업으로 인식되게 되는 변화를 겪게 되며, 정부는 사회적 경제를 기본 개념으로 하는 유럽식 사회적 기업보다는 미국식, 즉 비영리 조직 중심의 영리추구형 사회적 기업 모델을 선호하는 경향을 보여주고 있다(임혁백 외, 2007). 한편 이 시기는 우리사회에서 기업의 사회적 책임에 관한 담론이 증가하는 시기로서 이로 인해 대기업들의 사회적 기업에 대한 관심이 서서히 나타나게 된다. 그리하여 결과적으로는 사회적 기업을 둘러싸고 국가·시민사회·시장이라는 세 행위자들 간에 서로 다른 목표와 우선순위를 가지고 접근하고 있는 것이 우리의 현실이라고 할 수 있다(김용현, 2008; 임혁백 외, 2007).

이러한 현실에서 많은 연구자들은 본질적으로 사회적 기업은 현재와 같은 정부 주도로는 지속가능하지 않음을 지적하며 사회적 기업 본연의 정신을 살릴 수 있도록 현재의 인증 제도를 개선할 수 있는 방법에 관해 고민하고 있다(김정원, 2009; 김혜원, 2009; 장원봉, 2009). 왜냐하면 앞서 지적한 바와 같이 사회적 기업의 가장 중요한 목표는 사회적 가치의 창출이며, 사회적 가치의 창출은 바로 시민들 내부에서 형성되는 자발성에 기초한 공동체 정신의 함양을 의미하는 것이기 때문이다. 그렇다면 과연 공동체 정신이란 무엇이며 우리에게 그것은 어떠한 의미를 지니는 것일까?

III. 공동체 정신이란 무엇인가?

1. 개인과 공동체: 시민적 자본

1981년부터 2001년까지의 기간 동안 81개국에서 수집한 자료를 통해 근대화가 개인의 가치관에 어떠한 변화를 가져오는지 조사한 World Value Survey 프로젝트는 그 결과에 준해 '인류발달의 단계(human development sequence)'라는 개념을 제시하고 있다. 근대화가 이루어짐에 따라 물질적인 부가 축적되면 사람들은 이전의 '물질적 가치 체계'에서 벗어나 '탈 물질적인 가치'를 지향하게 된다. 물질적인 가치란 생존과 관련된 경제적이고 신체적인 안락함을 중요시하는 가치라면, 탈 물질주의적 가치란 자기표출, 개인의 자유, 그리고 주관적인 행복감을 추구하는 가치라고 할 수 있다. 거시적으로 볼 때 이러한 가치관의 변화는 세대교체를 통해 진행되며, 그 과정은 반드시 단선적인 것은 아니고 다소의 유동성을 지니고 발생하지만 그럼에도 불구하고 장기적으로 그러한 추세의 변화가 진행되는 것은 지구적으로 발생하는 매우 보편적인 현상이며, 따라서 이것은 인류의 보편적인 발달단계라고 할 수 있다는 것이다(Abramson and Inglehart, 1995; Inglehart and Welzel, 2005).

그런데 여기서 주목해야 할 것은 개인주의의 강화를 중심으로 하는 탈 물질주의적 가치관이 원자화된 이기주의적 인간들의 양산을 낳는 것이 아니라, 이타적이고 공동체주의적인 인간의 모습으로 이어진다는 점이다. 물질적인 안정이 이루어지지 않은 사회에서 사람들 간의 유대는 선택에 의한 것이라기보다는 생존을 위한 필요에 의한 것(bonding ties)인 반면에, 물질적 안정이 어느 정도 보장된 사회에서 사람들 간의 유대는 자발적 선택에 의해 이루어지며 이에 기초해서 맺어지는 유대는 혈족의 좁은 범위를 넘어서 보다 일반화된 유대로 나타난다(bridging ties). 이러한 측면에서 탈 물질주의적 가치는 본질적으로 '시민적 덕성(civic virtues)'을 내포하고 있다고 할 수 있다.

개인들 간 유대의 두 가지 형태에 관한 이러한 논의는 일견 뒤르켕의 기계적 유대와 유기체적 유대라는 개념과 매우 유사한 것으로 보인다. 산업화, 근대화가 진행되고 개인의 자율성이 중시되는 사회에서 사람들이 어떻게 개인의 자율성과 타인들과의 유대를 조화시켜나갈 수 있을까 하는 질문은 뒤르켕이 일생동안 답하려 노력한 중요한 질문이었다. 이에 대한 답을 그는 노동의 분업이 초래하는 개인들 간의 상호의존성에서 찾았으며, 산업화에 따른 노동 분업의 심화가 사람들을 더욱더 서로에게 의존하고 자발적으로 유대를 형성하게 할 것이라며 이러한 유대를 유기체적 유대로 부를 것을 제안하였다(Durkheim, 1997).

그런데 사실상 우리는, 개인의 자율성과 독립성을 강조하는 개인주의의 심화가 자연적으로 개인들 간의 유대 강화로 이어질 것이라고 선뜻 받아들이기는 힘든 것 같다. 먼저 뒤르켕의 유기적 연대의 개념의 경우, 이러한 개념이 그의 현실에 대한 이해를 기술한 것이라고 보기보다는 다가오는 미지의 세계에 대한 그의 우려를 반영한 규범적 당위를 주장한 것(이선미, 2008)이라는 이해가 일반적이다. 또한 '인류발달의 단계' 개념을 제안한 연구과제에서 연구진들이 그들의 주장을 지지하기 위해 사용한 자료를 살펴보면 그들이 주장하는 일반화된 유대(bridging ties) 개념을 측정하기 위해 사용된 설문 문항들의 개념 타당성은 그다지 높지는 않은 것으로 보인다. 연구팀이 공동체 정신을 측정하기 위해 사용한 변수들은, 일반화된 타인에 대한 신뢰, 규범 순응성, 그리고 결사체에의 참여인데, 이러한 변수들이 개인들이 타인과 공동체에 대해 느끼는 유대감을 포괄적으로 측정하고 있다고 하기에는 무리가 있어 보인다.

또한 현실에서 우리는 개인주의의 심화가 공동체와 개인들 간의 유대에 대한 무관심으로 이어진다는 염려들을 쉽지 않게 접하게 된다. 공동체주의의 부활이라는 평과 함께 많은 논쟁을 불러온 벨라와 그의 동료(1985)들의 연구는, 현대의 미국사회에 만연하고 있는 개인주의에 대한 숭배가 인생에 대한 공허감으로 가득 찬 사람들로 구성된 사회를 초래하고 있다고 진단하고 있다. 그들은 이를 토크빌(Tocqueville, 1966)이 기술한 19세기의 미국사회와 비교하면서, 우리들에게 필요한 것은 공허하기 그지없는 자아실현이라는 개념을 맹목적으로 좇는 것이 아니라 개인을 넘어서는 좀 더 숭고한 정체성을 모색하는 것이며, 이는 사람들이 자신이 아닌 다른 사람들의 복지와 공통의 행복에 대해 책임을 느낄 수 있는 정신을 개발함을 통해서 가능할 것이라고 주장하고 있다. 유사한 맥락에서, 라이너 쵤(2000)은 오늘 날 우리는 인간적·사회적 연대가 점차 약화되어가는 사회, 즉 연대가 위기에 처한 사회에 살아가고 있는데, 이는 근본적으로 개인주의의 강화에서 기인한다고 보고 있다. 그러나 그는 개인주의의 확대가 필연적으로 사회적 유대의 약화를 가져오는 것은 아님을 주장하면서, 이제 우리는 진정한 의미에서 뒤르켕이 이야기한 유기적 연대를 구체적으로 실현해 나갈 필요가 있음을 강조한다. 이것이 바로 그가 제안한 '연대적 개인주의'의 개념이며, 이는 '자신에 대한 생각이 오히려 타인에 대한 생각의 전제'가 될 수 있음에 주목하며, 개인의 자기 중심화와 탈 중심화의 변증법 존재가능성을 논하고 있다.

우리나라에서는 이러한 '시민자본'에 관한 관심이 이재혁의 연구들(2001; 2006; 2007a; 2007b)에서 꾸준하게 탐구되고 있다. 그는 일반적으로 논의되는 것처럼 사회적 자본이 항상 공공적으로 순기능을 하는 것은 아님에 주목하면서, 사회 자본에는 개인의 도구적 측면과 공공적 측면이 동시에 존재하며 우리는 사회자본의 공공적인 측면에 주목해야 한다고 주장한다. 왜냐하면 사회적 자본의 공공적 측면이란 바로 '호혜성 규범'이며 이것이 바로 집단 내 구성원들 간 상호 협조의 초석이 되기 때문이다. 즉 사회적 자본의 공공적 측면이 바로 시민적 자본이며 그 정신의 핵심은 바로 '자발적으로 서로 돕는다'는 것이다.

그는 이를 논의하기 위해 토크빌(1966)이 19세기 미국사회를 보며 감탄해마지 않았던 '시민들 간의 결사와 참여 정신'을 이야기하며 이러한 삶이 가능했던 이유로 토크빌이 논의했던 '계몽된 자기애(enlightened self-love)'를 논의하고 있다. 계몽된 자기애란 서로 돕고 사는 것이 궁극적으로 자신에게 이득이 된다는 깨달음을 이야기하는데, 이는 개인들 간의 이해가 개별적으로 분리할 수 없이 얽혀있어 개인의 이해 관심을 실현시키기 위해서는 어쩔 수 없이 집단적 조율을 필요로 하는 '사회적 재화'들이 분명하게 존재함을 인식하는 것에서 시작한다. 즉 공공성을 추구하는 것이 바로 나의 이익에 부합되는 것이라는 믿음이 공동체 지향을 낳게 되는 것이다. 우리가 이처럼 서로 얽혀있는 현실을 이해하고, 우리들 행위의 '외부성'을 인식할 수 있다면 서로 돌보는 것이 궁극적으로 자신에게 이득이 된다는 것을 깨달을 수밖에 없다는 것이다.

이상의 논의들을 정리하자면. 개인주의의 확대라는 우리가 살아가고 있는 현실은 본질적으로 불안한 것일 수밖에 없음에 대한 공감대가 분명히 존재하며, 이러한 우려를 바탕으로 '시민 자본'이라는 개념을 불러오면서 개인과 공동체간의 관계에 조화를 담아보고자 하는 일련의 노력이 존재한다고 할 수 있다. 이와 같은 논의들은 본질적으로 우리가 관찰하는 사회현상에서 출발하여 어떠한 보편적 가치를 모색한다는 점에서 공동체정신에 대한 귀납적 접근이라고 할 수 있을 것이다. 그런데 한편 공동체 정신을 이와는 다르게 연역적 접근방법을 통해 탐구하는 일련의 논의가 있다. 즉 인간본성 그 자체에서 서로 돌봄의 정신을 읽어내는 것이다.

2. 개인과 공동체: 본성(本性)

먼저 유교적 세계관에서 자아와 타자의 관계는 결코 상호 배타적인 성격을 지닐 수 없다. 우주의 근원은 태극이라는 '하나'이며, 이 하나

에서 음과 양이라는 두 기(氣)가 생성되지만, 음과 양은 두 독립적 실체
라기보다는 하나의 작용원리로서, 본질적으로 음은 양을 포함하고 양
은 음을 포함하는 관계이다(이황, 2001). 이러한 원리에 의해 형성된 나
는 이미 나안에 우리를 포함하고 있는 합일체이며(김혜숙, 1999; 이숙
인, 1999), 따라서 우리를 살피는 것(서로 돌봄의 정신)은 나를 살피는
것(개인주의)과 같은 것일 수밖에 없으며, 그것이 바로 우리들 존재의
본질, 즉 본성인 것이다. 이에 따라 중용에서 이야기하는 성기성물(成
己成物)의 정신(나의 이룸과 다른 만물의 이룸은 맞물려 있다)이 우리
가 우리의 본성을 실현시킬 수 있는 궁극적인 가치가 되는 것이다(정대
현, 2006).

　이처럼 인간 본성에서 서로 돌봄의 정신을 읽어내는 것은 우리가 흔
히 이야기하는 바와 같이 '공동체적 가치관을 강조한 유교'에만 국한
된 것은 아니다. 공동체적 가치를 중시한 동양적 사고와 대비해 '개인
주의적 사고'에 기초하고 있다는 서구의 사상가들 중에서도 인간의 본
성에서 서로 돌봄의 정신을 읽어낸 사람들이 있다. 대표적인 사상가가
우리가 무신론자라고 알고 있는 스피노자(1632~1677)이다. "우리들 안
에 있는 신의 관념은 타당함과 동시에 완전하다.", "신외에는 어떠한
실체도 존재할 수 없으며 또한 파악될 수 없다"라는 그의 글(스피노자,
1990)에서 우리가 읽을 수 있는 것은, 그는 우리들 안에 존재하는 정신,
그것이 바로 보편타당한 신성(神性)이며 그것을 깨우침을 통해 우리는
자유인이 될 수 있는 것으로 보았다는 것이다. 우리의 본성이 바로 신
성이기에 '인간은 이성의 지도에 따라 생활하는 한 서로 간에도 역시
필연적으로 언제나 일치한다'는 것이 가능하며, 따라서 '각자가 자기
에게 유익한 것을 가장 많이 추구할 때 인간들은 서로 간에 가장 유익
할 것'이 되는 것이다. 즉 보편타당한 하나로서의 인간존재의 본질을
상정한다면, 나와 우리의 관계는 유교적 가르침에서와 마찬가지로 합
일체로 이해될 수 있는 것이다.

　인간 본성에 관한 이러한 접근을 보여 준 또 다른 사상가로서 우리는

애덤 스미스(1723~1790)를 살펴볼 수 있다. 경제학자로서의 그가 「국부론」에서 그 유명한 '보이지 않는 손'을 이야기할 수 있었던 것은 도덕사상가로서의 그가 지니고 있던 인간의 본성에 대한 믿음이 있었기 때문이다. 그는 경제학자이기 이전에 도덕사상가로서 인간의 본성에 기초한 사회체계를 모색하려고 노력한 사람이며, 그가 이해했던 인간 본성의 핵심은 '동감(sympathy), 또는 동류의식(fellow-feeling)'이었다 (애덤 스미스, 2009). 이러한 감정을 그는 천성(nature)으로 불렀는데, 이러한 감정이 천성인 이유는 그러한 감정이 발휘되었을 때 우리가 무엇보다도 깊은 행복감을 느끼기 때문이라고 이야기하고 있다. 그런데 이러한 동감, 동류의식은 우리가 흔히 이야기하는 것처럼 타인의 불행을 보고 같이 공감해 준다는 차원을 넘어서, 자신의 행위가 타인의 공감을 받을 수 있는 것인지 스스로 항상 반문하게 함으로써 자신 행위의 적정성 여부를 보편타당에 준해 판단하게 한다는 점에서 일반적인 도덕으로 연결되게 된다. 이러한 과정을 통해 우리는 우리가 행위를 함에 있어 타인의 관점(도덕)을 항상 염두에 두게 되며, 이는 결국 우리의 본성이 타인에 대한 관심, 즉 보편타당에 대한 깊은 관심을 포함하고 있음을 의미하는 것이다.

　이상 우리가 논의한 인간 본성에 존재하는 '서로 돌봄의 정신'을 염두에 두고, 우리가 사회적 기업의 상징으로 떠올리는 유누스의 글을 읽어보면 매우 흥미로운 사실을 발견할 수 있다. 그는 자신의 모험이 성공적일 수 있었던 이유에 관해, 자신의 시도가 인간의 본성에 적합한 제도를 만들어냈기 때문이라고 평가하고 있다(유누스, 2008). "인간은 단순히 노동자나 소비자, 혹은 기업가로 한정할 수 있는 존재가 아니다. 인간은 동시에 부모, 자녀, 친구, 이웃, 그리고 시민이기도 하다. 그들은 가족을 염려하고 자신이 속한 공동체를 아끼며 다른 사람과의 관계나 자신의 평판에 신경 쓴다"고 믿는 그가 고안해 낸 대출시스템은 대출자가 직접적 혈연관계가 아닌 다섯 명의 친구들과 모여 그룹을 구성한 뒤 다른 구성원 네 명의 승인을 받을 것을 요구하고 또한 그들로

부터 심리적·실질적 후원과 격려를 받을 수 있게 하였는데, 98.6%의 높은 상환율을 가능하게 한 대출자들 다수가 상환의 이유로 '그룹 회원들을 실망시키지 않기 위해'라고 응답했다고 한다. 이러한 일련의 경험을 통해 그는 자신이 가지고 있던 인간의 본성에 대한 믿음이 분명한 것임을 확인했으며, 오늘날의 자본주의 사회가 상정하는 일차원적 인간(오직 경제적 수익만을 좇는)의 모습은 그릇된 것이며, 이처럼 올바르지 않은 인간관에 기초한 사회제도는 필연적으로 많은 문제를 가져올 수밖에 없다고 주장하고 있다.

올바르지 않은 인간관에 기초한 사회제도가 필연적으로 많은 문제를 가져올 수밖에 없기에, 우리가 직면해야만 하는 문제들은 과연 어떠한 것들이 있을까?

IV. 공동체 정신이 왜 문제가 되는가?

1. 시장의 확장

앞서 미국과 유럽에서 사회적 기업은 다소 다른 방식으로 이해되고 있다고 기술하였다. 이러한 차이는 각 지역에서 다른 요인들에 의해 사회적 기업에 대한 관심이 대두되기 시작한 것과 관련이 있다. 미국의 경우, 사회적 기업에 대한 관심은 다음과 같은 여러 요인들이 복합적으로 작용하면서 제기되기 시작하였다; 사회문제 해결에 있어서 자선적 접근의 효과성에 대한 의구심 제기(수혜자들이 자신의 삶에 대한 책임감을 증가시킬 수 있는 방법에 대한 모색), 비영리 기관의 수익사업에 대한 관심 증대, 비영리 기관들이 기업과 맺는 파트너십의 폭과 깊이의 다양화, 그리고 영리와 비영리의 경계 모호화(정선희, 2004). 그런데 이러한 요인들은 보다 근본적으로는 1980년대 레이거노믹스로 일컬어지는 일련의 경제조치들에 따른 사회적 결과라고 할 수 있다. 주지하듯이 레이거노믹스는 당시 정부가 직면하고 있던 재정적자를 해결하기 위해 시장경제의 활성화와 사회복지정책의 축소를 골자로 하는 경제 활성화 방안이었으며, 그 결과 사회는 여러 측면에서 변화를 경험하게 되는데, 위에서 지적된 요인들은 그러한 사회적 변화를 반영한 것이라고 할 것이다. 즉 정부에 의한 복지 지출이 감소하고 이로 인한 사회적 서비스의 공백을 비영리기관들이 기업들과 함께 책임질 수 있는 방법을 모색하는 과정에서 사회적 기업 개념이 대두되었다고 할 수 있다.

한편 유럽의 경우에는, 1970년대 이후 지속되었던 경제 침체에 따른 실업의 증가, 그리고 이에 따른 공공재정의 적자로 인해 정부의 재정 부담을 줄이는 방향으로의 복지제도에 대한 개혁이 시작되게 되며, 그러한 과정에서 기존의 공공서비스를 민영화하는 방식의 하나로 사회적 기업 개념이 받아들여지게 된다. 이에 따라 유럽에서의 사회적 기업은 재정자립보다는 기존에 국가가 제공하던 사회적 서비스 제공에 초점을 맞추고 있으며, 따라서 재정의 공공부문 의존도가 높다(김정원, 2009).

이상 미국과 유럽에서 사회적 기업 개념이 사회적으로 제기되는 배경을 살펴보면 그 배경의 핵심 요인으로 시장의 확장이 존재하고 있음을 알 수 있다. 각 국가 들은 경기침체를 극복하고 새로운 도약의 동력을 모색해야 하는 과제를 안고 있었으며, 그러한 고민의 결과가 시장의 확장이었다고 할 수 있다. 이에 따라 복지의 개념 그리고 누가 복지를 제공할 것인가 하는 개념 등이 변화를 겪게 되며, 사회적 기업이란 이러한 고민의 결과로 나타나게 되는 일련의 해법 중 하나로 이해할 수 있다.

그런데 지금까지의 논의가 주로 복지서비스의 공급과 관련된 측면에 관한 것이었다면 우리는 복지서비스의 수요와 관련된 부분도 살펴볼 필요가 있다. 왜냐하면 1970년대 이후 서구사회의 변화 방향이 한

편으로는 국가에 의한 복지 제공에 대한 도전이었던 반면에 다른 한편
에서는 복지서비스에 대한 수요를 증가시키는 일련의 변화들이 진행
되었으며, 바로 이러한 수요와 공급의 불일치가 사회적 기업에 대한 수
요 요인이 되었기 때문이다. 복지서비스에 대한 수요를 증가시키는 변
화들이란 가족제도, 인구 구조, 그리고 노동시장의 관행 등에서의 변화
등으로 요약될 수 있다. 즉 기혼여성의 유급 노동 참여 증가, 이에 따른
돌봄 노동 제공자로서 여성의 역할 약화, 고령 인구의 증가, 그리고 노
동시장의 유연성 증가에 따른 실업 인구의 증가 등이 이에 해당한다고
할 수 있다(임혁백 외, 2007).

우리가 살아가고 있는 오늘은 후기산업사회로 일컬어지며 후기산업
사회의 특징을 '위험사회'로 이해하는 시각이 설득력 있게 받아들여지
고 있다. 이재혁(2001)은 위험사회론의 논제가 '외부성의 급격한 증폭
과 이에 대한 내부화 실패의 문제'라고 정리하고 있다. 즉 오늘날의 사
회는 공공적 영역(서로의 이해관계가 얽혀지는 영역)이 확대되지만(따
라서 서로가 서로에게 의도하지 않은 영향을 미치며 살아갈 수밖에 없
지만), 그럼에도 불구하고 그러한 이해관계의 얽힘을 조정할 수 있는
내부적 메커니즘이 매우 약화되었다는 것이다. 이러한 문제의식을 우
리가 지금까지 논의한 사회적 기업 개념이 대두되게 되는 사회경제적
요인들과 결합시켜 생각해 보자. 실업의 문제, 사회복지서비스의 문제,
이러한 문제들은 단순히 개개인들이 각자 해결하는 것으로 남겨질 수
없는 공공적 영역에 해당하는 것임에도 불구하고 이러한 영역의 문제
들이 단순히 개개인이 시장에서 해결해야 하는 문제로 분류되면서, 공
동체로서의 우리는 매우 불안정한 현실을 직면할 수밖에 없게 된다.

이러한 불안한 현실에 대한 인식이 바로 공동체 정신의 부활에 대한
사회적 공감대를 확대시키는 배경으로 등장(임운택, 2006)하게 되는
데, 황경식(2005)에 의하면 서구사회에서 정치이념으로서의 자유주의
는 고전적 자유주의에서 현대적 자유주의로, 그리고 최근에는 공동체
주의적 자유주의로 진화하고 있는 것으로 볼 수 있다고 한다. 고전적

자유주의를 최소의 정부를 인정하는 자유주의라고 한다면, 현대적 자유주의는 정부의 보다 적극적인 개입을 통해 성취하게 되는 개인의 자유를 지칭한다. 한편 최근 관심의 대상이 되고 있는 공동체 자유주의는 개인권의 가치를 분명히 인정한다는 점에서 자유주의의 한 양상이지만, 개인은 단지 개인으로서가 아니라 공동의 삶 속에서 비로소 인간이 되고 인간의 의미와 보람을 가지게 된다는 공동선이라는 가치를 인정한다는 점에서 기존의 자유주의 논의와 차이를 가진다고 할 수 있다.

그런데 이와 같이 자유주의의 본질에 관해 지속적으로 고민이 제기되는 것을 보면, 개체와 공동체 사이의 갈등이 인간의 보편적인 고민이라는 것을 알 수 있으며, 그것으로부터 자유로운 사회는 존재하지 않는다고 그는 논하고 있다. 이는 다르게 이야기 하자면 개체와 공동체라는 가치가 둘 다 모두 존재의 본질임을 시사하는 것이라고 할 수 있으며, 그러한 측면에서 볼 때 중요한 것은 '이러한 두 가치 체계를 서로 대립되는 것으로 바라보는 시각에서 벗어나 두 가지의 도덕적 신념을 정합적으로 통합시킬 수 있는 방법을 찾는 것'이라고 할 수 있다. 그렇다면 이제 우리는 개체와 공동체에 관한 두 도덕적 신념이 어떻게 통합될 수 있는지 그 가능성에 관해 노동의 영역에서 토의되고 있는 논의들을 살펴보자.

2. 노동의 문제

"아무리 이기적인 사람이라 하더라도 분명히 그의 본성에 무엇인가가 있다. 얻는 것이 없어도 보는 것만으로 행복한, 다른 사람의 복지에 관심을 갖고, 타인이 행복해야 자신도 행복하다고 생각하는 원칙을 갖고 있다." 돌봄노동에 관한 경제학적 이론을 정립하기 위해 노력해오고 있는 폴브레(2001)는 『보이지 않는 가슴』에서 애덤 스미스의 『도덕감정론』 첫 페이지에 등장하는 위의 문구를 인용한 후, 이러한 인간의 본성에 관한 믿음이 우리가 살아가고 있는 오늘날 얼마나 현실적인 것인가 질문하고 있다. 이는 시장의 확장, 즉 개인의 사적인 이익만을 기본으로 하는 경제의 팽창이 우리가 가지고 있는 인간 본연의 도덕 감정을 약화시킬 가능성에 대한 우려 또는 두려움이 기본적으로 그녀가 돌봄노동에 대한 경제학적 이론화를 시도하는 문제의식이기 때문이다.

한편 앞서 설명되었던 벨라와 동료들의 공동체정신에 관한 연구(1985)는 그 말미에서 사회의 재건을 위한 공동체정신의 회복을 노동의 문제와 관련해 논의를 마무리하고 있다. 왜냐하면 그들이 생각하기에 공동체정신을 회복한 사회를 재건하기 위해 가장 중요한 것이 바로 직업의 의미, 그리고 직업과 보상의 관계에서의 변화이기 때문이다. 즉 직업이 모든 이의 복지를 위한 공헌이고 개인의 출세만을 위한 수단만은 아니라는 직업관, 그리고 직업선택에 있어 내적인 만족감이 보다 중요하게 작용할 수 있도록 실패에 대한 처벌과 성공에 대한 보상의 크기를 줄이는 것이 필요하며, 이러한 변화가 전제되어야만 우리는 우리 자신은 물론 우리의 가족과 이웃, 그리고 공동체에 관심을 기울일 수 있을 것이라는 주장이다.

이러한 논의들은 왜 어떠한 맥락에서 제기되고 있는 것인가? 우리는 보통 새로운 누군가를 만났을 때 서로 어떤 일을 하는지 묻는 것으로 관계를 시작하고는 한다. 이는 사실상 우리가 하는 일이 우리 자신에 관해 많은 것을 이야기 해주기 때문일 것인데, 이는 다음과 같은 두 가지 요인에서 기인한다고 할 수 있다. 먼저 우리의 직업은 우리의 선택의 결과이며, 따라서 그러한 선택은 우리 자신의 취향과 기질 등을 반영한 것이다(occupational selection theory; 직업선택이론). 그러나 동시에 직업은 우리의 기질이나 성향을 반영하는 것에서 머물지 않고 우리의 기질과 성향을 형성해 가는 데 영향을 미친다(occupational socialization theory: 직업사회화이론). 우리가 하는 일이 우리가 살아가는 모습에 적지 않은 영향을 미친다는 사실은 분업이 가져오는 경제적 효율성을 강조했던 애덤 스미스 자신도 분명히 인지하고 있었던 측면

인 듯하다: "다양한 사람들의 타고난 재능의 차이는, 실제로는 우리가 느끼고 있는 것보다 훨씬 작으며, 성인이 되었을 때 여러 가지 직업의 사람들을 구별 짓는 듯이 보이는 자질상의 큰 차이도 분업의 원인이라 기보다는 오히려 결과인 경우가 많다"(애덤 스미스, 2008: 28).

그런데 문제는 자유주의 사회에서 우리의 일은 우리 자신의 선택 측면에서만 주로 해석되어진다는 것이다. 진정 우리의 일은 '개인의 선택' 측면에서만 해석될 수 있을까? 뮈어해드(Muirhead, 2004)는 이러한 질문에 '아니오'라고 답하며, 진정 노동이 개인적인 선택의 결과라면 우리는 일을 할 것인가의 여부에서부터 자유로운 결정을 할 수 있어야 할 것이라고 주장한다. 일을 할 것인가 하지 않을 것인가 하는 문제가 우리가 선택할 수 없는 일이라면, 우리는 일이라는 것이 분명히 개인적인 측면이외에 사회적인 측면을 가지는 것임을 인정할 수밖에 없다. 이러한 견지에서 본다면 일을 어떻게 배분할 것인가(즉 누가 어떠한 일을 할 것인가)는 더 이상 개인적인 사안이 아니라 사회적인 사안('정의의 문제')이 되는 것이며, 이 때 우리가 고려해야 하는 것이 우리가 하는 일은 우리가 어떠한 모습으로 살아가는가 하는 것에 많은 영향을 미친다는 사실이다. 따라서 우리는 일의 세계를 어떻게 만들 것인가 하는 중요한 질문에 답하도록 노력해야만 한다고 그는 주장하고 있다.

이러한 견지에서 볼 때, 오늘날 직업세계에 관한 많은 논의들이 우려의 목소리를 높이는 것에 우리는 주목할 필요가 있다. 지구적 경쟁을 기반으로 하는 오늘날의 경제구조는 개인들의 고용안정성을 위협하고(실업의 증가), 유연성의 논의하에 고용관행 자체가 변화하고 있으며(비정규직의 증가), 직업 간 또는 직급 간 임금 불평등 정도는 날로 심화되며(불평등 심화), 이러한 현실은 우리들에게 경쟁에서의 낙오에 대한 두려움을 지속적으로 주입하며 끊임없이 노력할 것을 요구한다(노동강도의 심화).

우리가 앞서 논의한 바와 같이 '우리의 일이 우리를 형성한다'는 측면을 인정한다면 이러한 현실적 여건들은 상당한 우려를 낳을 수밖에 없다는 것 또한 인정할 수밖에 없을 것이며, 바로 이러한 맥락에서 우리가 우리 자신의 본성에 적합한 삶을 살아가고 있는 것인가 하는 질문들이 제기되는 것이다. 앞서 우리가 검토한 바 있는 우리 자신의 본성에 대한 논의들을 돌이켜 생각해 본다면, 우리의 본성에 적합한 노동세계는 어떠한 것일까? '좋은 일'이란 어떤 일인가 하는 문제의식을 제기하며 실증적 검토를 시도한 여러 연구들은 좋은 일자리 여부를 결정하는데 금전적 보상이 미치는 영향은 우리가 생각하는 것보다 그다지 크지 않음을 지적하면서, 측정하기 어려운 여러 비금전적 보상 요인들이 중요한 역할을 한다고 논의하고 있다(방하남, 이상호, 2006; Jencks, Perman, and Rainwater, 1988; OECD, 2003; Ritter and Anker, 2002). 한편 우리들이 자신의 일에 대해 가지는 태도를 세 가지, 즉 일자리(job, 물질적 욕구 충족 수단), 직업(career, 사회적 성공 욕구 충족 수단), 그리고 소명(calling, 내면의 도덕적 욕구 충족 수단), 으로 분류한 후 개인들이 자신의 일에 대해 가지고 있는 태도와 삶에의 만족 정도를 검토한 한 연구에 의하면(Wrzesniewski, McCauley, and Schwartz, 1997), 자신의 일을 소명으로 생각하는 집단에서 삶에의 만족도가 가장 높게 나타났다고 한다.

이 시점에서 우리가 생각해 볼 필요가 있는 것이 바로 노동, 일이 과연 무엇인가 하는 질문이다. 우리들은 보통 노동을 직업과 동일한 것으로 생각한다. 그런데 이러한 노동관에 대해 문제점을 제기하는 목소리들이 있다. 그러한 논의들의 출발점은, 노동이 직업으로만 정의되며 직업을 통해서만 우리가 돈과 지위, 자신의 정체성을 획득할 수 있는 사회체계는 보편이 아니라 단지 특정한 역사적 시기의 산출물(Handy, 1984)이라는 인식이다. 현재 우리가 경험하고 있는 거대한 사회변화의 물결들을 고려한다면 이제 우리는 그와는 또 다른 새로운 노동에 대한 개념화가 필요한 시점에 있다고 할 수 있다(최문경, 2008). 그러한 대안적인 노동개념은 '제3섹터(리프킨, 1996)' 또는 '시민노동(벡, 1999)'이라는 용어로 표현되기도 하는데, 중요한 것은 그러한 대안적인 개념에서의 노동은 노동이 단순한 물질적 자원 획득을 위한 수단으로서 의미를 갖는 것이 아니라, 시민사회의 건설과 유지에 필요한 공동체 정신을 함양하는 데 긍정적인 기능을 한다는 의미를 가진다는 점이다.

예를 들어, 벡(Beck, 1993)은 가사노동, 부모노동, 자기 노동, 명예 관직, 정치 행위 그리고 다른 많은 활동들이 모두 직업과 나란히 존립하는 활동 중 하나일 뿐이라고 논의하고 있으며, 핸디(Handy, 1984) 또한 '노동이란 직업 이외에 자신의 취미와 연계된 부업 노동, 그리고 가사노동과 자원봉사활동 등의 봉사 노동을 포함하는 개념'이라고 논하고 있다. 이러한 대안적 노동 개념들이 제시하는 좋은 일이란, '우리 자신을 표현할 수 있으며, 우리들의 창의적인 에너지, 그리고 다른 사람들과 함께 일하고 관계하는 능력을 발휘할 수 있는 통로여야 하며, 또한 우리를 통제하는 것이 아니라 우리의 통제 하에 있는 것'(Handy, 1984)이라고 할 수 있다. 즉 일을 통해 우리가 우리 내면에 존재하는 개체로서의 욕구, 그리고 공동체의 일원으로서의 욕구를 동시에 충족시킴으로써 우리 본성에 보다 적합한 삶의 모습으로 살아갈 수 있게 해 주는 그러한 것이어야 한다는 주장이다.

V. 사회적 가치 그 자체로서의 '공동체 정신'

본 장은 우리사회에서 사회적 기업에 대한 관심이 점차 증가하고 있음에 주목하며, 사회적 기업의 핵심은 사회적 가치 창출이라는 일반적인 주장 내지는 믿음에 대해 과연 그것이 의미하는 바가 무엇인지 보다 깊이 있게 고민해보고자 시도하였다. 필자가 그간의 논의들을 정리한 바에 의하면 사회적 기업이 창출하는 사회적 가치란 우리 사회에서 점차 약화되어가는 서로 돌봄의 정신을 우리의 생활 속으로 다시 불러

들어옴으로써 우리들이 서로 연결되어 살아가는 공동체의 일원이라는 사실을 깨닫게 해주는 것이라고 할 수 있다.

사회적 기업이라는 표현을 처음 사용한 빌 드레이튼이 운영하는 아쇼카 재단은 전 세계에서 훌륭한 사회적 기업가를 선정하여 지원해주고 있다. 그런데 그들이 훌륭한 사회적 기업가를 선정하기 위해 사용하는 기준 중 하나가 기업가의 '도덕관'이라고 한다. 또한 미국 경영대에서 제공되는 사회적 기업 관련 교과목들이 가장 많이 사용하는 교재라고 알려져 있는 『달라지는 세계』를 저술한 본스타인(2008) 또한 성공하는 사회적 기업가에게 필요한 자질 중 하나로 '굳건한 도덕성'을 꼽고 있다. 왜 어떤 이유에서 사회적 기업가는 도덕적인 사람이어야 하는가? 또는 이때 도덕적이라는 표현은 과연 무엇을 의미하는가?

도덕은 우리들이 우리 자신을 뛰어넘어 공정한 관찰자의 시점에 도달할 것을 요구한다는 점에서 추상의 영역이며 또한 본질적으로 복수적이다(지니, 2008). 따라서 도덕적 관점을 통해서만 우리는 공동체 개념에 도달할 수 있으며, 공동체에 대한 책임 개념을 통해 우리는 자신의 역할을 돌아보고 계발하게 될 수 있다(가드너, 2008). 이러한 이유에서 공동체 정신은 우리들이 간과할 수 없는 중요한 가치 그 자체가 되는 것이며, 공동체에 대한 믿음, 공동체를 가능하게 하는 인간 본성에 대한 믿음을 가지고 있는가 하는 점은 공동체 정신을 기반으로 해야 하는 사회적 기업의 성공 내지는 지속성 여부에 중요한 역할을 할 수밖에 없을 것이다.

이선미(2008)는 우리의 역사를 돌이켜볼 때 사회의 위기 시에는 언제나 공동체주의 논의가 등장하는 것을 발견할 수 있다며, 공동체주의 담론이 사회에 확산될 때 그러한 담론 이면에 어떠한 권력관계가 작동하고 있는지 주의를 기울일 필요가 있다는 흥미로운 주장을 전개하였다. 앞서 소개되었던 '인류발달의 단계' 개념에서도 언급된 바와 같이 우리들이 개인의 자유, 즉 개체성을 발휘할 수 있는 영역을 확대시켜 온 과정은 그 자체가 우리의 역사이며 발전이었다고 할 것 이다. 그리

고 그러한 측면에서 우리는 공동체주의가 주의라는 이념으로 우리 앞
에 등장할 때 한 발 물러서 현상의 이면에 대해 깊이 있게 고민해 볼 필
요도 분명히 있을 것이다. 그러나 사회가 위기에 처하는 시기에는 항상
공동체주의가 등장했다는 현상은 그것이 그 이면에 존재하는 권력 관
계에 의해 구성되어질 수 있는 가능성과 함께 한편은 공동체 정신이라
는 것이 우리들에게 개체성만큼이나 본질적인 우리들 본성의 일부이
기 때문은 아닐까 생각해 볼 수도 있을 것이다.

증가하고 있는 사회적 기업에 대한 관심은 개인주의에 기초한 신자
유주의적 자본주의가 지배하는 세계질서가 우리들 본성의 일부를 점
차 약화시켜가는 것은 아닌가 하는 우리들의 두려움을 반영하는 것이
아닐까. 사회적 기업의 사회적 가치란 바로 이와 같이 우리들이 우리들
자신을 돌아보게 함으로써 보다 자신의 본성에 가까이 다가설 수 있는
성찰의 시간을 갖게 해주는 것이라 생각해 본다.

참고문헌

가드너, 하워드(김한영 옮김). 2008. 『미래마인드』. 재인.

김경휘 · 반정호. 2006. 한국 상황에서의 사회적 기업의 개념과 유형에 관한 소고. 『노동정책연구』 6(4): 31-54.

김정원. 2008. 사회적 일자리와 사회적 기업은 民의 대안이 될 수 있는가? 『도시와 빈곤』 89: 75-93.

_____. 2009. 『사회적 기업이란 무엇인가?』. 아르케.

김용현. 2008. 한국의 사회적 기업 도입과정에서 국가, 시장, 시민사회의 역할과 쟁점. 『2008년도 전기사회학대회 발표자료집』.

김혜숙. 1999. 음양 존재론과 여성주의 인식론적 함축. 『한국여성학』 15(2): 5-28.

김혜원. 2009. 한국 사회적 기업 정책의 형성과 전망. 『동향과 전망』 75: 74-108.

드푸르니, 쟈크. 2009. 『사회적 경제: 이론과 실천』. 2009년도 한일 사회적경제 연구 교류 심포지엄 발표논문.

리프킨, 제레미(이영호 역). 1996. 『노동의 종말』. 민음사.

모세종. 2005. 문답으로 푸는 '자활'의 어제와 오늘, 그리고 미래. 정선희(편). 『한국의 사회적 기업』. 다우, 229-235.

방하남 · 이상호. 2006. 좋은 일자리(Good Job)의 개념구성 및 결정요인의 분석. 『한국사회학』 40(1): 93-126.

벡, 울리히(홍윤기역). 1999. 『아름답고 새로운 노동세계』. 생각의 나무.

벨라, R · R. 매디슨 · W. 설리반 · A. 스위들러 · S. 팁튼(김명숙 · 김정숙 · 이재협 공역). 2001. 『미국인의 사고와 관습』. 나남출판.

본스타인, 데이비드(박금자 · 나경수 · 박연진 옮김). 2008. 『달라지는 세계』. 지식공작소.

스미스, 애덤 (유인호 옮김). 2008. 『국부론』. 동서문화사.

_____. (박세일 · 민경국 공역). 2009. 『도덕감정론』. 비봉출판사.

스피노자, 베네딕터 (강영계 옮김). 1990. 『에티카』. 서광사.

이숙인. 1999. 유교의 관계윤리에 대한 여성주의적 해석. 『한국여성학』 15(1): 39-69.

이선미. 2008. 근대사회이론에서 공동체 의미에 대한 비판적 연구. 『한국사회학』 42(5): 101-139.

이재혁. 2001. 계약론적 관점에서의 신뢰. 『신뢰연구』 11: 109-141.

_____. 2006. 신뢰와 시민사회: 한미 비교 연구. 『한국사회학』 40(5): 61-98.

_____. 2007a. 시민사회와 시민적 자본: 시장적 관계 모형. 『사회와 이론』 10: 213-261.

_____. 2007b. 시민사회의 변화와 사회적 자본, 그리고 시민역량. 『직업과 인력개발』 가을호: 4-13.

이 황(이광호 옮김). 2001. 『성학십도』. 홍익출판사.

임운택. 2006. 신자유주의와 공동체이론의 절충으로서의 제3의 길: EU의 고용정책 사례를 중심으로. 『한국사회학』 40(2): 37-76.

임혁백 · 김윤태 · 김철주 · 박찬웅 · 고형면. 2007. 『사회적 경제와 사회적 기업』. 송정문화사.

유누스, 무함마드(김태훈 옮김). 2008. 『가난없는 세상을 위하여』. 물푸레.

장원봉. 2009. 사회적 기업의 제도적 동형화 위험과 대안 전략. 『시민과 세계』 15: 150-164.

정대현. 2006. 『다원주의시대와 대안적 가치』. 이화여자대학교 출판부.

정선희. 2004. 『사회적 기업』. 다우.

지니, 알(공보경 옮김). 2008. 『일이란 무엇인가』. 들녘.

촐, 라이너(최성환 옮김). 2008. 『오늘날 연대란 무엇인가』. 한울.

최문경. 2008. 여성의 시대와 노동세계의 변화. 임인숙 (편) 『사회변동과 여성주체의 도전』. 굿인포메이션, 140-166.

황경식. 2005. 자유주의는 진화하는가―자유와 소유 그리고 공동체. 『철학연구』 71: 1-26.

폴브레, 낸시(윤자영 옮김). 2001. 『보이지 않는 가슴』. 또 하나의 문화.

Abramson, Paul R., and Ronald Inglehart. 1995. *Value Change in Global Perspective*. Ann Arbor: The University of Michigan Press.

Dees, J. G. 1998. *The meaning of "social entrepreneurship."* Stanford University: Report for the Kauffman Center for Entrepreneurial Leadership.

Defourny, J. 2001. Introduction: from third sector to social enterprise. In *The*

Emergence of Social Enterprise(edited by Carlo Borzaga and Jacques Defourny) 1-28. New York: Routledge.

Durkheim, Emile. 1997. *The Division of Labor in Society.* New York: The Free Press.

Evers, A. 2001. The significance of social capital in the multiple goal and resource structure of social enterprise. In *The Emergence of Social Enterprise*(edited by Carlo Borzaga and Jacques Defourny) 296-311. New York: Routledge.

Handy, Charles. 1984. *The Future of Work: A Guide to a Changing Society.* New York: Basil Blackwell.

Inglehart, Ronald, and Christian Welzel. 2005. *Modernization, Cultural Change, and Democracy: The Human Development Sequence.* Cambridge: Cambridge University Press.

Jencks, C. L. Perman, and L. Rainwater. 1988. What is a Good Job? A New Measure of Labor-Market Success. *American Journal of Sociology* 93(6): 1322-1357.

Kerlin Janelle A. 2006. Social Enterprise in the United States and Europe: Understanding and Learning from the Differences. *Voluntas* 17: 247-263.

Martin, Roger L., and Sally Osberg. 2007. Social Entrepreneurship: The Case for Definition. *Stanford Social Innovation Review* 5: 28-39.

Muirhead, Russell. 2004. *Just Work.* Cambridge: Harvard University Press.

OECD. 2003. *OECD Employment Outlook.*

Peredo, Ana Maria, and Murdith McLean. 2006. Social entrepreneurship: A critical review of the concept. *Journal of World Business* 41: 56-65.

Phills, James A. Jr., Kriss Deiglmeier, and Dale Miller. 2008. Rediscovering Social Innovation. *Stanford Social Innovation Review* 6(4): 34-43.

Ritter, J. A., and R. Anker. 2002. Good jobs, bad jobs: Workers' evaluations in five countries. *International Labor Review* 141(4): 331-358.

Tocqueville, Alexis. 1966. *Democracy in America.* Translated by G. Lawrence. New York: Harper and Row.

Wrzesniewski, Amy, Clark McCauley, Paul Rozin, and Barry Schwartz.

1997. Jobs, Careers, and Callings: People's Relations to Their Work. *Journal of Research in Personality* 31: 21-33.

제3장

사회적 기업과 내발적 발전

강병준

I. 농촌과 지역발전

일반 시민들이 농촌하면 떠오르는 것이 드라마 속의 농촌 모습이 아닐까 싶다. '전원일기', '대추나무 사랑 걸렸네', '산 넘어 남촌에는', '사랑더하기' 등은 우리 농촌의 변화된 현실을 잘 보여준다. 드라마에서 그렇듯이 한국은 전통적인 농업기반의 사회에서 급속한 산업화를 거치면서 많은 사회변화를 겪고 있다. 현실 속의 농촌은 드라마보다 더 드라마틱하다. 도시와 농촌 간의 사회적, 문화적, 경제적 차이가 발생하면서 도심지역으로의 인구집중이 지속적으로 나타나고 있고, 농촌지역은 상대적으로 고령화 및 인구감소를 겪으면서 버려진 땅으로 인식되어 이농의 악순환 현상이 나타나고 있다(박진도, 2010: 165).[1]

---

[1] 통계청은 '2011년 농림어업조사 결과'에서 농가 경영주는 70세 이상이 33.7%로 가장 많고, 60대(29.3%), 50대(24.6%) 순이라고 밝혔다. 즉, 전체 농가 경영주의 90% 가량이 50대 이상인 셈이다. 또한 농촌 사람 4명 중 1명은 70세가 넘은 노인

정부에서는 그동안 농촌지역 발전을 위한 지역개발 정책을 수립하였다. 지역발전을 위한 정책으로는 지역축제, 기업유치, 국제행사, 대규모 국책사업 등이었다. 그러나 대부분이 농촌지역이라고 할 수 있는 도농통합지역이나 군단위의 지역은 여전히 인구감소와 노령화를 겪고 있고, 건강한 지역사회로서의 기능을 상실하고 있다. 최근 들어 일부 농촌지역에서는 다문화 가정, 귀농 귀촌자, 외국인 근로자 등으로 인구 유입이 늘어나고 있다. 그러나 실질적인 공동체사회로서의 기능을 회복시키고 안정된 삶을 유지하기는 어렵다. 그리고 미디어를 통해 소개되는 연예인들의 농촌체험 이야기와 귀농에 대한 성공 사례는 흥미유발에 그치고 있을 뿐이다.[2]

이제는 농촌의 지역발전과 관련된 새로운 접근법이 필요한 때이다. 최근 농촌지역의 발전전략으로 이슈화되고 있는 사회적 기업(Social Enterprise)에 대한 논의는 주목할 만하다. 사회적 기업은 본래 유럽에서 그 기원을 찾을 수 있고, 도시보다는 농촌지역에서부터 발달하였다(Borazga & Defourney, 2001). 한국은 1997년 외환위기를 기점으로 사회적 기업에 대한 논의가 시작되어 2007년 사회적 기업 육성법이 제정되면서 중앙정부를 중심으로 사회적 기업 육성 정책이 시행되었다. 사회적 기업 육성 정책은 중앙정부에서 지방정부로, 그리고 기초자치단체에까지 확대되고 있다. 사회적 기업은 일반적으로 다양한 사회적 목적 추구를 위해 영리활동을 하는 조직으로서 지역사회 공헌을 통해 지역주민 삶의 질을 향상시키고자 하는 조직이다.

한국사회에서 농업이 차지하는 비중은 다른 산업에 비해 상대적으

이고, 농가인구는 296만 2,000명이다(통계청, 2012).
2) 2011년 농업 농촌에 대한 국민의식 조사에서 도시민 90.2%와 농업인 81.3%가 국가경제에서 농업이 '지금까지도 중요했고 앞으로도 중요할 것' 또는 '지금까지는 중요하지 않았지만 앞으로 중요할 것'이라고 인식하고 있었다. 이 조사는 2011년 10월 11일부터 10월 28일 까지 도시민과 농업인, 전문가 그룹 등 국민 3천 8백여 명을 대상으로 실시되었다(농촌경제연구원, 2011b).

로 감소하고 있고, 1994년 우루과이라운드를 거치면서 향후 여러 국가
들과 FTA(Free Trade Agreement) 협정이 체결되면 한국의 농업경쟁력
이 악화될 것이라는 조사결과는 점점 어려워지는 농촌의 현실을 나타
내고 있다.[3]

한국의 농업 규모가 축소되고 경쟁력이 악화되는 상황에서 농촌지
역의 사회적 기업은 농촌의 공동체 활성화와 지역경제를 부흥시킬 수
있는 대안이 될 수 있다. 사회적 기업은 지역주민의 자발적 참여로 이
루어진 단체로 일부 농촌지역에서 성공을 거두면서 농촌지역에 활력
을 제공하고 있다. 또한 성공한 농촌의 사회적 기업들의 특성은 내발적
발전 전략을 사용하고 있다는 점이다. 내발적 발전은 지역사회 또는 지
역주민이 가진 자원 혹은 역량을 기반으로 성립되고, 그 결과물은 다시
지역사회에 배분되는 것이다.

따라서 이후에서는 농촌지역의 새로운 지역발전 전략으로 사회적
기업과 내발적 발전에 대해 살펴보고, 주요 농업 선진국들의 성공한 사
회적 기업이 어떻게 내발적 발전 전략을 활용했는지 살펴보도록 하겠
다. 마지막으로 농촌의 지역발전 전략으로 사회적 기업이 나아가야 할
방향을 제시함으로써 우리 농촌의 미래를 그려보고자 한다.

---

3) 한미 FTA는 2006년 6월에 협상이 개시되어 2007년 4월에 타결된 이후 재협상 과
정을 거쳐 2010년 11월에 최종적으로 타결되었다. 2011년에 평가한 한미 FTA로
인한 농업부문 생산액 감소는 15년 차에 1조 2,354억 원, 15년간 총 12조 2,252
억 원(연평균 8,150억 원)이다. 대부분 품목의 이행이 완료되는 15년차를 기준으
로 축산업의 피해가 전체 피해의 67%를 차지한다(8,193억 원). 다음으로 피해가
큰 품목은 과수로 전체의 24%(3,012억 원)이고, 채소 및 특작 7%(853억 원), 곡물
2%(295억 원)의 순이다(한국농촌경제연구원, 2011a).

II. 지역발전에 대한 새로운 접근

1. 사회적 기업

과거에는 지역발전 정책으로 기업유치, 대규모 건설사업, 지역축제 등과 같은 하드웨어적 정책이 주류를 이루었다. 그러나 모든 지역에 이 러한 정책을 시도할 수도 없고, 해당 지역의 특성을 고려하지 않은 정 책들이 대부분이었다. 지역발전 정책으로서 사회적 기업은 중앙정부 를 시작으로 지방정부로 확대되고 있다. 사회적 기업은 신자유주의 시 장원리에 따라 기존 노동시장에서 배제된 취업 취약계층이나 사회적 약자 등에게 사회적 서비스 제공과 일자리 창출을 위해 설립된 조직이 다. 사회적 기업의 역사는 유럽과 미국, 일본 등에서 오랜 역사를 찾을 수 있고, 한국사회에서는 외환위기 이후 농업사회에서 정보사회로의 성장과정에서 나타나는 사회적 갈등과 양극화 해소, 사회통합의 주체 로서 받아들여지고 있다(조영복, 2011: 6).

본래 사회적 기업은 농업이 발달한 프랑스, 이탈리아, 영국 등의 유 럽 쪽에서 그 기원을 찾을 수 있다. 사회적 기업은 다양한 정의가 존재 하고, OECD 국가에서 조차 명확한 정의가 내려지지 않고 있다(OECD, 1999). 사회적 기업에 대한 정의는 기관이나 학자마다 다양하게 나타 나고 있다. 보편적인 시각에서 사회적 기업은 사회적 목적을 추구하 면서 동시에 영리적 활동을 하는 기업으로 받아들여지고 있다. 그러 나 영국통상산업부 DTI(Department for Trade and Industry)는 사회 적 기업을 우선적으로 사회적 목적을 가진 비즈니스를 의미하고, 잉 여를 비즈니스나 지역사회의 이익에 재투자 하는 사업체로서 정의한 다(DTI, 2002: 75). 또한 유럽의 사회적 기업 연구 네트워크인 EMES(L' Émergence des Enterprises Sociales en Europe)는 유럽 각국의 다양한 사회적 기업을 포괄적으로 정의한다. EMES의 사회적 기업에 대한 시

각은 지역사회의 이익을 위한 분명한 목적으로 직접적으로 관련된 재
화나 서비스를 제공하는 비영리 민간 조직이다(Defourney & Nyssens,
2008: 5).

한편, 한국에서 사회적 기업은 사회적 기업 육성법에 의해 법률로써
정의되어 있다. 2012년 개정된 「사회적 기업 육성법」 제2조에서 사회
적 기업이란 취약계층에게 사회서비스 또는 일자리를 제공하거나 지
역사회에 공헌함으로써 지역주민 삶의 질을 높이는 등 사회적 목적을
추구하면서 재화 및 서비스의 생산·판매 등 영업활동을 하는 기업으
로서 고용노동부 장관의 인증을 받은 자로 규정하고 있다. 법률적 정의
는 사회적 기업을 사회서비스 제공, 일자리 창출, 지역사회 공헌이라는
세 가지 관점으로 한정하고 있다는 것과 정부의 인증을 받아야만 한다
는 조건을 나타낸다. 그러나 최근의 동향은 사회적 기업을 보다 유연한
시각에서 바라보는 경향이 높아지고 있다. 정부에서는 공식적으로 사
회적 기업을 법에서 인증된 기업만을 사회적 기업으로 한정하고 있다.
그러나 최근에는 예비 사회적 기업이나 지방자치단체가 인증한 사회
적 기업, 협동조합, 소셜벤처, 마을기업, 농어촌 공동체 회사 등과 같은
사회 경제적 조직까지 모두 포함하여 사회적 기업의 영역을 확장시키
고 있다.

따라서 사회적 기업은 지역사회에 기반을 두고 지역이 필요로 하는
사회적 목적 추구를 위해 영리활동을 하는 조직으로 지역주민에 의해
자발적으로 조직된 집단이다. 특히, 농촌의 사회적 기업은 농촌지역에
서 필요한 사회적 서비스를 제공하여 농촌의 활력을 도모하고 농가의
소득 증대를 위해 조직된 집단이라고 할 수 있다.

2. 내발적 발전

내발적 발전에 대한 담론은 이미 오래전부터 많은 학자들에 의해 시

작되었다. 내발적 발전에 대한 논의는 UN(United Nations)과 일본을 중심으로 시작된 논의로 많은 연구가 진행되어 왔다. 내발적 발전은 1969년 영국의 지역경제학자 더블리 시어(Dudley Seers)에 의해 처음으로 사용되었고, 이후 일본에서 내발적 발전(endogenous development)으로 사용되었다(서찬수, 2004: 332). 내발적 발전론은 주민의 주체형성과 지역문화의 의의를 중시하는 자치단체의 지역경제발전론으로, 1970년대의 상향식 개발방식이 모색되면서 실천 전략의 하나로 등장하게 되었다.

특히, 내발적 발전론에 대한 논의는 일본에서 활발히 진행되었다. 일본에서 내발적 발전은 중앙정부에 의한 위로부터의 타율적인 발전방식을 부정하고 지역주민간 협력과 자주성에 기초하여 생태계를 보전하면서 자력갱생을 이룩하여 궁극적으로 인간성이 최대한 발휘될 수 있는 공동사회로 지역을 발전시키고자 하는 시도이다(박광서, 1999: 91). 이와 관련하여 미야모토는 내발적 발전이란 지역의 기업 조합 등 단체의 개인이 자발적 학습에 의해 계획을 세우고, 자주적인 기술개발을 기초로 지역 환경을 보전하면서 자원을 합리적으로 이용하고, 그 지역의 문화에 뿌리박은 경제발전을 이루면서 지방자치제의 손으로 주민복지를 향상시켜 가는 지역개발로 정의하고 있다(박경, 1999: 250).

내발적 발전의 개념은 기존의 지역개발방식의 지배적 패러다임이었던 하향식 개발방식에 대한 비판 속에서 상향식 개발방식의 성립에 의해 발전해 왔으며, 내발적 발전론의 특성은 지역성의 존중과 복권을 강조하며 지역사회의 풍토, 역사, 전통, 문화를 존중하는 개발 사고에서 외부적 자극보다는 지방의 기술과 문화, 지방고유의 개발을 의미한다(서찬수, 2004: 332). 또한 내발적 발전은 지역에 축적된 기술, 산업, 문화 등의 자원을 지역사회의 주민이 주체적으로 활용하여 새로운 결과물을 창출해내는 것에서 시작한다(손승호, 2008: 30). 내발적 발전은 지역발전의 동력을 지역내부에서 찾으며, 지역내부의 총체적 자원을 동원하여 이들 간의 상호작용을 활성화시키고 효과적으로 통합함으로써 지역의 자체역량을 극대화시킨다는 것이 핵심이다(Stohr, 1981; Weaver, 1981).

즉, 내발적 발전전략은 농촌사회의 지속가능한 발전을 위해 경제적, 사회적, 환경적(생태적)으로 통합적인 발전을 추구하며, 발전 주체를 기본적으로 지역 내부에서 찾는다(박진도, 2010: 176). 이러한 내발적 발전론은 독점 자본 본위의 정치, 경제, 사회, 문화 구조의 변화를 추구하고, 지역에서의 실천을 통해 전체구조를 바꾸려는 시도이다. 또한 내발적 발전론은 정부와 민간의 역할을 분명히 하고, 다양한 행위자 사이의 파트너십과 네트워크를 형성하는 것을 중요하게 여기며, 지역의 주체역량을 강화하기 위한 학습을 조직하는 것이 중요하다(박진도, 2011: 32-33).

따라서 내발적 발전은 외부의 지역발전 전략과 달리 지역 내부의 각종 인적, 물적, 환경적, 문화적 자원 등을 동원하여 지역 발전의 성장동력으로 활용한다. 또한 농촌지역에서 내발적 발전은 도시에 비해 상대적으로 낙후된 지역 공동체와 경제를 회복시키기 위하여 농촌지역의 유·무형의 자원을 동원하여 건강한 농촌지역을 만들기 위한 전략으로 볼 수 있다.

3. 사회적 기업과 내발적 발전의 관계

내발적 발전은 사회경제적 발전을 위해 참여의 원리를 포함하고, 지역의 자원과 지역의 성격에 초점을 두고 있다. 또한 외부적인 자원을 이용하기 보다는 지역의 건강한 발전을 위해 지역의 자원을 이용한다는 점에서 보다 효과적인 방식으로 받아들여지고 있다(Ray, 1999: 257). 사회적 기업 역시 지난 20년 동안 전 세계적으로 확산되면서 정책입안자, 지역사회의 재건, 공공서비스조달, 그리고 사회적으로 책임감 있는 신경제동력을 창출하기 위한 방법으로 사회적 기업을 주목하

고 있다(Kerlin, 2006: 40). 즉, 내발적 발전과 사회적 기업은 지역사회
가 내재하고 있는 각종 문제를 해결하고자 하는 데서 같은 출발점에 서
있다고 볼 수 있다. 또한 내발적 발전론은 각국의 농업사회에서 산업사
회로 진화하는 단계에서 도시와 농촌 간의 격차에 대한 해결책으로서
대두되었고, 사회적 기업에 대한 담론은 자본주의 경제체제의 변화 속
에서 신자유주가 지배하던 지난 20년 동안의 부작용을 치유하고자 하
는 데서 그 원인을 찾을 수 있다.

전통적인 지역발전 정책의 목적은 농촌 지역의 시장을 활성화하는
것이었다. 그러한 정책은 새로운 기업을 설립하거나 지역사회의 기본
적인 인프라를 구축하는 것이었다. 이러한 맥락에서 내발적 발전은 지
역 개발이라는 것과 유사하다. 그러나 내발적 발전은 외부적 자원을 이
용하면서도 사회적 가능성과 인적 능력과 같은 자연적 자원을 포함하
고 시간과 공간의 제약 속에서 발전의 기회를 추구한다(M hlinghaus
and W lty, 2001: 236-237). 사회적 기업도 '사회적'이란 의미를 활동의
목적 차원에서 설명하고 있다. 사회적 기업도 외부와의 네트워크를 중
요시 하고, 사회적 기업에서 '사회적'이란 것은 이윤창출을 추구하는
것보다는 지역주민이나 지역사회에 공헌하는 것을 목적으로 한다. 즉,
사회적 기업 활동에서 발생된 이익은 기업 활동을 위해 재투자되고,

〈표 3-1〉 내발적 발전과 사회적 기업의 비교

구분	내발적 발전	사회적 기업
발생 배경	• 낙후된 지역 개발	• 양극화 해소, 사회통합
추구 목표	• 공동체사회 복원, 지역개발	• 사회서비스 제공, 일자리 창출
활동 무대	• 한정된 지역	• 한정된 지역 혹은 전국
조직 형태	• 조직(기업, 주식회사)	• 주식회사, 법인, 비영리단체, 조합
자원 동원	• 지역주민, 지역의 유 무형 자원	• 사회적 기업가, 지역의 유 무형 자원

전체 구성원에게 이익이 되도록 사용해야 한다는 것이다(Defourny, 2001: 15). 내발적 발전이나 사회적 기업 모두 지역사회 개발 내지는 경제발전을 위해 물리적인 방식을 동원하고, 동시에 지역사회가 갖고 있는 다양한 자원을 통해 수익을 추구하고자 하는 것이며, 궁극적인 목적은 농촌과 같은 낙후된 지역사회의 발전이다(박진도, 2011: 34; 김종수, 2009; 166; 김정원, 2009: 187). 즉, 내발적 발전과 사회적 기업은 상호보완적 관계에 놓여 있다고 볼 수 있다. 내발적 발전 접근은 오랫동안 낙후지역으로 저성장, 저개발 지역의 발전을 위한 동기로서 작용하고, 이러한 구체적인 실행방법이 사회적 기업의 설립으로 이루어지게 되는 것이다. 특히, 농촌과 같이 점점 인구가 줄어들고, 산업 경쟁력이 악화되는 지역의 경우 새로운 성장 동력으로서 사회적 기업의 역할이 중요하게 부각된다. 〈표 3-1〉은 내발적 발전과 사회적 기업을 비교한 것이다.

III. 주요국의 농업정책과 농촌지역 사회적 기업의 사례

1. 주요국의 농업정책

2000년대 초반까지 OECD 국가들의 가장 중요한 농업정책의 목표는 농가소득의 안정화였다. OECD 국가들은 농가소득의 안정을 최우선 목표로 다양한 정책수단을 실시해 왔으며, 이러한 정책들은 WTO 협상에 대비하는 방향으로 추진되어 왔다(박지현, 2003: 54). 그러나 각국의 농업정책이 실효를 거두지 못하자 농업정책의 패러다임은 변화하게 되었다.

선진국에서는 농촌정책을 기능별로 분리된 단위사업으로서 접근하던 방식이 비효율적이었다고 진단하고, 공통적으로 지역 통합적 접근(Place-Based Approach)을 강조하고 있다. 농촌정책의 두 가지 큰 원칙은 기능(Sector) 대신 지역(Place), 보조(Subsidies) 대신 투자(Investments)라고 하는 새로운 패러다임으로 전환되었다. 즉, 소비자(납세자)가 요구하는 환경 수준을 유지하고 지역의 자원을 활용하여 경쟁력을 높인다는 측면에서 지역 통합적 접근이 바람직하다고 보는 것이다. 또한 농촌에 대한 지원은 보조가 아니라 상호 의무와 책임에 근거한 협약 등을 바탕으로 하는 투자라고 인식하는 정책 수단들이 강조되고 있다(송미령, 2007: 41). 따라서 2000년 중반을 넘어서면서 선진국의 농촌정책 목표는 '지역 경쟁력 강화와 지역사회 유지'로 요약할 수 있다. 보다 구체적인 목표는 서비스 기준 달성, 고용기회 확장, 일정 소득수준 보장, 환경 보전 등으로 나눌 수 있고, 국가와 자치단체별로 달성 가능한 세부적 목표를 제시하고 있다. 다음에서는 프랑스, 미국, 일본, 한국의 농업정책에 대해 살펴보도록 한다.

1) 프랑스

프랑스는 유럽 최대의 농업국으로 주요 식량은 거의 자급자족하고, EU 여러 나라에 대한 식량공급국으로서의 역할을 맡고 있다(프랑스 농수산부, 2012). 프랑스의 농업정책 목표와 주요 정책수단, 추진체계는 1960/1962년에 제정된 농업기본법(농업의 방향 설정에 관한 법률)에 포괄적으로 규정되어 있다. 이후 프랑스 농정은 국제농업환경의 변화와 EU의 새로운 규정 속에서 새로운 역할을 요구받아 왔다. 프랑스 농정의 전통적 임무는 농업개발과 농업(연구)교육 분야에 집중되었지만, 최근에는 식품안정성, 환경, 농촌지역개발, 동물후생, 자연환경의 보전과 관리 분야로 확대되고 있다(오현석, 2010: 4). 또한 프랑스는 국가의 농정목표를 명확히 하고, 목표에 접근해가기 위한 관련제도와 기금, 정책수행기관 등을 구체적으로 명시해 농업 농촌 관련 정책들이 기본법 틀 내에서 체계적으로 이루어지도록 하고 있다. 더욱이 사르코지

전(前) 대통령은 "농업은 나노공학과 우주산업처럼 미래를 여는 열쇠다."라고 이야기하며 농업에 대한 중요성을 강조하고 있다(강원도민일보, 2011년 11월 11일). 또한 프랑스는 G20 회원국으로서 '농업 시장 정보 시스템(AMIS: Agricultural Market Information System)' 구축을 주도하여 식량수급 대책에 대응하고 있다.

2) 미국

미국은 다양한 산업이 발달한 국가이기도 하지만, 옥수수와 밀의 세계 최대 생산국이고, 미국의 곡물생산량에 따라 세계 곡물시장이 좌우되기도 하는 농업강국이다. 미국의 농업을 관장하는 곳은 미국농무부(USDA: United States Department of Agriculture)이고 10만 명이 넘는 직원이 근무하며 연간 약 1,320억 달러(약 150조 원)를 사용하고 있다(USDA, 2012). 미국의 농업정책은 1933년 제정된 농업조정법(Agricultural Adjustment Act) 이래 가족농 보호와 농산물 가격지지를 통한 농가소득 안정을 기본목표로 환경변화에 따라 식품안전 및 국민영양, 환경, 농촌개발 등으로 확대 조정되어 왔다. 그러나 미국은 1980년대 이후 시장 지향적 농정개혁을 추진하기 시작했다. 또한 국제적으로 우루과이 라운드를 주도하여 농산물에 대한 국제적인 관세 감축과 국내보조감축을 이루어냈고, 도하개발의제(DDA)에서도 관세와 국내보조의 대폭 감축을 주장하였다(최세균, 2007: 9-12).

미국의 농업정책은 시장개방을 주도하면서 농산물 수출을 핵심으로 추진하고 있다. 미국농업의 핵심조직인 해외농업국(FAS: Foreign Agricultural Service)이 시장개척, 무역협정과 협상, 통계 및 시장정보 분석 등 미국 농산물 수출을 주도하고 있다. 특히 농업경제학자, 마케팅 전문가, 협상전문가 등이 일하고 있다. 이에 따라 미국은 2010년 1,280억 달러의 농산물 수출액 실적을 기록했다(농어민신문, 2011년 12월 12일). 그러나 최근 기후변화로 미국의 곡물생산량은 크게 줄어들고 있다. 버락 오바마 대통령은 자국의 농업보호를 위해 5년간 5,000억

달러(약 565조 원)를 농가에 지원하는 내용의 농업지원법을 제안했다
(문화일보, 2012년 8월 14일).

3) 일본

일본의 농업정책은 농림수산성에서 담당하고 있다. 일본 농업은 농
업종사자 감소와 고령화, 경쟁력 약화, 경작지 폐기, 식량자급률의 하
락, 농가소득 보전정책 등으로 인하여 막대한 재정부담의 취약점을 안
고 있다. 일본은 1960년대 이후부터 농지면적, 농업취업자, 농가구수,
1가구당 경지면적 등이 모두 감소하는 추이를 보이고 있다. 따라서 일
본정부는 2006년 '21세기 신(新)농정 개혁안'을 발표하면서 다음과 같
은 변화를 시도하였다.

첫째, 농업에 대한 보조정책을 모든 농가를 대상으로 한 가격보조정
책에서 일정 규모 이상의 농업 경영자를 대상으로 한 소득보조정책으
로 전환하였다. 둘째, 주식회사 등 법인기업이 농업에 진입할 수 있도
록 규제 완화를 단행하여 영농주체의 경영능력을 제고하려 한다. 셋
째, 대규모 농지를 조성하고 이를 효율적으로 경영할 수 있는 경영주체
에게 임대하기 위해 '농업재생기구'를 설립하였다. 넷째, 일본 농산품
의 수출을 촉진하기 위한 대책을 추진하고 있다(대외경제정책연구원,
2007: 11).

이에 따라 일본정부는 식량자급률 저하, 농업생산 축소, 농촌지역 활
력 저하 등 농업 농촌 문제가 심화되는 가운데, '국민전체가 농업 농촌
을 지탱하는 사회의 창조'를 농업정책의 기본방침으로 확정하였다. 일
본은 국민운동을 농업 농촌 문제 해결을 위한 효과적인 수단으로 인식
하고, 정부의 적극적인 지원 하에 민간주도의 국민운동을 전개하고 있
다. 국민운동 유형은 농업활력 제고를 위한 '농산물 소비확대'와 농촌
활성화를 위한 '도농교류확대' 등의 두 가지로 실시되고 있다(농협경
제연구소, 2010). 또한 일본은 자국 농업보호를 위해 2011년부터 환경
보존형농업 직접지원대책을 실시하여 지구온난화 방지 등 환경보전

효과가 뛰어난 영농활동에 임하는 농업인을 대상으로 지원금을 지급하고 있다(MAFF, 2012).

4) 한국

한국의 농업정책은 농림수산식품부에서 담당하고 있다. 지난 50년간 한국 농업정책의 목표는 대체로 식량안보, 도시 농촌 가구간 소득 균형, 경쟁력 증가, 농촌 개발이었으며, 정책의 주안점은 시기별로 다소 변화를 겪어왔다. 구체적으로 1950~1970년대에는 농작물의 생산성 증가와 자급자족을 강조하였다. 1980년대에는 도시 노촌 가구간 소득 불균형 문제가 집중적인 관심이었다. 1990년대에는 농업시장 개방에 대응한 농업 구조 조정 및 경쟁력 강화가 초점이었다. 1980년대 중반부터 한국 정부는 농업 분야에 대한 종합 대책을 수립하여 왔다. UR 협상에 따른 시장 자유화에 대응하기 위해 1991년에 42조 원의 투자 계획을 포함한 "농업농촌 구조개선" 계획을 수립하였다(OECD, 2008).

한편, 한국은 고령화 사회, 글로벌 경제(무한경쟁시대), 기후변화와 환경 중시(녹색산업시대), 과학기술발전(융복합기술시대), 새로운 가치지향(문화창조시대) 등의 메가트렌드를 맞이하면서 농업 농촌에 주는 파급영향에 대비해야하는 상황에 처해 있다(한국농촌경제연구원, 2012). 또한 계속되는 국가간 FTA는 한국 농업생산 기반을 붕괴시킬 정도의 위협이 될 정도로 충격을 받게 될 가능성이 높다(경향신문, 2012년 2월 12일). 그러나 현 정부에서 농업선진화 방안은 5개(미래성장동력, 소득안정 및 삶의 질 향상, 경쟁력 강화, 거버넌스 선진화, 수산선진화 등)로서 모든 분과에서 효율성과 경쟁력 강화를 강조하고 있지만 국가기반산업으로서의 인식이나 공익적 기능의 강화노력이 미흡하다.

한국 정부가 추진해야 할 농업정책은 식량의 중요성과 농업의 가치에 대한 국민적 합의를 기반으로 식량주권을 실현하기 위한 정부차원의 농업보호 육성정책이며, 이는 중소가족농을 기반으로 한 지속가능한 농업을 실현하는 농업개혁을 필요로 한다(한세억, 2011: 2).

2. 주요국의 농촌지역 사회적 기업 사례

1) 프랑스의 아마프(AMAP)

프랑스의 농촌지역 사회적 기업이라고 할 수 있는 아마프는 '시골농업유지를 위한 민간단체(Associations pour le maitien d'une agriculture paysanne)'의 약자로 프랑스 남부의 다니엘 뷔용이라는 농민이 미국의 지역후원농업(CSA: Community Supported Agriculture)을 모델로 2001년에 지역주민들과 함께 처음으로 구성하면서 시작되었다. 이후 모델이 자생적으로 전파되면서 급속도로 증가하게 되었고, 2003년에는 아마프 모델을 정의하기 위한 헌장이 합의되었다. 2008년 현재 프랑스 각지에 1,000개의 아마프가 조직되어 있다(엄형식·마상진, 2010: 68-69).

아마프는 한 그룹의 소비자 그룹과 한 명의 생산자 결합으로 시작된다. 소비자 그룹과 생산자는 계절에 따라 생산할 식품(과일, 야채, 고기, 달걀, 치즈 등)의 종류와 양을 함께 결정하고, 보통 연간 2회로 나누어 계약을 맺으며, 계절에 따라 생산된 식품들이 바구니에 담겨져서 소비자들에게 전달된다.

바구니의 가격은 생산자의 생산원가와 적정한 수입을 보장하면서, 소비자들이 부담할 수 있는 가격으로 상호합의하에 결정된다. 이러한 가격은 중간유통과 포장, 그리고 생산물의 낭비가 없기 때문에 가능하다. 저소득층을 위해서는 저소득층 소비자가 배달을 돕는 방식으로 할인이 이루어지는 등 다양한 방법들이 동원된다. 배달은 소비자들이 농장으로 직접 가지로 오거나, 시내의 특정 지점에 배달하면 소비자들이 찾아가는 방식을 취한다. 생산자가 양질의 생산에 집중할 수 있도록, 소비자들로 구성된 자원활동위원회가 구성되어 총무업무, 내부 커뮤니케이션, 조직 활성화, 자원활동 조직 등이 운영 전반을 지원한다.

또한 아마프는 농민에게 안정적인 소득을 보장해주고, 소비자들에게는 윤리적이고, 건강한 식품을 합리적인 가격에 제공함으로써 양자의 이해관계를 충족시킬 수 있다. 그리고 유기농업을 통해 환경의 보전과 지역농업의 생물학적 다양성을 복원한다는 공익적인 성격을 보여준다. 특히, 농업의 산업화에 따른 소농의 몰락과 생물학적 다양성 훼손에 대한 대안운동으로서 아마프의 가치와 역할이 주목받고 있다. 또한 농가가구와 소비자 회원들 간의 다양한 부대 프로그램을 통해 도시와 농촌의 교류를 촉진하는 역할에 대해서도 그 효과를 인정받고 있다.

아마프는 개별 농민과 소비자들 사이에 비공식적으로 결성되는 모임으로서, 그 자체는 특정한 법적지위를 갖지 않는다. 그러나 지역의 사회적 경제 조직들을 통해 아이디어가 확산, 전파되고 있으며, 소비자 그룹들은 환경, 건강, 교육 등 다양한 분야의 민간단체들을 매개로 조

〈그림 3-1〉 아마프의 홈페이지

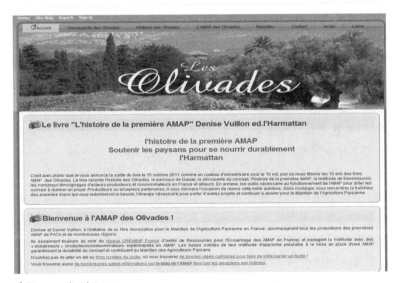

자료: www.olivades.com

직되고 있다. 아직까지는 아마프와 관련된 특정한 공공정책은 존재하지 않고, 간접적으로 농업일반과 유기농에 대한 지원정책의 대상만 된다.

농업 국가였던 프랑스에서 1950년대만 해도 농장 경영자는 230만 명이었다. 그러나 지금은 50만 명으로 줄어들었다. 반면 이들의 경작 규모는 대규모이다. 농업의 산업화·대량화는 필연적으로 유해한 농약 사용, 불필요한 운송비용 등 많은 문제점을 낳고 있다. 그러나 아마프의 자연을 존중하는 생산과 책임감을 동반한 소비에 대한 접근은 아마프가 지속가능할 수 있는 동력이라 할 수 있다(시사INLive, 2009년 6월 29일).

2) 미국의 아미쉬(Amish) 공동체

미국에서는 정확하게 농촌지역 사회적 기업을 찾아보기 어렵다. 그러한 이유는 미국의 경우 대부분의 사회적 기업은 시장에서 사회적 목적을 강조하는 조직으로 이해되고 있기 때문이다(Young, 2001: 2). 그러나 미국 동부에 위치한 필라델피아 주의 랭커스터 지역의 아미쉬 공동체는 농촌지역 사회적 기업과 유사한 특징을 가지고 있다(Dana, 2007, 142-154). 아미쉬 공동체는 겸손함에 기반을 두고 기업 운영을 하는 랭커스터 지방의 한 종교적 신앙을 가진 마을이다. 아미쉬 마을은 해리슨 포드가 주연한 영화 '위트니스(Witness)'에서도 소개된 적이 있다. 아미쉬 마을 사람들은 금욕, 검약, 간소, 근면 등의 신념을 바탕으로 겸손함을 가지고 가족 중심의 생활을 한다. 아미쉬 공동체 사람들의 독특한 복장은 겸손과 지역사회에 대한 충성심을 상징한다.

아미쉬 공동체 사람들은 첨단 기술에 의존하기보다는 기본적인 현대 문명만을 이용한다. 마을 사람들을 위해 봉사한다는 종교적 신념은 농촌지역 사회적 기업의 정신과도 유사한 성향을 가지고 있다. 아미쉬 공동체는 현대적인 기계와 물질문명에 의존하지 않으면서 사회적 기업 정신이라고 할 수 있는 자립형 지역 경제를 통한 지역사회의 문제해결이라는 목표를 가장 충실히 추구하는 사례로 볼 수 있다.

랭커스터 지역에는 5,000개의 아미쉬 목장이 있으나 규모가 크지 않다. 아미쉬 사람들은 큰 규모보다는 작은 규모에서 오는 소속감을 더 중요하게 여긴다. 아미쉬 공동체의 기업체는 단독 소유 형태이거나 참여자들 간 동일한 비율로 투자하고 봉급을 받지 않는 파트너십 형태의 소유구조를 갖추고 있다. 고용방식은 자신의 사업체에 취업한 형태이며 주식회사 구조는 거의 없다. 기업의 규모는 가족 경영 규모 이상을 벗어난 대규모 생산은 하지 않고 대부분이 7명 이하의 기업으로 운영된다.

사업의 궁극적 목표는 금전적 수익 창출이 아니라 자신들의 문화적 전통을 유지하고 겸손의 미덕을 발휘하는 생활을 지속하는 것이다. 아

〈그림 3-2〉 아미쉬 공동체의 생산품 홈페이지

자료: www.amishmarketmullicahill.com

미쉬 공동체의 사례는 미국의 농촌지역 사회적 기업의 가장 중요한 요소인 지역사회구성원들 사이의 유대감을 통한 사회적 자본이 종교라는 신념의 형태로 존재하고 있는 특별한 사례이다. 또한 아미쉬 공동체 기업은 윤리적 기업가 정신에 기반을 둔 집합적 힘을 보여준다. 아미쉬 공동체 기업은 특별한 사회 문화적 맥락에서 수많은 요소들에 의해 협의되고, 다양하게 보급될 수 있는 기업가 정신의 원리와 같은 문화적 맥락으로 기업 형태의 본질을 나타내 준다(Kraybill et al., 2010: 18).

아미쉬 공동체의 기업에서 생산한 제품들은 현재 시장에서 좋은 호응을 얻고 있다. 아미쉬 공동체 사람들에 의해 겸손의 미덕을 통해 만들어진 제품들은 지역의 슈퍼마켓은 물론 온라인을 통해서도 판매가 되고 있다. 이러한 노력을 통해 아미쉬 공동체 기업들은 꾸준한 고객을 확보하고 있고, 수제품이라는 제품에 대한 확신과 신선함을 통해 제품 판매를 높이고 있으며, 미국에서 지속가능한 농촌지역 사회적 기업으로 알려져 있다.

3) 일본의 미야마 정(美山町)

일본은 오래전부터 농촌지역 발전을 위한 마을 만들기(마찌츠쿠리) 사업이 활발히 진행되어 왔다. 그 중에서 미야마 정은 일본의 대표적인 농촌지역 사회적 기업이다. 일본 교토부 중앙의 산간지역에 위치한 미야마에서는 70년대부터 고마 가쓰미라는 공무원의 헌신적인 노력으로 마을 만들기 운동이 펼쳐졌다. 주력 산업인 임업의 침체로 지역경제가 쇠퇴하고, 이와 더불어 인구도 감소하는 상황이었다. 이때 산촌지역에서 마을 되살리기 활성화를 위한 장기적인 계획의 일환으로 주민주도의 발전적 마을 만들기를 적극 실천하게 되었다(황영모, 2007: 92-97).

미야마 정의 마을 만들기 추진과정은 크게 4단계로 나누어 볼 수 있다. 먼저, 제1기 마을 되살리기로서 농림업의 진흥이다. 미야마 정의 지역 만들기 추진은 1978년 새로운 정장이 취임하면서 본격적으로 추진되었다. '어떻게 하면 마을을 부흥시킬 것인가?', 이를 위해 행정이 먼저 농업기반 정비 사업을 전개했다. 주민의향 조사와 간담회를 실시하여 주민요구를 발굴하고, 지역 내 전체 마을에 농사조합을 설립하여 '살기 좋은 고장 만들기'를 목표로 한 계획을 수립하였다.

제2기는 도농교류와 마을 되살리기의 추진시기이다. 1989년 정 자체에 '마을 되살리기 과'를 설치하여 '마을 되살리기 원년'을 선포하였다. 또 '마을 되살리기 추진위원회'를 설립하여 지역주민 스스로에 의한 사업을 전개해 나갔다. 1991년에는 '미야마 마을 되살리기 추진위원회'를 발족했다. 1989년 개소한 '미야마 자연문화촌 가자카소'는 도시민의 귀농과 방문을 활성화하는 핵심 거점이 되고 있다. 가자카소가 생기면서 지역내 고용과 일자리도 창출되었다. 1992년에는 행정과 민간(제3섹터 방식)이 도시민의 귀농을 담당하는 조직인 '주식회사 미야마 후루사토(美山ふるさと)'를 세웠다. 이를 통해 78세대, 257명이 미야마로 이주해 살고 있다.

제3기는 그린투어리즘과 신산업 일으키기이다. 초창기에는 교토와 거리가 가까워 숙박이 안 되어 지역 내 경제효과에 큰 기여를 하지 못했다. 1993년부터 도시민이 왔을 때 숙박을 유도하는 '그린투어리즘 신산업'을 적극 추진하였다. 이를 위해 자연 그대로 보존되어 있는 원시림(4,200ha) 자원을 적극 활용한 하이킹, 들풀교실 등의 숙박체험 프로그램을 만들었다. 이 시기에 두 번째 제3섹터 경제 사업을 만들었다. '주식회사 미야마 명수'를 세워 물에 대한 소비자의 안전과 안심을 주어 사업을 확장했다. 이러한 노력으로 2002년에만 80만 명이 지역을 방문했고, 인구가 감소하여 학교가 소규모화 되자 도시민 학생의 산촌유학을 적극 추진하여 9년 동안 60여 명이 지역 내 학교를 졸업했다.

제4기는 진흥회의 설립과 주민주도의 마을 만들기이다. 2000년 '마을 되살리기 추진위원회'를 해소하고 주민들 스스로 진흥회 조직을 만들었다. 지금까지의 고정관념을 버리고 새로운 지역개발을 하자는 것이 주요 선전구호였다. 지역 내 인력도 적고 고령화되어 1인 3역 등의 다양한 역할을 많이 할 수밖에 없는 상황이 많았다. 또한 진흥회는 기

<그림 3-3> 미야마 정의 홈페이지

자료: www.miyamanavi.net

본적인 3가지 사업추진의 틀을 세웠다. '주민서비스(행정과 주민의 거리를 좁히고), 지역의 진흥(지역의 산품을 통한 경제 활성화), 사람 만들기(인재육성) 등의 사업을 펼쳤다. 진흥회를 통해 서로 이어주고 주민과 잦은 의견교환을 하여 10년 이상의 지역발전계획을 주민 스스로 만들어 실천하고 있다.

미야마 정의 사례는 열정적인 한 공무원의 노력으로 시작된 마을 만들기가 주민의 자발적인 참여를 통해 단계적으로 발전해오고 있는 특징을 보이고 있다. 특히, 매 단계의 평가와 주민의 참여로 지역의 역량 강화를 일구어내 활력 있는 지역을 만들어 가고 있다.

4) 한국의 송천 떡마을

강원도 양양군 송천 떡마을은 먹고사는 것 자체가 쉽지 않은 빈한(貧寒)한 산촌 마을이었다. 1970년 중반에 주민들이 떡을 만들어 인근의 설악산 관광객들에게 판매하여 근근이 생계를 이어 갔지만, 1980년대 후반에 설악산이 국립공원으로 지정되면서 노점상 단속이 심해져 다른 활로를 모색해야만 했다. 1997년 15가구가 각각 100만 원씩 출자해 떡 제조에 필요한 자재를 구입하고 가공시설로 쓸 집을 지었다. 사업 초기에는 참여하는 가구와 참여하지 않는 가구 간의 갈등으로 어려움이 있었지만 마을 회의를 통해 차츰 서로 이해하고 협력하는 분위기를 조성했다. 그리고 농촌이라는 특수성 때문에 매일 모든 가구가 참여해 떡을 만들기가 쉽지 않은 문제를 극복하고자 2009년 4월 당시 이장이었던 탁상기씨를 중심으로 영농조합법인을 설립했다. 이에 앞서 2002년에는 행정안전부에서 실시한 '아름다운 마을 가꾸기' 사업과 정보화 시범 마을 대상지로 선정됐다. 송천 떡마을 행정과 홍보 관련 업무는 정보화 시범 마을 사업을 계기로 채용된 사무장이 중심이 되어 맡아 하고 있으며, 떡 체험장 등 공동 사업을 통해 발생한 수입과 지출에 대한 투명성 확보를 위해 회계 전담자를 채용해 관리하고 있다.

〈그림 3-4〉 송천 떡마을 홈페이지

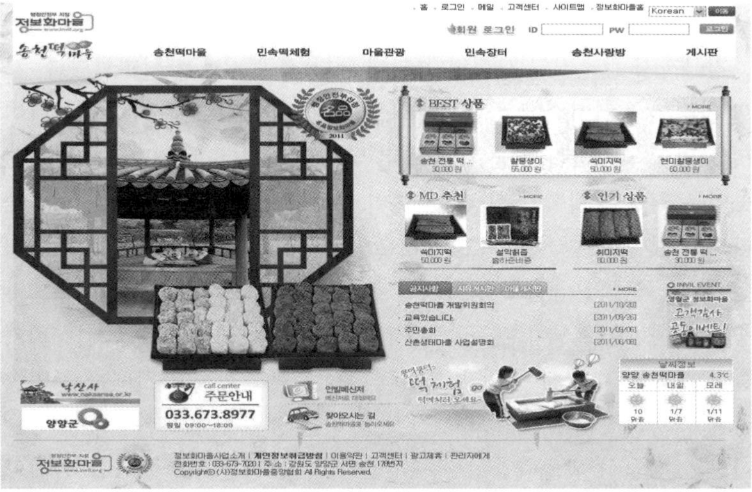

자료:www.songcheon.invil.org

떡 체험을 중심으로 한 관광 산업으로 송천 떡마을의 인지도가 높아
지면서 특산물 직거래가 확대되고 인근 마을에도 파급 효과가 높아졌
다. 그러면서 귀농 및 귀촌 인구가 증가하여 참여 가구는 사업 초기 29
가구에서 현재 38가구로 늘었다(고용노동부, 2011: 85). 현재 마을 공동
사업은 8억 원 규모로, 사업에 참여하는 20여 명은 각각 2,000만 원 정
도의 농외소득을 올리고 있다. 또한 공동사업에 참여하지는 않지만 마
을에 거주하는 주민들을 위해 공동사업 이익금의 10%를 적립해 분배
하고 있다. 송천 떡마을은 2008년도에 새 농어촌건설운동 강원도 우수
마을 선정, 2010년 양양군 농어촌체험 휴양마을 지정, 2010년 정보화
최우수마을로 선정됐으며 2010년도 제9회 농촌마을가꾸기 장려상을
수상했다(한국농어민신문, 2012년 8월 16일).

IV. 농촌지역 사회적 기업의 성공 요소

지금까지 농촌지역 사회적 기업에 대한 성공 사례를 살펴보았다. 사
회 환경이 농업사회에서 산업사회를 거쳐 지식정보화사회로 변화하면
서 농업이 차지하는 비중은 점점 더 낮아지고 있다. 그러나 1차 산업인
농업은 최근 세계적인 식량위기론이 대두 되면서 다시 그 중요성이 높
아지고 있다. 또한 식량위기는 기후변화와 세계인구의 증가, 재배면적
의 감소, 곡물의 바이오 에너지원 사용 등으로 인하여 점점 더 수요가
증가하면서 중요성이 더욱 높아지고 있다(성진근 외, 2011). 식량위기
를 극복하기 위해서는 현재 초국적 농식품복합체들이 지배하고 있는
국제 식량시장에서 대규모 생산자를 위한 농업정책보다는 소농의 순
기능인 생산성 생물다양성 지구온난화의 완화 등이 중요함을 밝히고
있다(Holt-Gim nez & Patel, 2009). 이러한 상황에서 각국의 소규모 농

업을 보호하기 위한 대안으로서 농촌의 지역발전과 농가의 소득 증대를 가져올 수 있는 사회적 기업은 주목할 만하다. 각국의 성공한 농촌지역의 사회적 기업 사례를 통해 다음과 같은 시사점을 얻을 수 있다.

첫째, 각국의 농촌지역 사회적 기업은 생태적, 자연친화적 특성을 가지고 있다. 즉, 대규모 농업방식으로 변화하는 현 추세에서 소규모 농업이 생존할 수 있었던 것은 자연친화적인 방식으로 생산되고, 이러한 특성이 소비자들에게 호응을 얻었다는 점이다. 프랑스의 아마프나 미국의 아미쉬 공동체 사회적 기업은 웰빙시대를 맞이하여 로컬푸드 운동이나 지역순환형 농업을 실현하면서 기업으로서 경쟁력을 확보하고 있다는 점이다.

둘째, 농촌지역 사회적 기업은 지역의 자원을 적극 활용함으로써 내발적 발전 전략을 사용하고 있었다. 프랑스의 아마프와 일본의 미야마 정, 그리고 한국의 송천 떡마을 사례는 지역이 가지고 있는 자연적 특성을 적극 활용했다는 점이다. 각 지역마다 자연적 환경이나 인적 자원을 동원함으로써 그 자체로 농촌지역 사회적 기업의 특성을 살리고, 상품화에 성공함으로써 수익을 창출할 수 있었다.

셋째, 각국의 농촌지역 사회적 기업은 지역주민의 참여를 통해 성공할 수 있었다. 미국의 아미쉬 공동체 사례는 종교적 신념을 통해 주민간의 친밀한 유대관계가 사회적 자본을 형성하였고, 일본의 미야마 정은 낙후된 산촌마을을 되살려 보겠다는 지역주민 주도의 마을 만들기 운동이 농촌지역 사회적 기업으로 성장할 수 있는 발판이 되었다. 지역주민의 자발적 참여는 공동체 의식을 확산시키고 나아가 스스로 지역의 문제를 해결할 수 있는 자치역량을 함양하는 계기가 되었다.

넷째, 각 사례의 농촌지역 사회적 기업은 사회적 기업가 혹은 사회혁신가들의 노력이 중요하게 작용했다. 프랑스의 아마프는 다니엘 뷔용이라는 농민이 지역 농업을 되살리겠다는 노력이 있었고, 일본의 미야마 정은 새로이 부임한 고마 가쓰미라는 공무원이 마을을 되살리자는 헌신적인 노력이 있어 지역주민의 참여를 이끌어 낼 수 있었다. 또한 한국의 송천 떡마을의 경우 마을 이장인 탁상기 씨가 모두가 떠나는 농촌을 잘사는 농촌으로 만들겠다는 굳은 의지가 있었기에 가능했다. 즉, 농촌 지역사회를 되살리고자 하는 혁진적인 마인드를 가진 사회적 기업가 혹은 사회 혁신가의 주도적 노력이 농촌지역 사회적 기업을 운영함에 있어 중요한 역할을 했다.

다섯째, 거버넌스(Governance) 구축이 농촌지역 사회적 기업의 성공에 중요한 역할을 했다. 각 사례의 농촌지역 사회적 기업은 정부, 기업, 지역주민, 지역의 대학 등의 협력적 노력을 통해 성공할 수 있었다. 프랑스의 아마프는 정부의 농업지원 정책이 있었고, 미국의 아미쉬 공동체는 온라인 마켓을 통한 판매, 일본의 미야마 정은 공무원의 노력과 지역주민의 참여를 통한 정부와 민간의 협력이 있었다. 그리고 한국의 송천 떡마을은 지방정부의 지원과 지역주민의 적극적 참여, 민간기업의 협력, 전담 인력 채용 등이 성공의 요소로 작용했다.

V. 사회적 기업과 농촌의 미래

미래학자 제러미 리프킨은 3차 산업혁명은 녹색에서 온다고 하며, 현 시기를 산업혁명에서 협업혁명으로 탈바꿈하는 중요한 전환점에 있다고 말한다(Rifkin, 2011: 372). 리프킨이 말하는 협업시대는 시민사회의 공동체 복원과 사회 각 주체들의 상호작용을 통해 가능하다는 것이다. 산업화를 거치면서 인류는 이익추구와 경쟁을 통해 전통적인 협력과 호혜적 정신의 쇠퇴를 겪었다. 전통적인 것을 추구한다는 것이 과거로 회귀하자는 것은 아니다.

지금까지 살펴본 사회적 기업 및 내발적 발전과 관련한 주요국들의 농촌지역 사회적 기업 사례는 산업화 과정에서 발생한 사회·문화·경제 부문의 다양한 양극화 현상을 극복하는 과정을 보여주는 사례로도 볼 수 있다. 산업화 과정에서 도시로의 인구집중은 농촌지역을 더욱 황폐화 시켰고, 그 피해가 다시 부메랑처럼 돌아와 치유해야 하는 처지에 놓여있다. 사회적 기업의 운영은 단순히 지역 공동체의 복원도 아니고 지역발전의 수단도 아니다. 농촌지역에서 사회적 기업은 흔히 말하는 사회서비스 제공과 이윤추구 조직 이상의 가치를 지닌다.

정부에서는 사회적 기업 육성을 위해 새로운 법을 제정하고, 막대한 예산과 인력을 투입하고 있다. 그래서 실제 정부의 사회적 기업 육성 정책에 대해 우려를 나타내는 목소리 또한 높다. 인증된 사회적 기업이 잘 운영되고 있는지 평가하고 사회적 기업으로서 책무를 성실히 이행하고 있는지도 점검한다. 한편에서는 선진화된 경영기법을 사회적 기업에도 도입해야 한다는 주장도 많이 제기되고 있다. 그러나 사례에서 살펴봤듯이 사회적 기업은 각국의 역사적, 정치적, 환경적 맥락에 따라 다양한 특성을 가지고 성장해 왔다. 그리고 사회적 기업의 성장 핵심을 들여다보면 성공한 사회적 기업은 모두 내발적 발전론에 근거한 전략을 활용했다는 것이다. 외부적인 역량도 중요하지만 내부적인 역량이 사회적 기업을 성장시키는 동력으로 작용했다. 즉, 사회적 기업의 성장 과정에서 자연스럽게 사회자본의 형성을 가져왔고, 그 결과 공동체 부활과 지역의 발전으로 이어졌다.

한국은 물론 세계 각국의 농촌지역 현실은 여전히 암울하다. 그러나 다행히 정부에서 식량자원론, 식량위기론, 기후변화 등으로 인하여 1차 산업과 농촌에 대한 관심이 높아지고 있는 것은 반가운 일이다. 또한 웰빙시대를 맞이하면서 시민들의 건강에 대한 관심 상승도 농촌지역의 발전에 긍정적인 요소로 작용할 수 있다. 따라서 농촌지역의 사회적 기업은 1차 산업을 보호하고 다가오는 식량위기에 대비하기 위한 조치이기도 하다. 아울러 농촌지역 사회적 기업은 도시와 농촌 간의 양극화를 해소할 수 있는 대안으로 활용할 수 있고, 지역 발전을 유도하여 살기 좋은 농촌으로 변화하는 데 마중물이 될 수 있겠다.

참고 문헌

고용노동부. 2010.『내 아들 내 딸에게 보여주고 싶은 사회적 기업 51』. 과
　　천: 고용노동부.

_____. 2011.『세상에 희망을 일구는 사회적 기업 63』. 과천: 고용노동부.

김정원. 2009.『사회적 기업이란 무엇인가?』서울: 아르케.

김종수. 2009.『유럽중간지원조직의 운영현황과 시사점』. 충남발전연구원.

농협경제연구소. 2010. 일본의 농업 농촌 활성화 국민운동.『NHERI 리포트』
　　132: 1-36.

대외경제정책연구원. 2007. 일본 농업개혁의 현황과 시사점.『KIEP 오늘의
　　세계경제』7(24): 1-12.

박　경. 1999. 지역개발전략으로서 내발적 발전론: 일본의 연구동향과 과제.
　　『공간과 사회』11: 240-264.

박광서. 1999. 내발적 발전방식에 의한 산촌의 지역활성화와 농협.『아시아
　　태평양지역연구』2(1): 79-112.

박지현. 2003. OECD 국가들의 농업정책 분석 및 개혁 평가.『세계경제
　　Focus』6: 53-69.

박진도. 2010. 한국농촌사회의 장기비전과 발전전략: 내발적 발전전략과 농
　　촌사회의 통합적 발전.『농촌사회』20(1): 163-194.

_____. 2011.『순환과 공생의 지역 만들기: 농촌지역의 내발적 발전의 이론
　　과 실제』. 서울: 교우사.

서찬수. 2004.『대구의 내발적 발전방안 연구』. 대구: 대구경북연구원.

성진근·윤병삼·김병률·이태호. 2011.『농업이 미래다: 한국 농업의 르네
　　상스를 위한 전략』. 서울: 삼성경제연구소.

손승호. 2008. 일본 지방도시의 커뮤니티 활성화와 내발적 발전.『한국도시
　　지리학회』11(3): 27-39.

송미령. 2007. 새로운 농정의 패러다임: 선진국의 농촌정책과 시사점.『세계
　　농정의 동향과 전망: 정책토론회 자료집』, 39-70.

엄형식·마상진. 2010.『유럽의 농촌지역 사회적 기업 현황과 시사점』. 농촌
　　경제연구원.

오현석. 2010. 프랑스 농업의 비전과 전략.『Agroinfo Issue』13: 1-9.

이용탁. 2011. 사회적 기업가정신과 성과와의 관련성에 관한 연구. 『인적자원관리연구』 18(3): 129-150.

양용희. 2006. 우리나라 사회적 기업의 과제와 방향: 미국의 사례를 중심으로. 『2006년 한국비영리학회 춘계학술대회 발표논문집』, 47-58.

조영복. 2011. 『사회적 기업, 아름다운 경영이야기』. 서울: 시그마프레스.

최세균. 2007. 세계농정의 흐름과 시사점. 『세계농정의 동향과 전망: 정책토론회 자료집』, 3-30.

통계청. 2012. 『2011년 농림어업조사결과』. 서울: 통계청.

한국농촌경제연구원. 2011a. 한 미 FTA, 농업분야의 영향과 과제. 『KREI 농정포커스』 4: 1-23.

_____. 2011b. 2011년 농업 농촌에 대한 국민의식 조사결과. 『KREI 농정포커스』 5: 1-19.

한세억. 2011. 창조성기반 농업정책과 스마트영농의 과제. 『2011년 한국행정학회 하계학술대회 자료집』, 1-15.

황영모. 2007. 활력 있는 농산촌 지역만들기: 미야마 정. 『씨오쟁이』 7: 92-97.

『강원도민일보』. 2011. 필리핀의 오판과 사르코지의 식견. 2011년 11월 11일자.

『경향신문』. 2012. "한 중 FTA땐 한국농업 붕괴… 제한적 추진을." 정부 발주 서울대 산학협력단 보고서. 2012년 2월 12일자.

『농어민신문』. 2011. 미국 농산물이 몰려온다 〈상〉 미국 농업현황과 수출정책. 2011년 12월 12일자.

『문화일보』. 2012. 美 '가뭄 피해' 농가 위해 대규모 수매 나선다. 2012년 8월 14일자.

『시사INLive』. 2009. 자연을 존중한 생산 책임을 동반한 소비. 2009년 6월 29일자.

『한국농어민신문』. 2012. 정보화 마을사업 추진 실태와 발전방향. 2012년 8월 16일자.

네이버 백과사전(www.naver.com).

미국 농무부(www.usda.gov).

일본 농림수산성(www.maff.go.jp).

프랑스 농수산부(www.agriculture.gouv.fr).

Borzaga, Carlo, & Jacques Defourny (eds.). 2001. *The Emergence of Social Enterprise*. New York: Routledge.

Dana, Leo Paul. 2007. A humility-based enterprising community: the Amish people in Lancaster County. *Journal of Enterprising Communities: People and Places in the Global Economy,* Vol. 1, No. 1: 142-154.

Defourny, Jacques. 2001. From third sector to social enterprise. Carlo Borzaga & Jacques Defourny (eds.). *The Emergence of Social Enterprise.* New York: Routledge.

Defourny, Jacques, & Marthe Nyssens (eds.). 2008. "Social Enterprise in Europe: Recent Trends and Developments." Working Papers Series, no. 08/01. Liège: EMES European Research Network(http://www. emes.net/fileadmin/emes/PDF_files/News/2008/WP_08_01_SE_WEB. pdf, 검색일: 2010년 8월 25일).

DTI(Department for Trade and Industry). 2002. *Social Enterprise Strategy for Sucess.* DTI: London.

Holt-Giménez, Eric, & Raj Patel. 2009. *Food Rebellions: Crisis and the Hunger for Justice.* Pambazuka Press.

Kerlin, Janelle A. (eds.). 2009. *Social Enterprise: A Global Comparison.* New England: Tufts University Press.

Kraybill, Donald B., Steven M. Nolt & Erik J. Wesner. 2010. Amish enterprise: the collective power of ethnic enterpreneurship. *Global Business and Economics Review,* Vol. 12: 3-20.

M hlinghaus, Sabine, and Samuel Wälty. 2001. Endogenous Development in Swiss Mountain Communities. *Mountain Research and Development* 21(3): 236-242.

OECD. 1999. *Social Enterprise.* Paris: OECD.

_____. 2008. *Evaluation of Agricultural Policy Reforms on Korea.* Paris: OECD.

Ray, Christopher. 1999. Endogenous Development in the Era of Reflexive Modernity. *Journal of Rural Studies,* Vol. 15, No. 3: 257-267.

Rifkin, Jeremy. 2011. The Third Industrial Revolution: How Lateral Power is Transforming Energy. *The Economy, and the World.* Palgrave Macmillan. 안진환 역 (2012).『3차 산업혁명: 수평적 권력은 에너지, 경제, 그리고 세계를 어떻게 바꾸는가』. 서울: 민음사.

Stohr, W. B. 1981. Development from Below: the Bottom-up and Periphery-inward Development Paradigm. Stohr. W. B. and D. R. P. Taylor (eds.) *Development from Above or Below? The Dialectics of Regional Planning in Developing Countries* 39-72. John Wiley and Sons.

Weaver, C. 1981. Development Theory and the Regional Question: A Critique of Spatial Planning and its Detractors. W. B. Stohr and D. R. P. Taylor(eds.). *Development from Above or Below? The Dialectics of Regional Planning in Developing Countries* 73-106. John Wiley and Sons.

Young, dennis R. 2001. *Social Enterprise in the United States: Alternate Identities and Forms* 1-14.

제2부

사회적 기업의 국내외 사례

제4장

프랑스의 사회적 기업: 사회적 경제의 외연 확대 혹은 정체성 상실?

심창학

I. 사회적 기업 논의의 쟁점

프랑스의 사회적 기업을 논하는 데 있어서는 다음 두 가지 점에 대한 이해가 전제되어야 할 것이다. 첫째, 여타 국가와 마찬가지로 프랑스의 사회적 기업 역시 사회적 유용성 제고라는 사회적 목표와 제품 및 서비스의 제공을 통한 영리 추구라는 경제적 목표의 동시 추구 성격을 지니고 있는 조직이라는 점에서는 이견의 여지가 없다. 둘째, 사회적 기업의 성격에 대한 공감대에도 불구하고 사회적 기업의 정체성(identity)에 대해서는 프랑스의 국내외 학자 및 유관기관에 따라 그 입장이 다른 것 또한 사실이다. 이는 한국 사회적 기업의 정체성을 논할 때 제기될 수 있는 문제이기도 하다. 이러한 사회적 기업의 정체성 및 영역설정과 관련하여 두 가지 접근 방법이 있을 수 있다(심창학, 2007). 첫째, 법적 접근방법으로서 이는 독립된 사회적 기업 관련법에 기초하고 있다. 즉, 개별법에서 명시하고 있는 요건을 충촉한 조직만을 사회적 기업으로 간주하는 방법이다. 예컨대 한국의 경우, 사회적 기업 육성법에 명시되어 있는 소정의 절차를 거치고, 인증받은 사회적 기업만을 사회적 기업의 범주에 포함시키는 접근방법이다. 프랑스 역시 사회적 기업과 직결되는 법인, 공공이익 협동조합, 회사법(Scic)이 제정되어 실시되고 있으며 이에 근거하는 경우, 프랑스에서 운영 중인 사회적 기업 수는 190개라는 추론이 가능하다(2010년 기준).[1] 필자의 판단으로는 국내 대부분의 연구는 본 접근방법에 의존하고 있으며, 프랑스 일부 학자의 연구역시 이에 속하는 것으로 보인다.[2] 사회적 기업의 법적 접근방법은 사회적 기업의 정체성을 쉽게 확인할 수 있을 뿐만 아니라 특정 사회적 기업에 대한 심도 깊은 사례 연구(case study)를 가능하게 하는 장점이 있다. 그럼에도 불구하고 이러한 접근 방법은 한 국가에서 사회적 기업의 실체가 과소평가될 수 있는 문제점을 초래할 수 있다. 왜냐하면 조직 성격의 유사성에도 불구하고 법적 제약으로 인해 사회적 기업의 범주에서 배제되는 조직이 상당수 있을 수 있기 때문이다.

사회적 기업의 정체성 및 영역 설정의 두 번째 접근 방법은 구조 기능적 접근방법이다. 이는 사회적 기업 관련법의 존재 유무 혹은 사회적 기업의 법률적 지위에 관계없이 해당 조직의 목적 및 구조에 초점을 맞추어 사회적 기업의 범위를 설정하는 방법이다. 즉 특정 조직의 설립 취지 및 목표가 무엇이며, 이의 사회적 기능은 어떠한가(기능적 접근방법), 그리고 조직의 내부 구조, 구체적으로 조직의 성격, 구성원의 성격, 의사 결정 원칙 및 방법, 공적 기관 등 외부 기관과의 관계에서 본 자율성 정도(구조적 접근방법) 등이 사회적 기업의 성격에 부합되는지의 판단을 통해 특정 조직의 사회적 기업 범주 내의 포함 여부를 결정하는 것이다. 이는 우선 사회적 기업의 판단 여부를 가늠할 수 있는 기

---

1) 한편, 2011년 12월 말 현재 한국의 인증 사회적 기업은 644개(2011년 12월 말 기준)임.
2) 대표적인 프랑스 학자 연구로서는 G. Lindsay and L. Hems, 2004를 참조.

준을 필요로 한다. 대표적인 것이 유럽의 사회적 기업 연구 네트워크인 Emes(European Research Network) 사례이다. 후술하겠지만 Emes는 사회적 기업의 범주로서 경제적, 기업 경영적 측면의 4가지, 사회적 측면의 5가지 기준을 제시하면서 이러한 기준은 사회적 기업의 구성체를 확인하는 데 도움이 될 것으로 강조하고 있다. 상호 중첩되는 부분도 있을 수 있겠으나 구조기능적 접근방법은 법적 접근방법에 비해 사회적 기업의 외연은 확장될 가능성이 많다. 왜냐하면, 이러한 접근 방법은 사회적 기업 관련법의 제정 혹은 기존법의 개정에 직접 해당되는 새로운 조직 형태뿐만 아니라 새로운 기업 경영적 역동성의 성격을 띠고 있는 전통적인 제3섹터(사회적 경제) 조직도 포함하기 때문이다. 게다가 국가에 따라서는 많은 사회적 기업이 민간 기업(상법상 기업)으로 등록되어 있는 경우도 있다. 이는 한국보다는 사회적 기업의 역사가 오랜 유럽에서 많이 발견되는 대목이기도 하다.

프랑스의 경우, 사회적 기업과 직결되는 법은 2001년에 제정되었지만 사회적 기업의 성격에 부합되는 조직은 그보다 훨씬 오래전부터 존재했다. 이러한 조직은 단체, 협동조합, 공제 조합 등 전통적인 사회적 경제(social economy) 영역의 법적 형태를 유지하고 있다. 사회적 기업이 기존의 사회적 경제와 차이 나는 부분은 재화 및 서비스의 생산 및 제공을 통해 일정 부분 영리를 추구하고 있다는 점이다. 이렇게 볼 때 프랑스의 사회적 기업은 사회적 경제 외연의 확장 혹은 전통적인 사회적 경제와 시장 영역의 접합이라는 측면에서 이해하는 것이 바람직할 것이다. 따라서 사회적 기업의 정체성을 파악하기 위해서는 두 가지 접근방법을 모두 사용하는 것이 바람직하다. 즉 구조기능적 접근방법을 통해서 프랑스 사회적 경제에 내재되어 있는 사회적 기업의 모습을 봐야 하며, 법적 접근방법은 최근 부상 중에 있는 새로운 법적 형태의 사회적 기업을 파악하는 데 도움을 줄 것이다.

지금까지의 논의를 고려하여 본 글은 프랑스 사회적 기업의 정체성을 파악하는 것을 목적으로 한다. 구체적으로 먼저, 구조 기능적 접근방법을 통해서 사회적 경제에 내재되어 있는 사회적 기업, 그중에서도 일자리 창출을 목적으로 운영되고 있는 노동통합 사회적기업을 살펴볼 것이다. 이어서 법적 접근방법을 통해서 공공이익 협동조합 회사의 구체적 내용을 살펴볼 것이다.

글의 순서는 서론과 결론을 제외하고 두 절로 구성된다. 본문의 첫 번째 절은 구조기능적 접근방법을 통해서 보고자 하는 노동통합 사회적기업에 관한 것이다. 이를 위해 노동통합 사회적기업이 내재되어 있는 사회적 경제의 개념 및 영역을 먼저 살펴본다. 이어서 구조기능적 접근방법의 대표적 사례인 Emes의 사회적 기업 범주의 구체적 내용을 살펴볼 것이다. 이를 바탕으로 프랑스의 노동통합 사회적기업의 유형 및 각 유형별 구체적 내용을 확인하고자 한다. 여기서 주의할 점은 노동통합 사회적기업이란 용어는 Emes가 사회적 기업의 국가 비교 목적으로 만든 학문적 용어라는 점이다. 이에 해당되는 프랑스 내의 공식 용어는 '경제활동을 통한 통합(구조)'이다. 따라서 본 글은 프랑스의 '경제활동을 통한 통합(구조)에 해당되는 조직의 특성'과 Emes의 사회적 기업 범주 간의 양립성에 주목할 것이다.

본문의 두 번째 절은 공공이익 협동조합 회사에 관한 것이다. 이는 법적 접근방법을 통해서 도출된 조직일 뿐만 아니라 프랑스 사회적 기업의 최근 경향을 보여주기도 할 것이다. 흥미로운 점 중의 하나는 공공이익 협동조합 회사는 협동조합의 성격과 일반기업의 성격이 결합된 형태를 띠고 있다는 점이다. 이는 프랑스 협동조합의 오랜 전통에 기인한 것으로 보인다. 따라서 본 글은 관련법의 등장 배경, 공공이익 협동조합 회사의 구체적 내용 및 특징, 현황 등을 살펴볼 것이다.

II. 경제활동을 통한 통합(구조): 구조기능적 접근의 관점에서 본 프랑스 사회적 기업

1. 구조기능적 접근방법: Emes의 사회적 기업 모델

여기서는 프랑스 사례 연구의 전제로서 사회적 기업의 영역 설정에 대한 구조 기능적 접근방법의 대표적 사례인 Emes의 연구 결과를 살펴보고자 한다. 사회적 기업 국가 비교를 위한 유럽 연구자 네트워크인 Emes는 2000년대 초부터 유럽 연합의 지원하에 유럽 국가의 사회적 기업 프로젝트를 수행하고 있다. 우선 사회적 기업을 목적에 따라 사회적 취약 집단에 대한 일자리 창출에 초점을 두고 있는 노동통합 사회적기업, 욕구 충족의 차원에서 서비스 제공에 초점을 두고 사회서비스 제공 사회적 기업, 마지막으로 지역개발 중심형 사회적 기업으로 구분하고 있다(C. Borzaga and J. Defourny, 2001: 351-352). 이 중 Emes는 앞의 두 가지 유형의 사회적 기업 연구 작업을 수행하고 있다.[3] 이 중 본 글에서는 노동통합 사회적기업(work-integration social enterprises)에 초점을 두고자 한다.

Emes는 노동통합 사회적기업의 특징 파악을 위해 먼저 경제적 측면과 사회적 측면으로 나누고 있으며, 이어서 각 측면과 직결되는 범주(criteria)를 제시하고 있다.[4] 먼저 사회적 기업의 경제적, 기업 경영적 성격(economic and entrepreneurial nature)으로서 4가지 범주가 있다.

첫째, 지속적인 재화 생산 혹은(그리고) 서비스 판매 활동을 들 수 있다. 이 점은 보르자가와 샌투어리의 지적과 같이 지지 및 옹호 역할에 상대적으로 많은 관심을 가지고 있는 전통적인 비영리 조직과 사회적

---

3) 국가별 비교 연구 결과의 일부에 대해서는 C. Davister, 2004를 참조.
4) http://www.emes.net/index.php?id=203; J. Defourny, 2001: 16-18.

기업을 구분짓게 하는 부분으로(C. Borzaga and A. Santuari, 2003: 45), 사회적 기업 존재 가치의 가장 중요한 이유 혹은 주요 이유 중의 하나로 간주되고 있다.

둘째, 높은 정도의 자율성이다. 사회적 기업은 자발성에 기초하여 설립되고 자율적인 프로젝트의 틀 내에서 설립 주체들에 의해 경영된다. 공적 보조금에 의존함에도 불구하고, 공적 당국 혹은 여타 조직(기부 재단, 민간 회사 등)은 직접 혹은 간접적인 방법으로 사회적 기업을 경영하지 않는다. 단지 이들에게는 경영 참가권만이 주어질 뿐이다.

셋째, 상당한 수준의 경제적 위험 부담(a significant level of economic risk)이다. 사회적 기업의 설립 주체는 전적 혹은 부분적으로 위험 부담을 감수해야 한다. 이렇게 볼 때, 대부분의 공적 제도와 달리, 사회적 기업의 재정적 생명력은 적절한 재원을 확보해야 하는 구성원 및 근로자의 노력에 달려 있다고 볼 수 있다.

넷째, 최소한의 유급 근로를 들 수 있다. 대부분의 전통적인 비영리 단체와 마찬가지로 사회적 기업 역시 화폐 자원, 비화폐 자원, 자원봉사자 등으로 자원이 구성될 수 있다. 그럼에도 불구하고 사회적 기업에 의해 수행되는 활동은 일정 비율 이상의 유급 근로자를 포함해야 된다는 점에서 차이를 보이고 있다.

이상의 점들이 사회적 기업의 경제적 범주들이다. 이렇게 볼 때, 후술하겠지만 전통적인 사회적 경제 조직을 단체(associations, voluntary organisations), 협동조합(co-operatives), 공제조합(mutual societies)으로 구분할 때, 사회적 기업은 이들과 일정 부분 성격을 공유하고 있음에도 불구하고 세 가지 조직의 어디에도 포함될 수 없는 독특한 성격을 지니고 있음을 알 수 있다. 예컨대, 높은 정도의 자율성은 단체와 그 성격을 공유함에도 불구하고 지속적인 재품 생산, 서비스 판매 활동 및 일정 비율 이상의 유급 근로 범주는 단체와 성격을 달리하는 부분이다. 협동조합과의 비교 역시, 많은 공통점에도 불구하고 회원 중심의 협동조합과는 달리 지역 사회 일반 주민을 대상으로 제품 판매 및 서비스 제공이 이루어지고 있는 점은 사회적 기업의 독특한 성격 중의 하나이다. 한편, 사회적 기업은 이해 관계자의 자발적 설립과 자율적 경영 측면에서는 공제조합과 유사한 성격을 공유하고 있음에도 불구하고, 재원의 다양성 측면에서는 이와 분명한 차이를 보이고 있다.

한편, Emes에서 제시하고 있는 사회적 기업의 사회적 측면 범주는 다음과 같다.

첫째, 시민사회의 주도를 강조하고 있다(an initiative launched by a group of citizens). 즉 사회적 기업은 지역 사회 주민 혹은 특정 욕구 혹은 목적을 공유하고 있는 그룹이 참여하는 집단 역동성의 결과이다. 따라서 어떠한 형태를 지니고 있든지 간에 이러한 측면을 보유하고 있어야 한다.

둘째, 자본 소유에 기초하지 않는 의사 결정권이 강조되고 있다. 기본적으로 사회적 기업은 지지 조직, 지역 공공 기관, 유급 근로자, 자원봉사자 및 이용자 등 다양한 이해관계자(multi-stakeholder)의 참여를 전제로 설립, 운영된다. 의사 결정권과 관련하여 중요한 것은 '1인 1표'를 원칙으로 해야 하며, 이러한 원칙이 실현 불가능한 경우, 투표권이 적어도 자본 소유에 따라 배분되어서는 안 된다는 점을 강조하고 있다. 민주주의적 조직 운영의 측면이 강조되는 대목이라 할 수 있다.

셋째, 둘째 범주의 연장선상에서 사회적 기업 활동과 관여되는 사람들의 참여적 성격을 강조하고 있다. 그 대상으로서는 사회적 기업 창설자 및 지지 조직, 유급 근로자, 지역 기관뿐만 아니라 자원봉사자, 이용자까지 포함하고 있다. 왜냐하면 많은 경우 사회적 기업의 주요 목적 중의 하나는 경제활동을 통한 지역 사회 내의 민주주의 활성화이기 때문이라고 Emes는 강조하고 있다.

넷째, 제한된 이윤 배분이 강조되고 있다. Emes에 의하면 사회적 기업은 이윤 배분과 관련 두 가지 유형의 조직을 모두 포함하고 있다. 완전한 이윤 배분 금지 및 이윤 재투자를 특징으로 하는 조직이 첫 번째 유형이고, 이윤 극대화 행위는 피함과 동시에 제한된 이윤 배분이 이루

〈표 4-1〉 사회적 기업의 경제적 · 사회적 범주

측면(dimensions)	범주(criteria)
경제적, 기업 경영적 측면	지속적인 제품 생산과(혹은) 서비스 판매 활동
	높은 정도의 자율성
	상당한 수준의 경제적 위험
	일정 비율 이상의 유급 근로
사회적 측면	시민 사회(시민 그룹)의 주도
	자본 소유에 기초하지 않는 의사결정권
	활동 관련 행위자들의 참여적 성격
	제한적 이윤 분배
	지역 사회 공헌의 명확한 목표

어지는 조직이 두 번째 유형이다.[5]

　다섯째, 지역 사회 기여라는 명확한 목표를 사회적 기업은 지니고 있어야 한다. 사회적 기업은 지역 사회 전체 혹은 특정 집단에 대한 서비스 제공을 주요 목표 중의 하나로 견지하고 있어야 한다고 Emes는 강조하고 있다. 뿐만 아니라 이의 연장선상에서 사회적 기업은 지역 수준에서의 사회적 책임감 증진에 대한 강한 희망의 모습을 보여 주어야 한다고 지적하고 있다.

　이와 같이 기업 성격을 띠고 있음에도 불구하고 조직 내의 민주주의적 운영과 기업 설립 및 운영 목적의 사회적 성격을 강조하고 있는 것이 사회적 기업의 사회적 측면 범주의 특징이다. 이상 Emes가 제시한 사회적 기업의 경제적, 사회적 범주를 정리하면 〈표 4-1〉과 같다.

---

5) 이윤의 활용 부분은 미국의 NPO와 유럽의 사회적 경제를 구분짓는 항목이기도 하다. 즉, 미국의 NPO 개념은 이익 배분 금지를 전제로 하고 있는 반면, 유럽의 사회적 경제 개념은 제한된 이윤 배분을 인정하고 있다. 대표적인 것이 협동조합이며, 보험료 하락의 형태로 나타나는 공제조합 형태의 보험 회사도 이에 속한다 (A. Evers and J.-L. Laville, 2004: 12-13).

여기서 한 가지 짚고 넘어가야 될 점은, 〈표 4-1〉에 나타나 있는 범주들은 규범적 성격의 범주가 아니라 하나의 이상형(idea-type)의 성격을 지니고 있다는 것이다. 즉 범주들은 특정 조직이 사회적 기업의 자격을 부여받기 위해서는 반드시 갖추어야 할 조건체(a set of conditions)라기보다는 연구자가 특정 조직의 사회적 기업 포함 유무를 파악하고, 사회적 기업으로 간주될 수 있는 조직체(a set of organisations)의 경계를 설정하는 데 있어서 유용한 도구 역할을 하고 있다는 것이다(J. Defourny and M. Nyssens, 2006: 7).[6] 이와 같이 구조기능적 접근방법은 사회적 기업과 직결되는 법의 유무에 관계없이 해당 조직의 기능, 목적 그리고 운영 방식에 관심을 두고 있다.

이를 바탕으로 다음 절에서는 프랑스 노동통합 사회적기업의 대표적 사례인 경제활동 통합구조에 대해 살펴보기로 한다.

2. 프랑스의 경제활동 통합구조(SIAE)

1) 경제활동 통합구조의 사회적 경제와의 관련성

(1) 사회적 경제개념과 전통적 하위영역

제3섹터의 미국적 용어가 비영리조직(NPO)이라면, 이의 유럽식, 특히 프랑스식 용어가 바로 사회적 경제(social economy)이다. 프랑스에서 19세기 초에 등장한 사회적 경제 용어의 등장은 경제영역에 대한 다음과 같은 3구분법에 그 기원을 두고 있다. 이윤에 따라 행동하는 사적 소유자의 상업적 민간경제가 첫 번째 경제영역이라면 정부 지출에 의

---

6) 예컨대, 이들 범주에 근거하여 유럽 11개국의 160개 사회적 기업을 비교 분석한 Emes는 중심 그룹(central group)과 주변 그룹(peripheral group)으로 구분하고 있다(J. Defourny, 2004: 11).

<표 4-2> 사회적 경제의 하위 영역과 특징

유형*	특징
협동조합 (co-operatives)	- 자발적 · 개방적 가입 및 참여 - 민주주의 구조: 동등 투표권/다수결 의사 결정/회원에 대한 선출직 지도부의 책임 - 조합원의 출자금 기여 - 자율성과 독립성 - 형평성, 공정성에 바탕을 둔 경제적 결과의 분배 - 주요 활동 영역: 농업(시장점유율: 네덜란드 83%, 프랑스 50%), 임업(스웨덴 60%), 금융(프랑스 50%), 소매(핀란드 36%) 및 보건의료(스페인 21%) - 유럽 현황: 250,000개, 1억 6,300만 명 참여(유럽인구의 3분의 1), 540만 명 고용
공제조합 (Mutual societies)	- 자발적 · 개방적 회원 가입 - 동등 투표권/다수결 의사 결정 - 협동조합과의 차이: 출자금 없음/ 보험 산출방식에 의거한 회비(기여금) 납부 - 주요 활동 영역: 의료, 생명보험, 보장성 보험, 주택 모기지업 - 유럽 현황: 보험시장의 25%, 보험회사의 70%
시민단체/자원조직 (Associations/ voluntary org.)	- 자발적 · 개방적 회원가입 - 동등 투표권/다수결 의사 결정 - 출자금 없음/ 회원 회비 - 자율성과 독립성 - 주요 활동 영역: 서비스 제공자, 자원봉사, 스포츠, 옹호/ 이익대변, 보건의료돌봄, 노인, 아동 돌봄 서비스 및 사회서비스

* 이 외에 재단, 최근에는 사회적 기업도 사회적 경제 하위 영역에 포함시키고 있음

자료: http://ec.europa.eu/enterprise/policies/sme/promoting-entrepreneurship/social-economy/index_en.htm(2012년 8월 6일 검색)의 내용을 바탕으로 재정리

해 작동되는 공공분야 역시 경제 영역의 하나로 보고 있다. 마지막으로 세 번째, 활동주체가 공공기관이 아님에도 불구하고 이윤 추구보다는 공공선의 실현이 활동 목적인 경제 영역이 있으니 이것이 바로 사회적 경제이다. 한편, 이러한 사회적 경제의 실체에 대해서는 학자에 따라 다양하게 제시되고 있는 바, 드푸르니(Defourny, 2001)는 이를 두 가지로 구분하고 있다. 첫째, 규범적 관점이다. 이에 따르면 사회적 경제는 이익 창출보다는 공동체 구성원에 대한 봉사 목적이 강한 활동 영역 전

체를 포괄하는 개념이다. 자본보다는 인간, 수익보다는 일자리 창출을
더 중요하게 보고 있는 것이 사회적 경제이다. 이의 연장선상에서 사회
적 경제는 ①자율경영, ②민주적 의사결정, ③이익 분배 측면에서 이익
배분의 제한과 동시에 자본보다는 노동, 더 나아가서 사회구성원 전체
의 이익을 더 많이 강조하고 있는 것이다. 둘째, 사회적 경제에 대한 법
적·제도적 관점이다. 이는 고유의 법적 위상을 지니고 있는 민간조직
혹은 그 활동 영역을 의미하고 있는데, 대표적으로 협동조합, 공제조합
그리고 시민단체를 들 수 있다. 〈표 4-2〉는 사회적 경제의 하위 영역 및
영역별 특징을 정리한 것이다.

　〈표 4-2〉에서처럼, 3대 사회적 경제 조직은 상호 일정한 공통점과 차
이점을 보이고 있다. 먼저 재원확보방식, 활동영역 그리고 수혜집단의
성격 면에서 일정한 차이가 있다. 예컨대, 협동조합은 조합원의 출자금
이 주요 재정이며 혜택 또한 조합원에 초점을 두고 있다. 국가별로 주
된 활동 영역이 다르나, 주로 농업, 임업 그리고 금융업에서 많이 발달
되어 있다. 공제조합의 재정은 출자금이 아니라 회원의 회비(또는 보
험료)에 바탕을 두고 있다. 보건 그리고 보험분야가 주된 활동영역이
다. 시민단체 역시 공제조합과 마찬가지로 회비에 의존하는 경향이 크
다. 하지만 공제조합과 달리 주된 활동 영역이 매우 포괄적인 특징을
보이고 있다. 한편, 세 조직의 차이점 못지않게 공통점이 있음에 유의
할 필요가 있다. 우선, 세 조직 모두 자발성에 바탕을 두고 있다. 그리
고 무엇보다 강조되어야 할 점은 민주주의적 의사결정 구조를 지향하
고 있다는 점이다. 즉, 출자금 혹은 회비의 차이에 관계없이 평등한 투
표권을 보장하고 있으며 다수결 의사 결정 구조를 유지하고 있다. 이러
한 운영 및 의사결정의 민주주의적 성격은 운영의 자율성과 독립성, 제
한적 이윤 배분과 함께 전통적인 사회적 경제의 3대 특징으로 자리 잡
고 있다(Th. Jeantet, 2006: 46-47).[7]

───────────

7) 대안경제의 하나로서 사회적 경제 외에 1980년대 프랑스에서 등장한 연대경제라

〈표 4-3〉 프랑스 사회적 경제 영역 고용 규모

유형	2006년	2010년
협동조합	295,213	306,424
공제조합	117,006	126,125
시민단체	1,675,611	1,840,864
재단	57,869	67,933
합 (A)	2,145,699	2,341,346
전체 근로자수 (B)	21,920,516	22,669,852
비율 (A/B,%)	9.8	10.3

자료: http://www.insee.fr/fr/themes/detail.asp?ref_id=eco-sociale(2012년 8월 8일 검색)

한편, 프랑스 사회적 경제 고용 규모 추이를 살펴보면 〈표 4-3〉과 같다. 〈표 4-3〉에서처럼, 사회적 경제 영역에서 활동 중인 근로자 수는 200여만 명으로 프랑스 전체 고용의 약 10%를 차지하고 있다. 이러한 비율은 2006년에 비해 2010년도에는 약간 증가된 모습을 보이고 있다. 영역별로 시민단체가 가장 많으며 협동조합, 공제조합, 재단의 순이다.

(2) 경제활동 통합구조의 등장

한편, 이들 전통적인 사회적 경제 조직들은 조합원 혹은 회원의 이익을 대변함으로 인해 공동체 구성원, 더 나아가서 전체 사회구성원의 이익 추구라는 공동선을 지향함에 있어서 일정한 한계가 있다. 특히

는 용어 역시 주목할 만하다. 이는 운영방식의 특징에 초점을 두고 있는 사회적 경제와는 달리 자립지원과 사회연대라는 목적성을 상대적으로 많이 강조하고 있다(노대명, 2007: 39). 예컨대, 공정거래, 생산자-소비자 직거래, 지역생산물 유통제도 등은 이에 바탕을 둔 것이다. 최근에는 두 용어의 복합어인 사회연대경제 (ESS: Economie sociale et soliaire)라는 용어가 사용되고 있다(박찬용, 2012: 237-238).

1970년대부터 등장한 실업 문제, 1980년대의 빈곤 및 사회적 배제 문제
는 국가뿐만 아니라 사회적 경제도 관심을 가지고 있는 부분임에도 불
구하고 기존 조직으로는 그 역할을 수행할 수 없는 제도적 한계를 안
고 있었다. 이러한 배경하에서 사회적 경제의 성격과 일반 기업의 성격
을 동시에 보여주는 새로운 사회적 경제 조직이 탄생했는데 이것이 바
로 '경제활동을 통한 통합구조((Les structures d'insertion par l'activit
économique, 이하 경제활동 통합구조 혹은 SIAE라 칭함)'이다. SIAE와
관련된 프랑스의 정부의 개념 정의를 살펴보면, 먼저 경제활동 통합(이
하 IAE로 표기)은 '사회적 한계 집단의 사회 재통합에의 기여를 목적으
로 이들을 고용하고 있는 활동 영역과 실제'로 정의되며, 이들의 집합
체가 바로 경제활동 통합구조(SIAE)인 것으로 보고 있다. 다시 말하면,
IAE는 사회적 한계 집단을 대상으로 실시되고 있는 구체적인 국가 정
책 혹은 프로그램이며 SIAE는 본 프로그램의 운영기관인 것이다. 한국
과 달리 사회적 기업 용어가 국가 정책 혹은 법률 용어로 사용되고 있
지 않는 프랑스의 사회적 기업을 논할 때 SIAE가 언급되는 것은 바로
프로그램의 목표 및 기관의 운영 취지가 바로 사회적 한계 집단의 일자
리 창출에 주목하고 있기 때문이다.

이러한 SIAE의 기원에 대해서는 학자에 따라 견해가 다르다. 예컨대,
Demoustier(1998)는 1950년대 민간 주도로 지체 및 정신 장애인을 위
해서 설립된 사회시설(CAT)과 보호작업장(AP)을 SIAE의 기원으로 보
고 있다. 한편, 1970년대 사회적 취약 집단을 대상으로 가톨릭 단체에
의해 설립, 운영되기 시작한 사회재통합시설(CHRS)에서 SIAE의 기원
을 찾는 학자도 있다(Ph. Brégeon, 2008). 그럼에도 불구하고 SIAE가 빈
곤 및 사회적 배제 극복을 위한 국가 정책의 운영기관으로 자리 매김되
었던 것은 빈곤 및 사회적 배제 극복을 위한 법이 제정되었던 1998년이
라는 점에서는 이견의 여지가 없다.[8] 왜냐하면 동법은 그동안 사회적

---

8) SIAE의 도입 및 정착의 역사와 관련하여 Brégeon(2008)은 1975년~1983년, 1984

한계 집단의 일자리 창출을 목적으로 운영되고 있었던 조직들을 경제
활동 통합구조라는 용어하에 편입시킴과 동시에 IAE가 하나의 국가정
책임을 명시하고 있기 때문이다. 경제활동 통합구조와 관련된 동법의
내용 중 중요한 사항은 다음과 같다.[9]

첫째, SIAE의 세가지 활동 영역을 인정하고 있다. 상업화의 목적으로
이루어지는 재화 및 서비스의 생산, 사회적 유용성, 실업자에 대한 일
자리 제공이 바로 그것이다. 여기서 사회적 유용성이 의미하는 것이 무
엇인지에 대해서는 법적 정의는 없으나 묵시적으로 시장 영역이 아닌
집단 욕구에 부응하는 구조 그리고 근로와 사회화를 통한 교육 활동에
관련되는 것으로 인식된다.

둘째, SIAE를 사회적 배제 극복을 위한 주요한 파트너로 규정하면서,
이를 실천하기 위한 국가와 SIAE와의 체계적인 협약의 중요성을 강조
하고 있다. 경제활동참여의 이름으로 활동하고 있는 모든 행위자들은
실업과 배제 극복에의 참여의 이름하에 국가 지원의 수혜자가 된다. 협
약 내용에 의해 국가 재정 지원의 조건 및 양태가 결정된다고 동법은
강조하고 있다.

셋째, 인증제도(agrément)를 명시하고 있다. 경제활동 참여구조에 속
하는 11개의 조직 유형들 중 동법의 인증 적용 대상이 되는 조직 유형
은 중개단체(AI), 통합기업(EI), 임시노동통합기업(ETTI), 통합작업장
(ACI) 등 전부 4개이며, 나머지 7개 조직 유형은 인증 대상은 아니지만
사회적 기업에 부응하는 활동을 수행할 수 있도록 하고 있다. 일반적인
인증 절차를 간략하게 소개하면, 지방정부에 사회 프로젝트를 제출해
야 한다. 이에는 해당 조직의 사회적 기여의 구체적 분야 및 목표, 충원
계획, 재원확보방식, 기업운영방식 등 운영에 필요한 사항이 명시되어

년~1997년, 1998년 이후의 세 시기로 구분한다. 특히 제2시기를 최초의 공적 지
원이 시작된 시기로 보고 있다.

9) Loi No. 98-657 du juillet 1998 d'orientation relative à la lutte contre les
exclusions. *Journal officiel. Lois et décrets.* Le 31 juillet 1998.

야 한다. 일반적으로 특정 프로젝트에 대한 인증 기간은 2년이며 갱신 가능하다.

넷째, 인증과 관련된 프랑스 특징 중의 하나는 지자체의 주도에 의해서 이루어지고 있다는 점이다. DDTEEP(도의 노동, 고용 및 직업 훈련국), CDIAE(도 경제활동 통합 위원회), DDASS(도 산하 위생 및 사회국) 등이 사회적 기업 인증과 관련된 서류 접수, 인증 여부 결정, 지원액의 결정 등 핵심 사안을 맡고 있다 (Minist re de l'emploi et de la solidarité, 2000; Dares, 2011). 다시 말하면 사회적 기업의 인증과 관련하여 강력한 지방화(지역화)의 성격을 띠고 있는 것이다.

다섯째, 동법은 경제활동 통합구조가 실업문제 해결에 기여하도록 하기 위한 조치 중의 하나로서 고용 지원 센터[10]와의 예비 협약을 강조하고 있다. 구체적으로 경제통합구조에 취업하길 원하는 사회적 취약계층('통합근로자'라 칭함)은 사전에 고용 지원 센터의 사전 승인을 받아야 한다. 이는 고용 지원 센터가 실업자(the unemployed)뿐만 아니라 사회부조 수급자 등 노동 시장 취약 집단까지 그 관리 대상이 확대되었다는 것을 의미한다. 그리고 이는 일자리 창출에 대한 국가 지원을 의미하기도 한다. 구체적으로 통합 근로자의 채용 시 경제활동 통합구조는 기본적인 운영비 지원뿐만 아니라 근로 계약의 성격에 부응하는 국가 지원(예: 임금보조)의 혜택을 받는다.

이와 같이 초기에 민간의 주도로 설립, 운영되었던 경제활동 통합구조는 1998년의 빈곤 및 사회적 배제 극복법을 통해 국가 정책의 파트너로 규정되면서 인증 및 국가의 재정 지원을 받는 조직이 되었다.

---

10) 당시는 ANPE. 현재는 Pôle Emploi로 개칭.

2) 경제활동 통합구조의 유형 및 사회적 기업 성격

(1) 경제활동 통합구조의 유형

현재 프랑스에서 운영 중인 경제활동 통합구조는 5,300여 개이며 근로자 수는 253,000명으로 이는 프랑스 전체 고용의 1.3%에 달한다 (2006년 기준). 그리고 전부 11개의 유형으로 구성되어 있는데,[11] 이 중

〈표 4-4〉 프랑스의 인증 경제활동 통합구조의 유형 및 특징

	ACI (통합 작업장)	AI (중개단체)	EI (통합기업)	ETTI (임시노동통합 기업)
법적조직형태	시행령에 준함	시민단체	단체, 시장 영역의 기업(주식회사, 유한책임회사, 유한책임개인회사…)	임시노동통합기업(법령에 준함)
주 적용 대상	26세 미만 노동시장취약 청년집단, 사회적미니멈수급자, 장기구직자, 사회부조수급자	26세 미만 노동시장취약청년집단, RMI수급자, 장기구직자, 등록장애근로자	26세 미만 노동시장취약청년집단, RMI수급자, 장기구직자, 사회부조수급자	좌동
활동영역	비경쟁 혹은 혼합영역*	경쟁영역	경쟁영역	경쟁영역
개입양식	사회적 유용성 활동 증진(지역주민의 미충족 욕구 부응)	개인, 단체, 지자체, 기업 등에 취업 알선 (기간제)	제품 및 서비스 생산(시장 판매)	연계 기업에 취업(단기 업무)
임무	동행, 기술 능력 제고, 훈련(재적응 과정, 개별화)	채용, 개별화된 취업 경로 입안, 사회부조담당기관 접촉, 안정된 직업 재통합 도움, 구인 정보 획득	적용대상자의 욕구에 부응하는 생산 활동 제공을 통한 통합(노동리듬재발견, 훈련, 사회동행…)	사회 재통합, 이후 직업재통합

11) 이에 대한 국내 연구로는 박찬용, 2012를 참조.

근로 계약	국가 재정 지원하의 보조 계약(CAV, CAE, CIE, CI-RMA) 혹은 인턴 최저 6개월(주당 20시간 이상)	무기(파트타임), 기간제. 기업 채용은 1년 중 240시간 초과 못함, 시민단체 채용은 제한 없음	고용지원센터의 사전 승인 필요. 기간제 (최대 24개월, 갱신 가능). 최저임금 수준의 급여	24개월(갱신가능), 시간당 최저임금 이상의 급여
국가 지원	- 보조 계약 근로자의 임금 국가 부담 - 보조 계약 경우 특정 사용주 분담금 면제 - 동행 조정 지원 (3개 작업장당 연간 최대 45,000유로)	- 사회보장 사용주 분담금, 부가가치세, 회사세, 직업세 면제(근로자 1인당 1년 기준 750시간 한도) - 동행 서비스 지원(기관당 년 최대 30,000유로, 2005년 7월부터 적용)	- 등록 구직자에 한해 사회보장 사용주 분담금 경감(2005년 7월부터 적용) - 사회통합 일자리 창출 지원(전일제 기준 9,681유로) - FSE와 공동 지원(50%까지)	- 등록 구직자에 한해 사회보장 사용주 분담금 경감(2005년 7월부터 적용) - 일자리 동행 지원(전일제 12명당 51,000유로)
통합구조 수 (개)*	1,460	782	989	225
통합근로자 수 (명)*	30,450	129,467	13,130	25,425

* 사회적 유용성 활동과 제품 및 서비스 생산 판매 겸용을 의미함
자료: Dares, 2011의 내용을 재정리

본 글에서는 관련법에 의해 인증 적용 대상인 4가지 유형의 특징을 개관하면 〈표 4-4〉와 같다.

〈표 4-4〉의 내용을 바탕으로 경제활동 통합구조의 대표적인 4가지 유형 조직의 특징을 개관하면 다음과 같다. 먼저 차이점과 관련하여, 각 유형의 운영 목표 및 구체적인 운영 내용에서 일정 부분 차이가 있음이 발견된다. 예컨대, ACI는 한국의 자활공동체와 유사한 성격의 조직이다. 1960년대에 등장한 CAVA(경제활동적응센터)에서 비롯된 이 조직 유형은 취업대상 중에 저학력, 무자격증 소지자가 많으며 취업 후 활동 역시 지역주민의 미충족 욕구 부응 차원에서 사회적 유용성 제고에 그 목표를 두고 있다. 또한 취업 중 기술 능력 제고에 역점을 두고 있다. 이의 대조적인 조직은 EI라고 할 수 있다. 이 조직은 시장 경제에

노출되어 있는 상태에서 재화 혹은 서비스 생산에 역점을 두고 있다. 이들의 법적 조직 형태의 대부분은 시장 영역의 기업으로 등록되어 있다. 한편, AI는 통합 근로자의 직업 훈련 후 취업 알선의 역할을 담당하고 있다. ETTI 역시 비슷한 역할을 수행하고 있으나 AI와 다른 점은 파견 근로의 형태를 띠고 있다는 점이다. 둘째, 각 조직의 활동 영역이 다르다. ACI는 주로 경쟁력과 무관한 비경쟁 혹은 혼합 영역에서 활동하고 있는 반면, 나머지 3개 조직 유형은 경쟁 영역에 노출되어 있다. 3개 영역 중 가장 노출 정도가 심한 조직은 EI라 할 수 있다. 셋째, 규모 면에서 보면, 수가 가장 많은 조직 유형은 ACI이며, 다음으로 EI, AI, ETTI의 순이다. 한편, 국가의 임금 보조하에 취업 중인 근로자 즉 통합근로자 수가 가장 많은 조직 유형은 AI로서 경제활동 통합 구조에 취업 중인 근로자의 절반 이상을 차지하고 있다. 다음으로는 ACI, ETTI가 그 뒤를 잇고 있으며 EI에 취업 중인 통합근로자는 13,000여 명으로 가장 적다.

이상의 차이점에도 불구하고 4가지 조직 유형이 공통점도 있음이 확인된다. 첫째, 이들 조직은 주로 노동 시장 취약 집단을 채용 대상으로 하고 있다. 청년집단, 사회적 미니멈 수급자, 장기 실업자 그리고 사회 부조 수급자 등 일반 노동 시장에 당장 취업하기 어려운 사람 등이 채용 대상이며 이들은 채용 후 조직 유형에 따라 공공사업부터 제품 및 서비스 생산, 그리고 직업 훈련 등 다양한 취업 활동을 수행하고 있다. 이는 경제활동 통합 구조가 빈곤 및 사회적 배제 극복 정책의 주요 파트너로 인정되는 이유이기도 하다. 둘째, 통합 근로자 채용에 대한 보상으로 이들 조직 유형은 예외 없이 임금 보조, 사회보장 분담금 감면 제도, 취업 관련 동행 지원비 등 국가의 재정 지원의 혜택을 받고 있다.[12] 이와 같이 통합 근로자 채용은 의무 사항임과 동시에 이들 조직

---

12) 이런 맥락에서 위의 4가지 조직 유형을 '보조계약 의무고용 경제활동통합구조'라 칭하기도 한다.

의 지속적인 운영을 가능하게 하는 요인이기도 한 것이다. 셋째, 법적 조직 형태는 유형별 다양성에도 불구하고 시민단체 등 사회적 경제 하위 영역의 성격을 띠고 있다. 물론, EI, ETTI와 같이 상법상 회사로 등록되어 있는 조직 유형도 있으나, 이들 역시 경제활동 참여구조로 등록된 이상 일반 기업과는 그 성격이 본질적으로 다르다고 할 수 있다.

(2) 경제활동 통합구조와 Emes의 사회적 기업 범주와의 관련성

위에서 본 것처럼, 경제활동 통합구조는 노동시장 취업 애로 집단의

〈표 4-5〉 경제활동 통합구조의 사회적 기업 성격

측면 (dimensions)	범주(criteria)	ACI	AI	EI	ETTI
경제 · 기업 경영 측면	지속적 생산 활동/ 재화및서비스판매	약함	중간	강함	강함
	자율성 정도	약함	다양함, 대부분 중간	다양함, 대부분 강함	대부분 중간
	경제적 위험 정도	약함	중간	강함	강함
	일정 비율 이상의 통합근로자	강함 (임금보조 제도)	강함 (임금보조 제도)	강함 (임금보조 제도)	강함 (임금보조 제도)
사회적 측면	지역주민의 주도적 참여	약함	중간	중간	중간
	자본소유에 기초하지 않는 의사결정	강함	강함	강함	강함
	제한적 이익배분	강함	강함	강함	강함
	민주적 참여	약함	약함	약함	약함
	지역사회공헌목표	강함	강함	중간	중간

자료: B. Eme and L. Gardin, 2002와 최근의 경향을 바탕으로 필자가 재정리

일자리 창출 및 연계를 목적으로 하고 있다는 점(사회적 목적), 통합 근로자의 훈련, 일자리 연계, 제품 및 서비스의 생산 및 판매 등의 기업활동을 하고 있다는 점(경제 활동)에서 사회적 기업과 유사한 측면이 많다. 이는 사회적 기업의 국제 비교 작업을 수행 중인 Emes의 연구 결과와 일치되는 부분이기도 하다. Emes의 연구 결과와 현재 상황을 고려하여 위의 네 가지 경제활동 통합구조의 사회적 기업의 성격을 정리하면 〈표 4-5〉와 같다.

〈표 4-5〉에서처럼, 프랑스의 경제활동 통합구조는 Emes가 제시하고 있는 사회적 기업의 특성을 공유하고 있다. 비교 관점에서 시장 경제에 노출되어 있는 조직 유형(예: EI)은 경제, 경영적 측면이 강하게 나타난다는 것이다. 그럼에도 불구하고 이들 조직 유형 역시 사회적 측면에서 사회적 기업 성격은 분명히 유지되고 있다는 점에 유의할 필요가 있을 것이다. 한편, 공히 지역주민의 민주적 · 자발적 참여 정도는 약한 것으로 나타나는데, 이는 국가의 임금 보조 제도에 의해 통합 근로자의 채용이 의무적이기 때문이다.

구조기능적 접근방법과 Emes의 사회적 기업 범주의 상호 연계를 통해서 본 결과 프랑스의 경제활동 통합 구조는 사회적 취약 집단의 일자리 제공을 목적으로 하고 있는 노동통합 사회적기업의 대표적 사례임이 확인되었다. 5,300여 개의 경제활동 통합구조의 일자리 창출 효과는 약 260,000여 개이며, 이 중에서도 빈곤 및 사회적 배제 극복의 공식 파트너인 네 가지 조직 유형이 일자리 창출의 선도적인 역할을 수행하고 있다.

III. 공공이익 협동조합 회사: 프랑스 사회적 기업에 대한 법적 접근방법

1. 법적 접근방법과 사회적 기업 법제화의 국제 동향

이미 언급한 바와 같이 법적 접근방법은 사회적 기업의 정체성을 확인하는 데 있어서 해당 국가의 사회적 기업과 직결된 개별법의 유무에 초점을 두고 있다. 즉, 개별법에서 명시하고 있는 요건을 충족하고 동법을 통해서 인정된 조직만이 사회적 기업인 것이다. 따라서 이는 개별법의 존재 유무에 관계없이 기능 및 구조에 초점을 두고 있는 구조 기능적 접근방법과는 일정한 차이가 있는 것이다.[13]

사회적 기업과 관련된 개별법의 제정은 유럽 국가에서 많이 나타나고 있다. 미국과 달리 유럽에서는 1990년대 초부터 사회적 기업의 법제화를 시도하고자 하는 움직임이 시작되었다. 예컨대, 1991년 이탈리아는 유럽에서 최초로 사회적 협동조합법을 제정을 통해 사회적 기업을 법제화했으며, 이외에도 벨기에의 사회적 목적기업에 관한 법(1995년), 프랑스의 공공이익 협동조합 회사법(2001년), 영국의 지역공동체 기업법(2006년) 등이 대표적 사례이다.

사회적 기업의 법제화와 관련하여 OECD는 세 가지 모델을 제시하고 있다.[14] 첫째, 협동조합모델이다. 이는 사회적 기업을 법적으로 특별한 협동조합 회사로 정의하는 경우이다. 이는 협동조합의 전통이 강한 국가에서 나타나는 현상으로 이탈리아, 포르투갈, 프랑스, 폴란드 사례가 이에 속한다. 둘째, 회사 모델이다. 여기서는 사회적 기업을 영리법인에서 파생된 것으로 간주고 있다. 벨기에와 영국이 대표적 사례이다. 셋째, 개방 모델로서 사회적 기업에 관한 별도의 법적 형태가 존재하지 않는 대신 사회적 성과를 중시하는 경우로 핀란드가 이에 속한다(F. Caffagi, P. Iamiceli, 2009: 29-61).

이상에서 본 바와 같이 프랑스 공공이익 협동조합 회사는 프랑스 사회적 기업의 법적 접근방법의 대표적 사례임과 동시에 비교관점에서 볼 때 강한 협동조합의 전통이 반영된 것이다.

2. 공공이익 협동조합 회사의 사회적 기업 특징

1) 등장배경 및 법 제정 과정

공공이익 협동조합 회사(Société Coopérative d'Intérêt Collectif, 이하 Scic라 칭함)에 관한 법이 제정된 것은 2001년 6월이다. 등장 배경 및 관련법의 제정 과정은 다음과 같다.[15]

첫째, 1997년부터 시작된 당시 정부의 노력에 주목할 필요가 있다. 청년 실업 문제 해결을 위한 프로그램들이 1990년대 중반부터 실시되었는데 그중 대표적인 것이 청년고용제도(Emploi-jeunes)이다. 이는 다른 프로그램과 달리 영리와 비영리가 혼재된 경제적, 경영적 역동성을 많이 강조하고 있다. 그리고 이용자, 자원봉사자, 직원 그리고 제3자의 상호 파트너십에 기반을 두고 있다. 이러한 맥락에 부응할 수 있는 법적 기업 형태를 모색하게 되었는데 이의 결과가 바로 Scic인 것이다.

둘째, 유럽 연합 및 프랑스 학계의 영향을 들 수 있다. 1997년에 발간된 유럽 집행 위원회의 한 보고서는 미래의 욕구에 대처하고 유럽통합에 대한 기여를 극대화할 수 있는 새로운 형태의 제3섹터 조직 개발의

---

15) 이는 공공이익 협동조합 회사 페이지와 G. Lindsay and L. Hems, 2004의 내용에 근거한 것임.

필요성을 강조했다. 이어서 발표된 다이제스투스 프로젝트(Digestus Project, 1998)은 사회적 기업을 촉진할 수 있는 법적 틀을 제시하면서 이탈리아 모델에 관심을 촉구하기도 했다. 사회적 기업에 대한 유럽 연합의 관심은 회원국에게 많은 영향을 끼치게 되었는데 프랑스 또한 예외가 아니었다. 이의 대표적인 실례가 알렝 리피에츠(Alain Lipietz, 1999)의 연구 보고서이다. 이 보고서의 핵심 주제는 사회적 기업에 대해서 전통적인 사회적 경제 조직과 유사한 안정된 법적 틀을 어떻게 보장하며 무엇이 프랑스 사회적 기업의 특성이 되어야 하는가에 관한 것이다. 후자와 관련하여 동 보고서는 사회적 혜택이라는 조직의 목표, 일정 정도 이윤 획득을 위한 경제활동 인정, 민주적 운영 등 3가지 원칙을 제시하고 있다.

셋째, 경제활동 제약이라는 전통적인 사회적 경제 조직의 한계에 대한 비판에서 새로운 형태의 사회적 경제 조직에 대한 논의가 시작되었음에도 불구하고 전통과의 완전한 단절을 의미하는 것은 아닌 방향으로 논의가 진행되었다. 협동조합, 공제조합, 단체 중 어느 조직 형태가 새로운 형태의 사회적 경제 조직의 근원이 되어야 하는가에 대해서 논의가 진행된 결과 협동조합에서 그 답을 찾았다. 이는 여타 조직 형태보다는 협동조합이 새로운 사회적 경제 조직에 요구되는 성격 즉 경제활동(제품 및 서비스의 생산 및 판매) 성격에 상대적으로 더 많이 부합되기 때문이다.[16] 뿐만 아니라 협동조합은 내재적으로 시장 기반적 조직이 사회적 경제 조직으로 전환할 수 있는 통로가 될 수 있으며, 복합적 이해 당사자의 참여를 가능하게 할 수 있다는 점도 고려되었다.

넷째, 새로운 형태의 사회적 경제 조직의 실체에 대한 구체적인 논의는 주로 협동조합 대표 단체, 특히 생산자 협동조합 대표 단체에서 이루어졌다. 1997년 11월부터 생산자 협동조합 대표 단체인 Le

---

16) 단체도 논의의 대상이기는 했으나 이는 단체 정신의 근본적인 훼손을 가져올 것이라는 단체대표의 반대에 부딪쳐 무산되었음.

Mouvement Scop는 프랑스 맥락과 이탈리아 사회협동조합의 비교, 기존의 협동조합 관련법 중 개정 대상이 되는 법조문의 검토, 유럽 연합 및 외국 사례 검토 등의 작업을 통해 새로운 형태의 사회적 경제 조직의 명칭 및 조직 특성에 관한 확인을 시도했다. 활동 결과는 결국 협동조합 전국연합단체(Coop FR)에서 검토되었으며, 이러한 과정을 거쳐 1999년 11월 정부 관련 부처인 DGEFP와 협약 체결을 통해 프랑스의 법적 사회적 기업인 Scic가 탄생된 것이다.

다섯째, 공공이익 협동조합 회사 관련법의 특징 중의 하나는 동 법이 공공이익 협동조합 회사만을 다루는 법은 아니라는 점이다. '사회, 교육, 문화 측면의 다양한 조치에 관한 법'이라는 법명칭에서처럼, 공공 이익 협동조합 회사는 다양한 조치의 하나로 일부 조항에 언급되고 있다(제36조).[17] 이는 프랑스 사회적 기업에 관한 법이 엄밀한 의미에서는 독립법이 아니라는 점을 의미한다. 그리고 공공 이익 협동조합에 관한 조항을 살펴보면 이 조직의 기원은 협동조합임을 강조하고 있다. 왜냐하면 1947년에 제정된 협동조합에 관한 법의 개정[18]을 통해서 공공이익 협동조합 회사의 존재를 인정하고 있기 때문이다. 다시 말하면 공공이익 협동조합 회사는 협동조합의 제도적 위상이 명시되어 있는 1947년 관련법의 범주 내에서 탄생된 사회적 목적을 위한 회사인 것이다.

2) 공공이익 협동조합 회사의 특징

본 글에서는 다음과 같이 네 가지로 나누어 공공이익 협동조합 회사의 특징을 살펴보기로 한다.[19]

---

17) Loi no. 2001-624 du 17 juillet 2001 portant diverses dispositions d'ordre social, éducatif et culturel.
18) 협동조합에 관한 법 제19조 수정 보완한 것임.
19) 이 부분은 관련법과 해설서(AVISE, 2004와 2005)의 내용에 바탕을 두고 있음.

(1) 법적 정의 및 조직 형태

관련법 제36조에 의하면 Scic는 상법상의 적용을 받는 주식회사 혹은 유한책임회사의 성격을 띤 협동조합 회사이다. 그리고 이 회사는 사회적 유용성을 가진 공익 서비스나 재화의 생산 및 제공을 목적으로 하고 있다. 이 조항은 두 가지 중요한 의미를 내포하고 있는 바 첫째, 기업 성격을 많이 강조하고 있다. 즉 단순한 협동조합이 아니라 주식회사 혹은 유한책임회사로서 일반 기업과 유사한 제품 및 서비스의 생산 및 전달이 Scic 활동의 핵심이 되어야 한다는 점이다. 이는 전통적인 사회적 경제조직과 분명한 차이를 보이는 점이다. 둘째, 협동조합 회사의 사회적 성격을 동시에 강조하고 있다. 먼저 동 법에 규정되어 있는 공익은 단순한 특정 회원 혹은 협동조합의 이익을 초월하여 회사 활동이 시민사회, 대중의 욕구 충족에 있어야 함을 의미한다. 구체적으로 전통적인 협동조합은 20%까지만 비회원에게 혜택 제공이 가능했으나 공공이익 협동조합 회사는 이에 대한 제한이 없다. 한편, 동법에 규정되어 있는 사회적 유용성은 활동 그 자체뿐만 아니라 활동 추구 방식까지 포함한 개념이다. 이를 위해서는 활동의 민주주의적 측면, 참여자 활용 능력, 비영리 추구 관리 능력까지도 고려되어야 함을 의미한다.

(2) 민주주의적 운영의 혁신성

기존의 사회적 경제, 특히 협동조합 역시 민주주의적 운영 원칙을 존중해 왔음은 주지의 사실이다. 그럼에도 불구하고 공공이익 협동조합 회사는 다음과 같은 점에서 혁신적인 성격(novelty)을 보여주고 있다.

첫째, 복수의 이해 당사자(multi-stakeholder)의 참여를 의무화하고 있다. 민주적 의사결정 원칙 존중에도 불구하고 기존의 협동조합은 성격별로 이해당사자의 참여가 제한적, 동질적인 한계를 보이고 있다. 예컨대, 소비자 협동조합은 소비와 관련된 이해당사자의 참여만 가능했다. 하지만 Scic는 다양한 이해관계를 지닌 사람들의 참여를 법적으로 의무화하고 있다. 이와 관련된 법적 개념이 바로 동업자(associé) 및 동업자 범주(catégories d'associés)이다. 출자 등의 방식을 통해 공공이익 협동조합 회사의 운영에 참여하는 사람들은 모두 동업자이다. 그런데 여기서 중요한 것은 Scic에는 공동의 이해관계가 있는 동업자들로 구성된 동업자 범주가 적어도 3가지 이상은 있어야 하며, 이 중 직원 동업자 범주와 이용자 동업자 범주는 필수적임을 강조하고 있다는 점이다.[20] 이는 적어도 법적으로는 기존의 협동조합에 비해 보다 광범위한 민주주의적 운영 성격을 담보하고 있음을 의미한다.[21]

둘째, 투표권 행사 방식의 혁신성이다. 기존의 협동조합 역시 출자금의 정도에 관계 없이 1인 1투표권을 지향하면서 민주주의 원칙 구현에 많은 관심을 가지고 있는 것은 사실이다. 한편, Scic는 순수한 의미의 1인 1투표제 대신 집단별 배분 원칙을 동시에 지향하고 있다. 이와 관련된 법적 용어가 바로 동업조합(collége)이다. 구체적으로 동업자들은 최소 3인, 최대 10인의 구성을 통해 동업조합을 결성할 수 있다. 동업조합은 총회가 열리기 전에 의사결정을 위한 사전 회의를 열게 되며 여기서 각 동업자는 1인 1표제의 방식으로 자신의 투표권을 행사한다. 한편, 총회에서의 의사 결정은 동업조합 사전 회의를 통해선 나타난 동업자 개개인의 투표와 동업조합 투표의 동시적 고려를 통해서 이루어진다. 동업 조합별 투표권비율은 해당 동업조합에 소속되어 있는 동업자의 수에 비례하는데, 유의할 점은 상한선과 하한선이 있음을 관련법은 분명하게 명시하고 있다는 점이다.

즉, 특정 동업조합은 총회 전체 투표권 비율의 50% 이상 혹은 10% 이하를 가질 수 없다. 이는 소속 동업자 수의 차이에 의한 투표권 비율의 쏠림 현상을 예방하자는 의도이다. 총회 의사결정의 마지막 변수는 의사결정 방식(즉, 절대다수 혹은 비례방식)에 따라 동업조합의 인정

---

20) 이외, 동법은 자원봉사자 범주, 지자체 범주, 기타 협동조합 회사에 기여하는 자연인 혹은 법인 범주 등을 예시하고 있다.
21) 모든 참여자가 동업자 범주에 포함되어야 할 의무는 없음. 대신 한 동업자 범주에 포함되어 있는 경우 다른 범주에는 동시에 들어갈 수 없음.

투표권 비율이 다르게 산정된다는 점이다. 구체적 사례는 다음과 같다.

※ 프랑스 공공이익 협동조합 회사의 의결권 배분사례

동업조합 A: 10명의 동업자로 구성
동업조합 A의 총회투표권: 25% (이는 소속 동업자의 수에 따라 결정)
동업조합 A의 결정: 특정 안건에 대해서 8명 찬성 / 2명 반대
총회의결방식이 절대 다수인 경우: 동업조합 A의 총회 투표권은 25%
총회의결방식이 비례방식인 경우: 동업조합 A의 총회 투표권은 찬성은 20%/ 반대는 5%

자료: AVISE, 2004: 15

Scic의 의사 결정 운영 방식에 대한 평가는 양가적이다. 비판적 견해의 핵심은 이러한 방식이 본질적으로는 민주주의가 아니라는 점이다. 출자 규모에 관계없이 1인 1투표권이 민주주의의 핵심임을 고려할 때 이는 기존의 협동조합에 비해 민주주의의 후퇴를 가져오고 있다는 점을 강조하고 있는 것이다(G. Lindsay, L. Hems, 2004: 280). 그럼에도 불구하고 상한선 규제를 통해서 지배적 이해 당사자의 지나친 권력 남용을 예방할 수 있다는 점에서 이해 갈등 해결의 중요한 기제가 될 수 있다는 점에 주목할 필요가 있을 것이다. 뿐만 아니라 하한선 규제는 동업자 수가 극소수인 동업조합의 이해관계의 보호라는 측면에서 순기능을 발휘할 수 있을 것이다. Scic 의사결정방식에 대한 이러한 양가적인 평가의 엄밀성은 실천 현장 확인을 통해서 가능하다. 분명한 점은 이러한 방식은 기존의 협동조합에서는 찾아볼 수 없는 내용이라는 점에서 매우 혁신적이라는 것이라는 것이다.

(3) 공공 기관의 재정 참여 허용 및 제한적 이윤 배분

공공이익 협동조합 회사의 출자 하한선은 유한 회사인 경우는 없는 반면 주식회사는 하한선이 있다(18,500유로). 재원 확보에서 기존의 협동조합과 차이가 있는 점 중의 하나는 공공기관, 실질적으로 지방 정부의 참여를 허용하고 있다는 점이다. 이는 몇몇 예외적 경우를 제외하곤

〈표 4-6〉 공공이익 협동조합 회사에 대한 공공기관의 지원 유형

유형	우선 구매	보조금	공공서비스 위탁
비율	63	34	3

자료: Les Scic en chiffres 2011

공공이익 협동조사 회사가 지차제가 동업자로 참여할 수 있는 유일한 상법상의 회사임을 의미한다. 즉, 지자체가 출자하는 상법상의 회사 이것이 바로 공공이익 협동조사 회사인 것이다.[22] 재정 참여이외 방식으로 지자체는 공공이익 협동조합 회사에 여러 가지 지원이 이루어지고 있다. 지역개발촉진 차원에서 이루어지는 운영 부담비 지원(3년간 최대 100,000유로), 훈련비 지원(소요예산의 최대 70%)이 바로 그것이다. 뿐만 아니라 공공 기관은 〈표 4-6〉에서처럼 공공이익 협동조합 회사에서 생산되는 재화의 우선구매를 통해서 활동을 지원하고 있다.

통계에 따르면 공공기관의 우선구매를 통해서 형성되는 매출액은 전체 매출액의 20%를 차지할 정도로 지대하다. 이와 같이 공공이익 협동조합 회사에 대한 지방정부의 직·간접적 지원은 지속가능성의 매우 중요한 요소로 간주되고 있다.

한편, 상법상의 회사로서 공공이익 협동조합 회사가 영리배분적 성격을 지니고 있음은 사실이다. 하지만 그 성격이 매우 제한적임에 주목할 필요가 있다. 구체적으로 이윤의 과반은 반드시 재투자를 위해 적립되어야 하며 이윤 배분의 상한선 또한 명시되어 있다. 구체적으로 관련법은 이윤의 57.5%는 반드시 재투자를 위해 적립하도록 명시하고 있다. 한편, 예비비 적립 후 남아 있는 부분에 대해서는 이윤 배분 가능하나 그 비율이 평균 보수 인상률(TMO)을 상회할 수 없도록 규정하고 있

---

22) 지자체가 참여할 수 있는 상한선은 일반적으로 전체 자본의 20%이며, 고용 규모가 50인 이상이면 7.5%까지 가능.

다. 이윤의 3분의 2 이상을 재투자에 사용하도록 규정되어 있는 한국보
다는 그 비율이 낮으나 기본적으로 영리 배분보다는 재투자를 중요시
하는 것이 공동이익 협동조합 회사의 운영원칙인 것이다.

(4) 조세감면 및 인증제도의 변화
본래 공공이익 협동조합 회사에 대한 특별한 조세 감면 혜택은 없었

〈표 4-7〉 협동조합과 공공이익 협동조합 회사의 비교

구분	협동조합	공공이익 협동조합 회사	비교
근거법	협동조합에 관한 법 (1947)	사회, 교육, 문화 측면의 다양한 조치에 관한 법 (2001, 제36조)	공통점: 제품 및 서비스 생산 판매, 보건의료 차이점: 지역개발 등 전체 사회 이익 강조
활동	• 제품 및 서비스 생산 판매 • 금융, 보건의료	• 제품 및 서비스 생산 판매 • 지역개발, 문화, 보건의료	공통점: 제품 및 서비스 생산 판매, 보건의료 차이점: 지역개발 등 전체 사회 이익 강조
참여자의 성격	제한적 · 동질적	• 복수의 이해당사자, 이질적 • 동업자 (법적용어)	공통점: 개방적 · 자발적 참여 차이점: 참여자의 광범위성
의사결정 방식	1인 1투표군	• 1인 1투표 + 집단별 투표비율	공통점: 민주주의 원칙 존중 차이점: 동업조합의 기능
재원충당방식	조합원의 출자금	• 동업자의 출자금 • 공공기관 출자	공공기관 출자 가능
공공기관의 지원		• 우선 구매 • 운영부담비, 훈련비 지원	공공기관의 지원 역할의 중요
인증제도		• 2011년까지 지속, 이후 폐지	

다. 상법상 회사로서 일반기업과 마찬가지로 기업세, 소득세, 부가가치
세 적용대상이었던 것이다. 하지만 2007년 이후 약간의 변화가 생겼는
데 예비비로 적립되는 이윤에 대해서는 기업세 면제가 바로 그것이다.

한편, 등장 후 약 10년간 인증제도가 존속되었으나 2012년 3월부터
인증제도는 폐지되었다. 기존 인증 제도의 내용을 소개하면, 인증 신청
기관은 본사 소재 도청이며 인증 유효 기간은 5년이다. 그리고 인증 기
간 중 도지사는 언제든지 협정 내용의 이행 여부의 확인이 가능하며 불
이행 판단 시 인증을 취소할 수 있는 권한이 있었다.

지금까지의 내용을 바탕으로 협동조합과의 비교 관점에서 공공이익
협동조합 회사를 특징을 필자 나름대로 정리하면 다음과 같다.

3) 공공이익 협동조합 회사 현황

먼저, 2010년을 기준으로 활동 중인 프랑스 공공이익 협동조합 회사
는 전부 190개이다. 이 중 59%는 신설된 것이다. 기존 조직에서 41%,

〈표 4-8〉 공공이익 협동조합 회사의 인증 및 활동 추이

연도	2002	2003	2004	2005	2006	2007	2008	2009	2010
인증	9	22	28	28	23	24	27	35	27
활동	9	31	55	80	98	112	133	164	190

자료: Les Scic en chiffres 2011

〈표 4-9〉 고용규모별 현황*

연도	2인 미만	2~10인	10인 이상
2007	21	62	17
2010	24	53	23

* 전일제 근로 환산 기준
자료: Les Scic en chiffres 2011

그중 31%는 단체에서 공공이익 협동조합 회사로 전환된 경우이며 10%는 회사이다. 이는 영리 영역보다 전통적인 사회적 경제 조직 중에서 공공이익 협동조합 회사로 전환된 경우가 더 많다는 것을 의미한다. 〈표 4-8〉은 연도별 인증 현황 및 활동 회사 추이를 나타낸 것이다.

한편, 공공이익 협동조합 회사의 활동 영역을 살펴보면 신설된 조직을 기준으로 할 때 환경 분야가 29%로 가장 높고, 농업(18%), 지역개발(17%), 문화(13%), 근린 서비스(8%)의 순이다. 이는 사회적 유용성이 요구되는 분야에 활동이 활발하다는 것을 의미한다.

공공이익 협동조합의 고용규모별 현황은 〈표 4-9〉에서처럼 소규모로 운영되고 있다. 유급 근로자 2인 이상 10인 미만이 53%(2010년 기준)로 절반 이상을 차지하고 있으며, 2인 미만 고용 조직도 24%를 차지한다. 최대 고용은 304명이며, 평균 고용 인원은 13.6명으로 집계되었다(2010년 기준). 한편, 이들의 고용 형태 중 가장 높은 비율은 무기 계약으로 67%이다. 한편 임금보조계약제도에 의해서 채용되는 통합근로자의 비율은 전체 고용의 33%를 차지하고 있다.

마지막으로 한국의 사회적 기업을 고려할 때 가장 많은 관심이 있는 부분이 지속가능성에 관한 것이다. 2011년까지 프랑스의 인증 유효 기간은 5년이다. 자료의 한계상 설립연도를 확인할 수는 없으나 다음의 〈표 4-10〉은 공공이익 협동조합 회사의 지속 가능성을 가늠할 수 있는 모습을 보여주고 있다.

〈표 4-10〉에 따르면 공공이익 협동조합 회사의 29%는 설립된 지 5년 이상으로 나타난다. 한편, 공공이익 협동조합 회사의 평균 활동 기간은

〈표 4-10〉 공공이익 협동조합 회사의 운영 기간(영속성)

운영기간	2년 미만	2년~5년	5년 이상
비율(%)	34	37	29

자료: Les Scic en chiffres 2011 (www.les-scic.coop)

3.4년이다. 이는 기존의 인증 유효 기간이 지난 후에도 활동하고 있는
사회적 기업이 상당수 있음에도·불구하고 한국과 마찬가지로 프랑스
에서도 지속가능성 부분은 해결이 필요한 문제임을 의미한다.

프랑스 공공이익 협동조합 회사의 현황을 살펴볼 때, 도입된 지 10
년이 지났음에도 불구하고 활성화되었다는 판단은 무리인 것 같다. 활
동하고 있는 회사의 수, 고용 규모의 영세성, 운영 기간 등을 고려할 때
한국의 사회적 기업과 유사한 문제를 안고 있는 것으로 보인다. 그럼에
도 불구하고 조합원 용어 대신 동업자 용어의 사용을 통한 참여자의 성
격 확대, 최소 동업자 범주 수의 규정, 새로운 의사결정방식 제도의 도
입 그리고 활동 분야에 대한 고려는 프랑스 공공이익 협동조합 회사가
단순히 프랑스의 법적 사회적 기업으로서뿐만 아니라 사회적 경제영
역의 성격을 부각시키는 데 큰 역할을 하고 있다는 점을 분명하게 보여
주고 있다.

IV. 사회적 기업과 사회적 경제

지금까지 본 글은 프랑스 사회적 기업의 정체성 확인이라는 목적하
에 구조기능적 접근방법과 법적 접근방법을 통해 이의 영역 및 구체적
인 모습을 살펴보았다. 사회적 기업과 관련된 두 가지 접근방법은 본
연구자의 생각일 뿐 이의 세련화를 위해 좀 더 심도 깊은 논의가 필요
할 것이다. 본 연구를 통해 다음과 같은 점이 확인되었다.

첫째, 구조기능적 접근방법을 통한 프랑스 사회적 기업의 대표적인
사례로서 경제활동 통합구조가 있음을 발견할 수 있다. 사회적 취약집
단의 일자리 창출을 목적으로 하는 노동통합 사회적 기업으로서 경제
활동 통합구조는 1990년대 말부터 빈곤 및 사회적 배제 극복 정책의 파

트너로 자리 잡았다. 다양한 유형의 통합 구조(조직), 인증 제도, 국가 임금 보조 제도를 통한 통합 근로자 채용, 집행과 관련된 지방정부의 강력한 역할 등이 경제활동 참여구조의 특징이다. 약 5,300여 개의 경제활동 참여구조를 통해서 260,000여 개의 일자리 창출 효과가 있었던 것으로 판단된다.

둘째, 프랑스 사회적 기업에 대한 법적 접근방법은 공공이익 협동조합 회사(Scic)에 대한 관심으로 귀결된다. 프랑스의 대표적인 사회적 기업인 공공이익 협동조합 회사가 등장한 것은 2001년으로 약 10년이 지났다. 국제 비교 관점에서 협동조합의 전통이 반영된 Scic는 프랑스 전역에 약 200개 정도 운영되고 있다. 평균 13명의 고용 규모로 일자리 창출 효과가 그렇게 크지 않은 것 또한 사실이다. 그럼에도 불구하고 공공이익 협동조합 회사는 프랑스의 새로운 사회적 경제 조직으로 사회적 유용성과 기업정신의 결합, 새로운 민주주의 운영 방식의 도입이라는 점에서 사회적 기업의 국제 비교의 프랑스 사례로서 관심을 모으고 있다.

셋째, 구조·기능적 접근방법과 법적 접근방법을 통해서 그 정체성이 확인된 프랑스 사회적 기업이 사회적 경제에 미치는 영향에 대해서 필자 나름대로 정리하면 다음과 같다. 기존의 사회적 경제가 주로 단체, 공제조합, 협동조합 그리고 재단으로 이루어졌다면 사회적 기업은 이에 대한 중요한 변화가 있음을 보여주고 있다. 물론 사회적 기업의 수나 고용규모를 고려한다면 그 영향은 미미할 수도 있다. 하지만 사회적 기업의 양대 속성(사회적 유용성과 기업·경영적 속성) 결합은 전통적인 사회적 경제 개념으로서는 설명될 수가 없다. 여기서 제기되는 질문은 사회적 기업의 등장이 사회적 경제의 정체성 약화 더 나아가서 해체를 가져오는 요인인지, 아니면 사회적 경제에 대한 재해석을 통한 외연확장의 기폭제가 될 수 있는지에 관한 것이다. 이에 대한 필자의 잠정적인 답은 후자에 속한다. 왜냐하면 기업·경영적 속성의 강조에도 불구하고 사회적 경제의 전통적 가치 즉 민주주의적 의사결정, 제한적 이윤 배분, 독립성과 자율성에 대한 고수 의지가 사회적 기업에 내재되어 있기 때문이다. 더 나아가서 전통적인 사회적 경제에서는 상대적으로 약했던 개념, 즉 사회적 유용성과 공익을 강조하고 있는 점을 고려한다면 사회적 기업은 사회적 경제 개념에 대한 재해석의 필요성을 보여줌과 동시에 외연 확장의 토대로 작용하고 있다. 단, 이는 어디까지나 사회적 기업이 본래의 속성을 그대로 유지하고 있을 때에 한한다.

참고 문헌

노대명. 2007. 한국 사회적경제(Social Economy)의 현황과 과제-사회적경제의 정착과정을 중심으로.『시민사회와 NGO』 5(2): 35-71.

박찬용. 2012. 프랑스 자활제도의 최근동향과 정책적 함의.『한국사회정책』 19(1): 233-272.

심창학. 2007. 사회적 기업의 개념 정의 및 범위 설정에 관한 연구: 유럽의 사회적 기업을 중심으로.『사회보장연구』 23(2): 61-85.

AVISE. 2004. *Les SCIC, Aspects Juridiques, Organisationnels et Financiers.* Paris: AVISE.

AVISE. 2005. *Les SCIC en 40 Questions.* Paris: AVISE.

Borzaga, C., J. Defourny. (ed.). 2001. *The Emergence of Social Enterprise.* London: Routledge.

_____. 2001. Conclusion: social enterprise in Europe: a diversity of initiatives and prospects. In C. Borzaga and J. Defourny (ed.). *The Emergence of Social Enterprise,* 350-378. London: Routledge.

Borzaga, C., and A. Santuari. 2003. Nouvelle tendances du secteur à but non lucratif en Europe: l'emergence de l'entreprise sociale. In OECD. *Le secteur à but non lucratif dans une économie en mutation,* 35-66. Paris: OECD.

Brégion, Ph. 2008. *A quoi servent les professionnels de l'insertion?* Paris: Harmattan.

Cafaggi, F., P. Iamiceli. 2009. New Frontiers in the Legal Structure and Legislation of Social Enterprises in Europe: A Comparative Analysis. In Noya, A. *The changing Boundaries of Social Enterprises,* 25-87. Paris: OECD.

Dares. 2011. L'insertion par l'activit économique en 2008. *Daes Analyses* 019: 1-11.

Davister, C. et al. 2004. Work Integration social enterprises in the European Union: an overview of existing models. *WP No. 04/04.* Perse project. EMES network: 1-29.

Defourny, J. 2001. Introduction: from third sector to social enterprise. INC. C. Borzaga. J. Defourny (ed.). *The Emergence of Social Enterprise*, 1-28. London: Routledge.

_____. 2004. Social enterprise in an enlarged Europe: concept and realities. *Second conference on social economy in the central and eastern european country('Social entrepreneurship & Economic efficiency')*, 1-21. Krakow, 27-28 oct. 2004: 1-21(http://www.emes.net/fileadmin/emes/PDF_files/Articles/Defourny/Defourny.Soc.ent.CEE.3.06.pdf).

Defourny, J., and M. Nyssens. 2006. Defining social enterprise. IN M. Nyssens (ed.). *Social Enterprise: at the crossroads of market, public policies and civil society*, 1-26. London: Routledge.

Demoustier, D. 1998. Des structures diversifiées à la croisée des chemins. IN J. Defourny et al.(dir.). *Insertion et nouvelle économie sociale, Un bilan international*, 41-72. Paris: Desclée de Brouwer.

Eme, B., and L. Gardin. 2002. National profiles of work-integration social enterprises: France. *WP. No. 02/07. Elexies project*, EMES network: 1-39.

Evers, A., and J.-L. Laville. 2004. Defining the third sector in Europe. IN A. Evers and J.-L. Laville (ed.). *The Third Sector in Europe*, 11-44. Cheltenham: Edward Elgar.

Jeantet. Th. 2006. *Economie sociale: la solidarité au défi de l'efficacité.* Paris: La documentation française.

Les Scic. 2011. *Les Scic en chiffes*(http://www.scic.coop/).

Lipeitz, A. 1999. *L'opportunité d'un nouveau type de société à vocation sociale.* Paris: La documentation fran aise.

Lindsay, G., and L. Hems. 2004. Sociétés Coopératives d'Intérêt Collectif: The Arrival of Social Enterprise within the French Social Economy. *Voluntas: International Journal of Voluntary and Nonprofit Organizations* 15(3): 265-286.

Ministére de l'emploi et de la solidarité. 2000. *L'insertion par l'activité économique*. Paris: La documentation fran aise.

Noya, A. 2009. *The changing Boundaries of Social Enterprises*. Paris: OECD.

Emes 홈페이지(http://www.emes.net/index.php?id=5).

Loi no. 2001-624 du 17 juillet 2001 portant diverses dispositions d'ordre social, éducatif et culturel (프랑스 공공이익 협동조합 회사 관련법, http://www.legifrance.gouv.fr/).

http://www.scic.coop/entreprise_sociale.htm.

프랑스 공공이익 협동조합 회사 홈페이지(http://www.scic.coop/p324_FR.htm).

제5장

이탈리아의 사회적 기업과 사회적 경제

채종헌

I. 협동조합 전통이 강한 나라, 이탈리아

최근 사회적 기업이나 협동조합과 같은 사회적 경제 시스템이 주목을 받고 있다. 대기업과의 시장경쟁을 이겨내고 여럿의 행복을 지켜내기 위한 사람들의 노력과 경험을 주목하고 있는 것이다. 정부의 시혜를 기대하지 않고 승자독식의 경쟁체제 역시 거부하는 사회적 경제는 여럿이 힘을 모아 여럿을 위한 기업을 스스로 세우고 경쟁력을 키울 것이라는 새로운 기대가 시작되었다(김현대 외, 2012).

"지속가능하지 않은" 시장경제체제에 대한 반성에서부터 촉발된 우리 사회의 사회적 경제에 대한 관심은 사회를 진일보시키는 실천적인 도구로 활용할 수 있는 전략적 고민으로 옮겨 가야 한다. 우리가 처한 현실을 정확히 파악하고 원래의 제도적 취지에서 벗어나지 않는 범위 내에서 현실성 있는 제도 정착 노력을 경주해야 한다. 그러기 위해서는 각기 다른 문화와 맥락에서 자신들의 사회적 경제시스템을 발전시켜

온 나라들의 경험에 대한 학습이 필요하다. 각각의 나라들이 사회적 경제 전통과 제도를 각기 어떻게 시작하고 발전시켜 왔는지를 살피고, 우리의 맥락에서 필요하고 가능한 제도적 원형을 고민할 필요가 있다. 그래야만 최근 몇 년간 펼쳐져 온 사회적 기업 정책의 문제점을 극복하고 새로운 사회적 경제 모델을 창출해 낼 수 있을 것이다.

이런 의미에서 이 장은 사회적 경제의 전통이 강한 유럽의 사례, 그 중에서도 협동조합의 전통이 가장 강한 나라 중 한 곳인 이탈리아의 사회적 경제 전통과 실제에 대해 살필 것이다. 이탈리아의 사회적 경제 시스템이 간간이 소개되고 있기는 하지만 사회적 협동조합법이나 사회적 기업법의 도입 및 운영과 관련된 법제도적 고찰에 머물러 있거나, 볼로냐를 중심으로 한 에밀리아로마냐 지역의 협동조합 사례 소개 정도에 그치고 있다.

이 장에서는 이제까지의 이탈리아 사회적 경제에 대한 논의에 더하여 이탈리아에서 지역별 다른 형식의 사회적 경제 양태를 추가적으로 소개하고자 한다. 지역별로 차이가 나는 이탈리아의 사회적 경제를 소개하는 차원을 넘어 우리 사회의 사회적 경제 발전을 위한 지역별·유형별 차별화 전략의 필요성을 생각하게 하는 기회가 되기를 기대한다.

II. 이탈리아 사회적 기업의 발생 배경

이탈리아에서 사회적 경제의 발생 배경으로 많은 학자들은 사회복지 정책의 위기와 한계를 언급하고 있다. 1970년대부터 증가하기 시작한 이탈리아의 복지체계는 1990년대 들어 유럽연합의 평균치에 도달하였음에도 불구하고, 사회서비스의 공급량은 광범위하게 부족한 모습을 보였다. 고령인구의 증가, 약물남용, 장기 실업 등 새로운 복지 수요의 증가와 이에 대한 복지 공급체계의 문제가 제기되는 상황이었다. 하지만 공공부문은 재정적 위기로 인해 증대하는 복지 수요에 적절하게 대응하지 못하였고, 부족한 복지 수요는 다수의 자발적 조직 등 제3섹터의 발전을 통해 해결되는 양상을 보이게 되었다.

이러한 복지 수요에 대한 고민과 함께 지역의 가치를 복원하고 사회적 가치를 창출하기 위한 노력은 사회적 협동조합 운동으로 이어 지게 된다. 협동조합 운동은 구성원의 이익을 위한 활동뿐만 아니라 지역사회 전체의 이익을 위한 활동을 포함하게 되었으며, 앞서 언급한 여러 사회문제를 해결하기 위한 운동으로 발전하게 되었다. 이탈리아의 사회적 경제는 충족되지 못하는 사회적 서비스에 대한 수요를 채우기 위한 대안으로 제기되고 발전되어 왔다고 볼 수 있다(Borzaga & Santuari, 1997; 1998).

이러한 사회적 협동조합이 본격적으로 발전하기 시작한 계기는 1991년 승인된 사회적 협동조합(social co-operative)을 규제하는 법(Law 381/91)과 사회봉사조직을 규정하는 법(Law 266), 그리고 2005년 5월에 승인된 사회적 기업 관련 법안(Law 118)의 제정과 깊은 관련이 있다. 법률이 제정되기 전까지 이탈리아에서는 사회적 기업에 대한 정의가 정립되어 있지 않았으며 일반적인 운동의 의미로서 사회적 협동조합이 그 위치를 차지하고 있었다. 물론 사회적 협동조합 모델은 지역사회의 발전과 신뢰, 사회적 자본, 민주주의, 복지서비스 생산과 제공 등에 있어서 사회적 기업이 만들어 낼 수 있는 가장 진화된 모델로 평가된다(Loss, 2006: 32). 그럼에도 불구하고 사회적 기업 관련 법제 정비 이후 이탈리아 사회 내 사회적 기업의 스펙트럼은 보다 확장되고 또다른 가능성을 모색할 수 있는 기회를 가지게 되었다.

1991년 사회적 협동조합법은 그 자체로 사회적 기업에 관한 것으로 잘 작동했고, 현재도 잘 운영되고 있다. 하지만 협동조합은 한 사람이 아닌 구성원 전체에 의해서 통제되는데 특별한 형태의 사회적 기업 가운데 하나이다. 2006년의 새 법은 사회적 기업에 관한 것이며 협동조합은 사회적 기업의 여러 가능한 형태 중 하나라고 제시하고 있다. 법은 사회적 기업이 협동조합 이외의 결사체(association), 재단(foundation), 자본회사(capital company) 등의 형태를 취할 수 있다고 규정한다. 물론 사회적 기업은 비영리의 기준을 충족해야 하며 각 요구조건에 부합하여야 한다. 이러한 법적 형태는 사회적 기업 부문에서의 다원주의(pluralism)로서 사회적 협동조합은 여러 가지 형태 가운데 하나의 특징적 가능성이라는 것을 보여준다.[1]

III. 이탈리아 사회적 경제의 특성

1. 이탈리아 사회적 경제의 법적 체계

앞서 이탈리아에서 사회적 기업의 발전배경 및 그 양상을 설명하는 과정에서 언급한 바와 같이 이탈리아의 사회적 기업을 구성하는 법적 체계를 이해하기 위해서는 1991년 제정된 사회적 협동조합법과 2006년 제정된 사회적 기업법을 이해할 필요가 있다.

우선 이탈리아의 사회적 기업을 대표하는 조직 형태로서 사회적 협동조합은 1991년 11월 8일자 381호 법률에 의해 정의된다. 이렇게 정의된 사회적 협동조합은 이탈리아뿐만 아니라 국제적으로도 중요한 의의를 가지는데, 그 이유는 사회적 협동조합의 수익자는 공동체이며, 조합원이 아니더라도 공동체 내의 사회적 소수계층이었다. 1991년도의

---

1) 이탈리아 트렌토대학교의 사회적 경제연구소인 EURICSE(European Research Institute on Cooperative and Social Enterprises)의 Antonio Fici 교수와의 인터뷰 (2011. 5) 내용 중 일부를 정리.

사회적 협동조합법은 확실히 그 규정을 통해 사회적 협동조합이 '공동체의 일반적 이익과 시민의 사회적 통합을 목적으로' 그 활동을 수행해야 한다고 정의하고 있다(Borzaga & Santuari, 1997; 1998). 이러한 법적 정의가 가지는 의미는 기존의 협동조합이 가지는 한계를 넘어서 이탈리아 특유의 사회적 경제 운영체제를 제시하고 있는 것이다. 이러한 법적 형태를 그 구성원을 통한 지배구조를 통해 보다 자세히 살펴보면 사회적 협동조합은 자원봉사자들이 조합의 정식 구성원이 될 수 있지만, 그 비중은 50%로 제한된다. 그 이외의 나머지 소유구조는 여러 형태의 구성원으로 구성되는 법률 381/92에 따르면 그 구성원을 다음의 〈표 5-1〉과 같이 정리하고 있다(Loss, 2006: 34).

이 법은 두 가지 종류의 사회적 협동조합을 인정하고 있는데 그 구분 기준은 사회적 복지 및 교육, 서비스 관리를 중심으로 하는 'A 타입 사회적 협동조합,' 그리고 기타 농업, 산업 또는 상업 활동이나 취약계층의 노동통합 서비스를 제공하는 'B 타입 사회적 협동조합'이다. 다시

〈표 5-1〉 사회적 협동조합의 구성원

분류	세부 정의
노동자 회원	금전적 형태나 숙식 제공 등의 형태로 보상을 받는 참여자 또는 관리자
사용자 회원	사용자로서 협동조합에서 제공되는 서비스의 수혜자(노인, 장애자 등) 또는 그 가족 구성원
자원봉사자 회원	법381의 제2조에 따라 "어떠한 종류의 보상도 받지 않으며 자유롭게, 자발적으로, 개인적으로" 협동조합에서 일하는 구성원으로 전체 직원 수의 50%를 초과할 수 없음
후원 회원	조직의 지배구조와 의사결정 과정에 제한적으로 참여할 수 있는 권한이 부여되는 자본기여 구성원
법인 회원	법381의 제11조는 "협동조합 활동 자금 제공 및 발전을 지원하는 규정을 가진 공공 또는 민간 법인이 사회적 협동조합의 회원이 될 수 있다"고 규정

자료: Loss(2006: 34); Borzaga & Santuari(1997; 1998)의 내용을 정리

말해서 A타입은 생산적 목표를 추구하고 사회서비스 분야에서 운영되는 기업적 성격의 사회적 협동조합인 반면, 노동통합형 사회적 협동조합으로 불리는 B타입은 구체적으로 취약계층 노동자의 구직 차원에 초점을 맞추는데, 우리나라 일자리제공형 사회적 기업이 그러하듯 소속 직원의 최소 30%가 취약계층 노동자로 채워져야 한다는 규정을 가진다(Loss, 2006: 34).

보다 진화된 법적 형태로서 이탈리아는 2005년 사회적 기업을 조직 형태로 인정하는 최초의 법률(2005년 6월 13일의 법 118)을 승인한다. 이 법에 따르면 사회적 기업은 공적인 책임을 떠맡으며, 지방발전과 지역사회 성장 지원을 주된 목표로 가진다(Loss, 2006: 31). 현재 이탈리아에서 이 역할을 수행하는 대부분의 조직은 지금까지 언급한 사회적 협동조합이지만, 이 법의 도입으로 일반적 이익의 사회적 목표를 추구하는 다른 조직 형태도 나타날 수 있도록 하였다. 이탈리아의 사회적 경제는 기존의 전통적 사회적 협동조합과 전통적 조직이 제공하지 못하는 영역을 법 제도적 보완을 통해 확장할 수 있음을 보여주고 있다.

2. 이탈리아 사회적경제의 일반 현황

이탈리아 사회적 협동조합의 규모를 살펴보면, 2004년 기준으로 약 7,000개의 사회적 협동조합이 활동했고, 그 가운데 4,026개(59%)가 사회 및 교육 서비스를 담당하는 A타입의 사회적 협동조합이었다. 그리고 2,459개(33%)가 취약계층의 노동통합을 담당하는 B타입의 사회적 협동조합, 그리고 전체 377개에 이르는 8%의 사회적 협동조합이 두 가지의 혼합된 형태로 나타나고 있다. 이러한 사회적 협동조합서의 고용 규모를 살펴보면, 총 267,000명의 회원과 223,000명의 유급직원, 31,000명의 자원봉사자 그리고 24,000명의 취약계층이 일하고 있는 것으로 파악된다(2004년 말 기준). 또한 지리적 분포를 살펴보면 사회적 협동조합은 시민사회 및 경제가 더 발달한 이탈리아 북부지방에서 시작되어 전체의 42%가 북부에 있으며, 19%가 중부, 39%가 남부 및 섬 지역에 위치하고 있다(Loss, 2006: 34).

보다 구체적으로 사회적 협동조합의 평균 크기는 40명에서 50명의 조합원과 25명의 유급노동자로 구성되어 있다(1994년 말 기준). 사회적 협동조합의 약 90%는 조합원이 100명 미만이고, 70%는 50명 미만의 현황을 보이고 있으며, 실제로 알려져 있는 몇 백 명 이상의 노동자 회원을 가진 사회적 협동조합은 몇 안 되는 것으로 나타나고 있다. 1995년 사회적 협동조합의 평균 사업 규모는 대략 9억 리라로 나타났으며, 그 소유구조에서 대부분 작은 규모의 협동조합은 노동자 회원들로 구성되어 자원봉사자 조합원을 보유하고 있지 않은 것으로 파악되고 있다(Borzaga & Santuari, 1997; 1998).

이처럼 이탈리아의 협동조합은 이탈리아 경제의 중요한 축을 담당하고 있는데, 이탈리아 볼로냐 대학교의 자마니(Stefano Zamagni) 교수는 이탈리아 내에서 협동조합이 가장 발달한 지역 중 하나인 에밀리아로마냐의 예를 통해 이탈리아 내부에서 사회적 협동조합이 경제에 미치는 긍정적 영향을 강조하고 있다.

> "에밀리아로마냐 지역은 1950년대까지만 해도 가장 못사는 지역이었으나 지금은 유럽에서 잘살기로 손가락 꼽히는 곳 중의 하나가 되었다. 지금 에밀리아로마냐 총생산의 30%가 협동조합 경제에서 나온다. 볼로냐와 이몰라 같은 도시는 45%에 이른다. 시민들도 협동조합이 좋은지 다 안다. 좋은 게 없다면 왜 조합원이 되겠나? 우선 싼값에 물건을 살 수 있다. 연말이면 배당을 받는다. 그러고도 이윤이 남으면 조합에서 사회적으로 유용한 곳에 쓴다."[2]

---

2) 인터뷰(2011. 5) 내용 중 일부를 정리.

3. 사회적 경제와 정부의 지원정책

사회적 경제를 지원하는 정부의 지원정책은 금융, 세제뿐만 아니라 생활 곳곳에서 크고 작게 영향을 미치는 다양한 분야에서 시도될 수 있다. 하지만 가장 직접적으로 연결되는 것은 사회적 경제와 직접적으로 연결되는 사회적 경제 주체를 정의하고 규제 지원하는 정책과, 재무적 차원에서 재정적 지원을 제공하는 정책 등 크게 두 가지 부분으로 생각해 볼 수 있다. 법 제도적 차원에서 이탈리아 정부의 지원은 앞서 법 제도적 차원에서 검토한 바와 같이, 1991년 사회적 협동조합법과 2006년 사회적 기업법 제정을 통해 사회적 경제 주체들에 대한 범위와 역할을 제시하고 있다. 하지만 이탈리아의 경우 법 제도적 차원에서는 사회적 경제 조직을 위한 재정적 혜택을 정의하는 부분이 없다는 것이 하나의 한계로 지적된다(Loss, 2006: 32). 따라서 법 제도적 기반의 조성 이외에 재정적 정부지원은 사회적 경제와 정부지원을 이해하는 중요한 연결고리로 판단된다.

사회적 협동조합에 대한 정부의 지원 양상은 관련법의 제정 전후를 기점으로 많은 차이를 보이고 있다. 법 제정 이전에는 중앙정부로부터 세금감면, 공공조달 관계 등의 직접적 도움을 많이 받았으나 현재는 많이 축소되거나 제한적으로 운영되고 있다. 대신 공공기관과 사회적 협동조합 사이의 특별한 관계가 형성되어 사회적으로 요구되는 사회서비스에 대해 정부가 계약을 통해 사회적 협동조합을 지원하고 있다. 일방적 수혜-피수혜적 관계가 아니라 쌍방간의 계약 관계로 변화한 것이다. 2006년에 도입된 새로운 법적 프레임 역시 직접적 재정지원 대신 부가적인 지원을 할 수 있는 방법을 포함하고 있다.

기타 정부의 재정적 지원 정책은 그 재원의 원천에 따라 법률에 의한 정부 지원, 그리고 자치단체 수준의 지원과 민간수준의 지원정책 등으로 구분된다. 사회적 협동조합법 381조 조항에는 많은 재무적 장치를 정의하고 있으며, 사회적 기업의 형태와 상관없이 공공단체와 계약을

맺을 수 있다고 정의하고 있다. 또한 관련법은 공공단체와 사회적 협동
조합의 사명이 유사함을 명시적으로 지적하고 있으며, 상호간의 협동
가능성을 강조하고 있다. 피시(Fici) 교수는 이러한 사회적 협동조합에
있어서 정부의 역할을 외부화(externalize)와 공적 통제의 관점에서 제
시하고 있다.

"정부는 적합한 법을 제공하고, 서비스를 직접 제공할지 외부화할
것인지를 결정한다. 정부는 공공부문에서 직접해결하기 보다는 사
회적 혹은 사적 부문에 맡길 수 있는 부분들을 고려한다. 물론 이러
한 외부화에 있어서는 공공(public)이 통제력을 가지면서, 재정을 절
약하고 보다 양질의 서비스를 제공할 수 있는 방안을 모색한다. 이러
한 흐름에서 이탈리아는 복지국가의 개념이 조금씩 변화하여, 서비
스 제공을 위해 사적 기업에 외주를 주거나 외부화할 것을 결정한다.
서비스의 선택을 사용자들에게 위임하는 것이다. 단, 그러한 과정에
서 국가는 비영리, 혹은 사적 기업이 자신의 위치를 남용하거나 악용
하지 않도록 할 수 있는 통제력을 가져야 할 것이다."

트렌토 대학교의 보르자가(Borzaga) 교수 역시 사회적 경제에 있어
서 정부의 역할을 공공계약에서 찾고 있지만, 그는 외부화에 대한 결정
보다는 사회적 경제 기반을 위한 시스템을 만들어 주는 역할이 공공부
문의 보다 중요한 역할이라고 주장한다.

"사회적 협동조합, 사회적 기업과 관련된 정부의 역할 가운데 한 가
지는 서비스의 영역(provision of service)을 선택하고 사회적 기업을
선택하여 외주계약(contract-out)에 관련된 결정을 하는 것이다. 하지
만 중앙정부의 보다 중요한 역할은 서비스의 영역이나 외주계약을
결정하는 역할보다는 법 제정 등의 역할을 수행하는 데 있다."[3]

이외에도 다수의 지역 혹은 자치주에서는 비영리 조직의 재무 지원을 위한 구체적인 법률을 제정한 바 있다. 이러한 법률은 비영리 조직의 설립뿐 아니라 조직의 활동과 인프라 구축을 위한 새로운 투자 방식까지도 규정하는 경우가 많다. 이탈리아 북부 트렌토의 경험을 살펴보면, 트렌토는 B타입 사회적 기업의 열외 노동자 통합 경로를 지원하는 'Azione 9'라는 법을 도입한 바 있다. 이 법은 해당 노동자들이 사회보장 분담액을 전부 면제해 주도록 규정하고 있으며, 강사의 인건비까지 지원하도록 하고 있다(Loss, 2006: 36).

하지만 계약을 통한 간접적 지원이든 기타 법률을 통한 재정적 지원이든 이러한 지원정책에 대해 긍정적 시선만 존재하는 것은 아닌 듯하다. 로마2대학(Tor Vergata University)의 까레라(Dario Carrera)교수는 현재 이탈리아의 많은 사회적 경제 조직들이 정부에 지나치게 많은 의존을 하고 있음을 지적한다. 사회적 협동조합 모델을 발전시키는 데 있어 무조건적인 비영리적 접근은 한계를 가질 수밖에 없으며, 오히려 비영리 단체는 기업가정신(entrepreneurship)으로 무장이 되어야 한다는 것이다. 실제 이탈리아에서도 많은 사회적 협동조합이 66%에 이르는 수입을 공공 보조금 및 공공부문의 지원에 의존하고 있으며, 이는 진정한 사회적 기업의 모습이라고 보기 힘들다는 것이다. A타입과 B타입 사회적 기업 모두 공적 부문과 협조하되 의존하지 않는 방안을 찾아야 한다는 지적과 함께, 공적 부문에 대한 지나친 의존은 사회적 혁신(social innovation)의 걸림돌이 될 수 있다고 강조한다.

까레라(Dario Carrera)와 같은 사람들이 정부에 대한 지나친 의존 성향의 부정적인 면을 지적하고는 있으나 정부와의 협조 자체를 부정하는 것은 아니다. 단, 그러한 지원체계가 일방적 부조의 형태로 나타나기보다는 사회적 혁신을 촉진시키는 촉매제로서 활용되어야 함을 강조하는 것이라고 볼 수 있다. 또한 그러한 변화는 더디더라도 체계적으

---

3) 인터뷰(2011. 5) 내용 중 일부를 정리.

로 이루어져야 하며, 재정지원 체계 역시 천천히 변화되어 가야함을 강조하는 것이라고 할 수 있다.

> "정부로부터 받아야 하는 도움은 새로운 모델을 개발하는 노력에 집중되어야 한다. 사회서비스와 관련한 큰 사회(big society)의 개념은 시민사회 등 외부로 위탁하는 것을 의미하는 것을 넘어 삶의 방식과 질에 관련된 더 큰 논의이다. 사회적 변화를 만들기 위해 더디더라도 실질적 도움이 되는 부분을 만들어야 한다. 변화를 만드는 것은 물론 힘들지만, 체제의 효율성(efficiency)을 만드는 것이 가장 중요한 문제이다. 그럼에도 불구하고 금융위기의 시대에 무조건 재정을 삭감하는 것은 바람직한 해결책이 될 수 없을 것이다."[4]

마지막으로 재정지원의 또 다른 부분으로 민간자금 조달이 있을 수 있다. 협동조합 은행 등은 저금리로 대출을 해주고 있으며, 대규모 금융재단에서는 사회적 협동조합 등의 사회적 경제 조직이 제출한 특정 활동, 관련 투자 등을 지원하기 위한 특정 프로젝트에 자금을 지원하고 있다(Loss, 2006: 36). 이외에 제도권 금융회사에서 소외당한 저소득계층을 대상으로 무담보 소액대출을 통해 창업을 지원함으로써 경제적 사회적으로 자립과 자활을 도모하고 더불어 지역사회의 발전을 추구하는 일종의 대안금융을 지칭하는 마이크로크레딧(Microredit)의 활용도 중요한 부분을 차지할 수 있다.[5]

---

4) 인터뷰(2011. 5) 내용 중 일부를 정리.
5) 하지만 Borzaga교수는 마이크로크레딧에 대해서는 그 지속가능성과 이탈리아의 금융체계를 근거로 비판적 견해를 보이고 있다. "이탈리아에서는 기업 은행(company bank)이 잘 설립되어 있어 농업 기반이 주축을 이루는 방글라데시 등의 경우와는 다른 양상을 보이기 때문에 마이크로크레딧이 크게 필요가 없다. 물론 마이크로크레딧이 특별한 계층을 위해 필요할 수는 있다. 하지만 마이크로크레딧은 자본을 모으지 못한 상태로 대부를 진행하여 결국 비싼 이자율을 보이게 되는 매우 약한 조직이며, 현실적으로 실현하기 어려운 이상적인 발상이다."

이외에도 영리조직이나 공공조직과 달리, 사회적 경제 조직은 시장, 비시장 및 비재정(non-momentary) 경제에서 발생하는 여러 종류의 수익 원천을 사용하는데, EMES에 따르면 주로 노동통합형 사회적 협동조합은 재무 및 비재정 모두를 포함하는 다양한 소스를 동원한다고 한다. 사회적 협동조합은 주로 계약과 기부 모두를 통해 모아지는 공적 재정 자원에 의존한다. 하지만 최근에는 개인과 민간 기업 모두에게 재화와 용역을 판매해 민간시장을 통한 자원의 모집에도 집중하고 있다(Loss, 2006: 36-37).

IV. 다양한 이탈리아의 사회적 경제

1. 이탈리아 북부와 남부의 차이와 사회자본

이탈리아 사회적 기업의 지역적 분포를 살펴보면, 42%에 이르는 사회적 기업이 시민사회 및 경제가 발달한 북부지방에 위치하고 있다고 한다. 19%를 차지하고 있는 중부 지역이나 39%를 차지하는 남부 도서 지역보다 더 큰 비중을 차지하고 있는 것이다. 퍼트남(Putnam, 1994)이 이탈리아 남북부의 비교를 통해 북부의 시민사회 전통이 사회자본의 축적에 바탕이 되었음을 지적한 것처럼, 많은 이탈리아의 사회적 경제 연구자들은 남부와 북부의 사회적 경제 활성화 정도의 차이에 주목하고 있다.

실제 다양한 연구에서 시민사회와 풍요로운 경제의 전통을 가진 북부의 사회적 맥락이 현재 이탈리아 사회적 경제의 지형에 중요한 영향을 끼쳤다고 분석하고 있다. 지역이 가지는 사회경제적 맥락이 그 지역의 사회적 경제의 특성에 영향을 미쳤다는 사실은 사실 당연하다고 볼 수 있다.

북부는 잘 살고 더 잘 교육을 받은 반면, 남부는 가난하고 교육수준
이 높지 못하다. 다시 말해서, 북부는 더 유리한 구조 속에서 서비스를
조직할 수 있는 공공환경을 가지고 있는 반면, 남부의 경우 이러한 가
능성에서 배제된 채로 정부의 지원만을 요구한다는 것이다. 이러한 문
제는 교육과 지식, 문화의 문제임과 동시에 공적 지원의 문제, 혹은 신
용(credibility)의 문제일 수 있다. 국가법이 동일한 상황에서 다른 양상
을 보이는 것은 문화적 요인에 기인하는 것일 수 있으며, 이러한 차이
가 서비스 제공 방식에 대한 선호-상향식 혹은 하향식 서비스 제공 방
식을 결정하게 하는지도 모른다.

하지만 Carrera와 같은 이들은 이탈리아 북부와 남부의 사회적 경제
차이에 대해 다른 견해를 보이고 있다. 지역성에 따라 다른 형태의 사
회적 경제가 구성되는 것은 사실일 수 있으나, 북부에 비해 남부가 사
회적 경제의 성숙요건에 있어 불리하다는 것은 적합한 논의가 아니라
는 것이다. Carrera는 기존 Putnam이 제시하는 남부와 북부 간 지역 차
에 대한 주장이 가지는 한계를 제시하며, 남부 지역에서 역시 사회적
경제의 가능성이 크다는 점을 강조한다.

> "Putnam과 같은 사회자본 이론가들은 한 지역 내의 비영리 조직
> 과 신뢰 사이의 상관관계를 단선적(linear)으로 분석하고 있다. 하지
> 만 Putnam이 제시하고 있는 바와 달리, 남부의 시민사회는 매우 공
> 고하며, 남부 시민사회는 국가를 대체하는 기능을 하기도 한다. 실
> 제 북부의 권력이 배제된 남부는 시민사회가 그러한 고통을 감내하
> 는데 큰 역할을 하고 있다. 북부에 형성되어 있는 산업 및 정치권력
> 과 맞서기 위해 남부에서는 일종의 비합법적인 단체가 필요했고, 마
> 피아 단체와 같은 부정적인 단체 또한 그러한 일환으로 등장한 것으
> 로 파악될 수 있다는 것이다. 실제 이탈리아의 바람직한 의료서비스
> (health care) 모델은 남부 지방에서 시작되었으며, 가장 큰 병원과 연

구소의 85%가 남부 지역의 연구자들에 의해 개발되어 왔다고 한다. 따라서 남부 지역의 변화를 모색하고 기대하려면 이러한 깊은 역사적 고리를 이해하고 대응할 필요가 있다고 지적한다.”

보르자가(Borzaga) 역시 퍼트남(Putnam)의 논의에 대한 비판적 견해를 밝히면서, 사회적 협동조합을 형성하는 핵심적인 요인으로 경제적 요인을 제시하고 있다. 또한 트렌토와 볼로냐를 비교하면서 유사한 맥락에서 지역적 차이를 지적하고 있지만, 보다 중립적 차원에서 단선적 차원의 단순비교는 불가능함을 강조하고 있다. 이는 Fici가 제시하는 바와 같이 지역적 특성에 따라 사회적 협동조합의 형태에 차이를 보이지만, 그것이 지역 차원만의 문제인지, 문화적 맥락 혹은 정치적 차원에서 나타나는 차이인지에 대한 규명은 어렵다는 것이다.

“사회자본은 사회적 협동조합의 원인(cause)이 아니라 선행조건 (pre-condition)으로 볼 수 있다. 트렌토의 경우 농가 규모가 작아 단합하지 않으면 실패할 수밖에 없는 구조적 원인도 사회적 협동조합의 발전 이유가 있을 수 있다. 다시 말해 경제적 요인이 사회적 협동조합을 필요로 하기 때문에 만들어지고 발전되는 것이다. 사회적 신뢰가 아무리 높아도 경제적 요인이 사회적 협동조합을 필요로 하지 않는다면 사회적 협동조합이 발생할 이유가 없다. 오히려 사회적 협동조합이 신뢰를 만들어 낼 수도 있다. 실제 이탈리아 남부의 사회자본은 가족적으로 결속된 자본이므로, 이들의 높은 신뢰를 통해 사람들이 모이게 된다면 남부에서도 사회적 협동조합은 크게 발전될 가능성을 가진다.”

2. 트렌토 협동조합 연맹과 레가코프 볼로냐(Legacoop Bologna)

트렌토와 볼로냐는 이탈리아의 대표적 협동조합 도시로서 국내에도 소개가 많이 되고 있다. 두 도시 공히 농업이 주 산업이면서 유럽에서도 살기좋고 잘사는 도시로 손꼽히는 곳이다. 인구 절반 이상의 협동조합 조합원을 보유하고 있으며, 높은 재정자립도와 외부적인 경제 쇼크에도 강한 면모를 자랑한다. 하지만, 두 도시는 같은 듯 사뭇 다른 협동조합의 모습을 보이며 각기 특색있는 사회적 경제의 전통을 발전시켜오고 있다.

트렌토(인구 50만 명, 25만여 협동조합 조합원)는 충성도 높은 조합원을 중심으로 협동조합연맹을 구성하고 있다. 536개의 조합(소비자협동조합 79개, 농업협동조합 92개, 사회서비스 협동조합 298개, 신용조합 46개, 기타조합 21개로 구성)이 1985년 설립된 트렌토협동조합연맹을 구성하며 24억 유로 이상의 매출을 내고 있다. 연맹차원에서 설립, 행정, 법률, 세금, 컨설팅 등을 지원하여 단위 조합의 발전을 유도하며 협동조합 간 연대라는 협동조합의 원칙을 충실히 실현해 내고 있다. 이러한 전통과 인프라 속에서 트렌토는 100%에 육박하는 재정자립도를 보이고 있다.

인구 40만 명의 볼로냐는 이탈리아 협동조합이 밀집되어 있는 에밀리아로마냐 주의 중심도시이다. 이탈리아 최초의 협동조합은 토리노에서 생겼지만 가장 번성한 곳은 볼로냐다. 이탈리아 전역에서 협동조합이 가장 많은 곳이며 100만여 명의 협동조합 조합원을 거느리고 있다. 이탈리아에는 대표적으로 4개의 연합체가 있는데 이 중 가장 규모가 크고 소속 협동조합의 수가 많은 곳이 레가코프 볼로냐(Legacoop Bologna)이다. 1886년에 처음 결성된 레가코프 볼로냐는 로마의 중앙회를 비롯해 각 지역에 지역협회로 나뉘어 활동한다. 레가코프 볼로냐는 에밀리아로마냐 주의 볼로냐 지역협회다. 레가코프 볼로냐에는 300개 이상의 협동조합이 가입되어 있고, 2만 5천 명의 직원과 40만 명의 조합원으로 연간 32억 유로의 매출을 올리고 있다.

트렌토와 볼로냐 두 지역은 모두 국가 법체계에 종속되기 때문에 법적으로 서로 다른 조건을 가지지는 않는다. 하지만 트렌토는 사회적 협동조합의 크기가 작아 잘 뭉치고 연합하는 구조를 가지고 있으며, 볼로냐는 자본이 많은 지역으로 협동조합이 거대하다는 차이가 있다.

트렌토와 비교할 때 볼로냐는 문화적 · 재정적 · 사회적 협동조합의 서로 다른 형태가 혼합된 형태(fusion)를 보인다. 특히 볼로냐는 소비자 협동조합(consumer cooperative)으로 유명하며, 농업분야에서 사회적 협동조합이 땅을 임대하는 활동을 주로 하고 있다. 하지만 트렌토는 소규모 농가들이 사회적 협동조합으로 결합된 형태로서 볼로냐에 비해 그 규모가 작아, 작은 농가들이 연합해야 하는 형태로 나타난다.

트렌토와 볼로냐는 상황과 조건 자체가 상이하기 때문에 단순한 비교는 불가능할 뿐만 아니라 불필요할지도 모른다. 한국의 사회적경제 모델 개발을 위해 중요한 것은 서로 다른 역사적 전통과 맥락 속에서 발전시켜온 각 도시의 역사적 경로를 확인하는 작업일 것이다. 두 도시처럼 서로 다른 환경과 조건을 가진 각 지역의 특색을 살피고, 각 지역에 필요한 사회적경제 모델 개발을 위한 고민이 필요한 때이다.

3. 대도시의 사회적경제 가능성과 사회혁신

이외에도 이탈리아에서 사회적 협동조합 및 사회적 기업과 관련하여 논의되는 또 하나의 논쟁은 사회적경제가 도시지역에서 가지는 가능성의 문제이다. 사회적 협동조합이 도시 지역에 적절하지 못하다는 의견을 제시하는 학자들은 협동조합의 많은 형태들이 농업을 기반으로 하고 있으며, 도시지역의 규모는 사회적 경제가 작동하기에 너무 거대하다는 주장을 제시한다. 실제로 볼로냐와 트렌토 이외에 로마지역에서 사회적 협동조합의 가능성에 대해 Borzaga는 다음과 같이 주장하고 있다.

> "로마는 너무 크고 사회적 협동조합은 발달되어 있지 못하다. 사회
> 적 협동조합이 발달하기에 로마는 너무 거대하기 때문에 사람들을
> 모으고 조직화하는데 어려움이 존재한다. 사회적 협동조합에 있어
> 서 규모가 유일한 문제는 아니지만 사회서비스는 너무 큰 도시나 너
> 무 많은 인구에 제공되기에는 어려운 측면이 존재한다. 로마나 밀라
> 노, 나폴리 등에도 사회적 협동조합, 사회적 기업 등이 존재하지만
> 도시 지역이 아닌 주변지역의 저발전 지역에 존재하고 있다."

하지만 전통적인 사회적 협동조합의 논의와 사회적 기업에 대한 유
럽의 전통적 논의보다 사회적 혁신을 강조하는 학자들은 이에 반론을
제기하기도 한다. 이러한 논의는 사회적 경제의 사회적 목적성을 강조
하는 기존의 유럽식 접근보다 체계의 효율성을 혁신적으로 변화시키
는 데 초점을 두고 있는 미국식 사회적 경제의 논의에 더 근접해 보인
다. 실제 까레라는 보르자가(Borzaga)나 자마니(Zamagni) 등을 중심으
로 전개된 유럽과 이탈리아의 전통적 접근은 사회적 경제의 프레임을
제공하는 데는 큰 기여를 했으나, 향후 사회적경제의 운영과 그 확장에
있어 제한적일 수 밖에 없음을 지적한다. 그는 저발전 지역을 중심으로
노동통합과 미진한 사회서비스의 공급에 초점을 두는 방식의 사회적
경제 방식이 지금까지는 효과를 가져왔으나 현재 상황에서는 더 많은
부분에서 다양한 변화와 시도가 필요하다고 주장한다. 까레라는 로마
나 밀라노와 같은 대도시에서 사회적 협동조합 형태가 적합하지 않다
는 기존의 주장에 대해 다음과 같은 반론을 제기한다.

> "사회적 협동조합이나 사회적 기업 등은 도리어 큰 도시에서 기회를
> 발견할 수 있다. 오히려 큰 경제가 존재하기 때문에 더 많은 '기회'가
> 존재하는 것이다. 대도시 지역은 할 일이 더 많으며, 자연스레 네트

워킹의 기회 또한 더욱 다양하게 존재한다. 실제 로마에는 전혀 다른 형태의 사회적 협동조합이 존재하고 있으며, 많은 회사들이 사회적 기업을 고려하고 있다. 이러한 움직임의 핵심은 사회적 혁신이다. 현재 상황에서 비영리부문과 영리부문 그리고 공공과 사적 부문의 구분은 무의미하다. 영리부문임에도 사회적 기업에 영향을 주는 모범사례가 존재하는 반면, NGO라 할지라도 부패한 경우는 얼마든지 존재하고 있다."

도시와 농촌, 그리고 도시와 저개발지역이라는 지역적 특성 외에도 사회적 경제의 형태에 영향을 미치는 요소는 다양하게 제시될 수 있다. 앞서 소개한 바와 같이 사회적 경제의 성숙 요인을 단선적으로 파악하고 처방하는 것은 위험하다는 것이다. 지역과 사회가 가지는 맥락적 특성은 사회적 경제의 중요한 바탕이 되며, 각 지역의 특성은 그 지역의 사회적 경제가 가지는 한계를 보여주는 것이기보다는 가능성과 방향성을 보여주는 지표가 되어야 한다고 Carrera는 주장한다. 다시 말해 사회적 경제의 특정 형태에 의존하기보다는 각 지역에 적합한 모델을 혁신을 통해 발견해야 한다는 것이다.

"1980~1990년대 유럽의 국가들은 이탈리아의 사회적 협동조합 모델을 수입하였다. 이러한 모델에는 기업가적 특성과 결속적(solidarity) 특성이라는 접근이 존재했다. 그러나 현재의 사회적 협동조합 모델은 사회적 혁신을 멈춘 상태이다. 사회적 협동조합은 이탈리아의 사회적 경제 발전의 좋은 모델이지만, 재원 마련과 혁신에 대한 아이디어에서 위기가 발생한 것이다. 공공정책은 사회혁신을 중심으로 개발되고 추진되어야 한다. 공공정책, 특히 사회적경제 정책의 가장 중요한 기준은 정책의 파급성(impact)과 새로운 시장 기회 탐색이 되어야 한다."

4. 이탈리아 사회적 기업 사례: 사회적 약자 교육과 취업을 위한 A.L.P.I.

A.L.P.I.는 1990년에 트렌토에서 설립되어 민간기관이나 자원봉사자가 중심이 되어 장애가 있는 청년들의 직업교육과 취업을 위해 일하는 사회적 기업이다. 현재 A.L.P.I.는 4명의 근무자와 5명의 자원봉사자가 일하고 있으며, 청년과 일자리, 그리고 교육의 연계가 가지는 중요성에 집중하여 활동하고 있다. A.L.P.I.는 지난 20여년 동안 400여 명의 정신장애 청년에 대한 직업교육을 진행하여 왔으며, 60%가 현재 공장 등에서 직업을 가지는 성과를 내고 있다.

장애우들의 재활 및 취업은 단계별로 진행된다. 첫 단계는 2년, 두 번째 단계는 2년에서 5년 정도 소요되는데, 지금까지 교육을 받았던 400명은 평균 3.6년여 정도 소요가 되었다고 한다.

〈표 5-2〉 A.L.P.I. 활동의 예시

\- 정신적 장애가 있는 청년에 대한 취업 지원 - 청년의 취업을 위해 기술과 훈련을 제공 - A.L.P.I.는 청년의 재활과 교육을 함께 수행 - 사회서비스를 위한 A-Type에 취업시키기 위해서는 공공기관과 네트워크를 구성하여 작업하기도 함	
1단계	\- 장학금(scholarship)을 받는 단계 - 정산인 같은 능력을 갖기 위해 시간엄수, 지속적 시간 일하기, 자립적 상태 만들기 등의 교육에 집중 - 생산능력보다 관계 및 행동능력의 향상에 초점 - 정신적 장애를 돕기 위한 의료지원(health care) 병행
2단계	\- 고용을 위한 협동조합과 계약을 체결 - 종사 업무를 선택하고, 업무에 적합한 기술 개발 - 프로젝트에 참여하여, 종일근무로 종사하면서, 여러 조건과 활동에 적합한 표준적 능력을 가질 것이 요구 - 이탈리아의 기업은 15명의 1명 비율로 이런 장애인 노동자를 고용해야 하며, B-Type 사회적 기업은 교육받은 청년 가운데 적합한 노동자를 선택할 수 있어 이득 - 취업과정에서 A.L.P.I.는 청년과 기업 모두를 지원. 정신장애청년이 고용되어도 몇 년 뒤 위기로 인해 다시 재교육의 필요성이 생길 수 있기 때문

이러한 A.L.P.I.의 활동재원을 살펴보면, 대표적 재원은 계약하고 있는 기업 공장, 기업이나 협동조합 등으로부터 발생한다. A.L.P.I.와 계약한 사업체 역시 A.L.P.I.에 외주계약(contract-out)을 진행하는 것이 저렴한 임금비용의 혜택을 얻게 되어 이득이 된다. 기업은 싼 인건비의 잘 교육된 노동자를 얻기 위해, 아시아 · 동유럽 등으로 나가든지, A.L.P.I.나 협동조합과 일하는 것을 선택한다.

한 청년의 재활을 위해 팀(team)이 함께 활동을 하게 된다. 튜터는 1단계에서 시간당 13유로로, 2단계에서 시간당 10유로를 받고 근무하는데, 이러한 방식을 통해 더 작은 비용으로 경제적 목적과 동시에 사회적인 목적까지 달성해가고 있다.

A.L.P.I.의 청년들은 외주 계약된 사업체에서 만든 생산품의 대가로 월급을 받는다. 청년들이 받는 월급은 오직 생산품에 의한 것으로 정부지원과는 무관한 재원이다. A.L.P.I.가 사회적 경제조직으로서 받을 수 있는 재정적 지원은 청년 노동자들에 대한 세제 감면 혜택이 전부이다. 그러나 여전히 대다수의 사회적 협동조합은 민간시장이 아닌 공공기관으로부터만 일을 수주하고 민간시장과 활발한 계약을 하는 것은 A.L.P.I.이 거의 유일하다는 점으로부터 사회적 경제 조직이 여전히 많은 부분에서 취약할 수 있음을 보여준다. A.L.P.I.의 관계자는 A.L.P.I.의 성공 경쟁력이 청년에 집중하고 그에 적합한 기술을 개발한 것과 시장이 원하는 바를 적절하게 파악한 데 있다고 설명한다.

"A.L.P.I.를 경쟁력 있게 만드는 첫 번째 요소는 정신지체 청년집단에 집중하고 그에 적합한 기술을 개발한 것이며, 두 번째는 시장의 원하는 바를 적절하게 파악한 데 있다. 사회적 혜택(benefit)과 사회적 가치(value), 환경보호 등 이 모든 면에서 만족을 달성하기 위해서, 기업이(B타입의) 사회적 협동조합과 연계하는 방식을 고민할 필요가 있다. 이러한 일은 중요한 실험으로 트렌토 이외의 지역에서도 중요한 의미를 가질 수 있다. 정부는 무엇보다도 이러한 성공을 위한 좋은 환경을 만들어

주고자 하는 노력이 필요하다."

〈그림 5-1〉 2012년 세계 협동조합대회 홈페이지에서 소개된
A.L.P.I. 회사 소개와 작업장 모습

V. 아름다운 세상을 위하여

사회적 경제시스템을 강조할 때, 많은 사람들이 제기하는 의구심 중 하나가 기존 자본주의 시장경제체제를 대체할 수 있겠는가 하는 지적이다. 물론, 대다수 사람들은 여럿이 함께 가는 사회적 경제를 선호하고 채택하면 좋겠으나 현실적인 목표는 아닌 듯하며 실천적 목표도 아닌 듯하다. 우리 사회에서 사회적 경제시스템 확충을 위한 일차적인 목표는 각 지역에서 적정한 사회적 경제 규모를 확보하는 것이다. 중요한 것은 지역 경제의 20~30% 정도만 사회적 경제시스템이 차지를 할 수 있어도 현재와 같은 대기업이나 큰 자본을 가진 소수의 횡포가 벌어지기는 힘들 것이라는 점이다.

현재 우리네 상황에서는 개개 소상공인이 대기업과 맞설 수 있는 방법이 없다. 정부에 대기업의 골목상권 진입을 막아달라고 요구하고 애원하는 방법 외에는 다른 방도가 없는 실정이다. SSM규제법과 같은 법

과 제도에 의한 규제의 실효성 역시 기대 하기는 힘들 것 같다. 법원의
판단과 상관없이 일주일, 혹은 한 달에 한 번 대형마트의 휴무일 지정
이 가능하다손 치더라도 그 정도의 정책으로 지역 소상인들의 매출 증
대를 기대하기란 불가능하다. 아무리 공생발전을 강조하고 동반성장
을 추진하여도 승자독식에 길들여진 자본주의 시장경제를 길들이기란
불가능에 가깝다.

법과 제도에 의한 규제가 아니라 지역민 스스로 대기업의 횡포를 견
제할 수 있는 시스템이 사회적 경제시스템이다. 이탈리아에 대기업 편
의점이나 프렌차이즈, 대형마트가 쉽게 눈에 띄지 않는다는 물음에 대
한 Zamagni 교수의 답변에 근본적인 문제해결을 위한 열쇠가 있는 듯
하다.

> "어떻게 지역에 들어서는 기업을 법적으로 막을 수 있겠는가? 다만,
> 이탈리아 주민들, 소비자, 조합원들은 그들의 비인간적인 기업 관리
> 방식에 거부감이 있을 뿐만 아니라, 그들의 등장이 장기적으로 지역
> 경제에 악영향을 미친다는 것을 안다."

최근 유로존발 재정위기의 불똥이 국가부채가 높은 이탈리아에까지
번졌다는 좋지 않은 소식이 전해지고 있다. 하지만, 2008년 금융위기
때도 이탈리아 협동조합 기업들은 위기를 잘 극복했다. 금번 이탈리아
재정위기는 제도권 경제정책의 문제이지 이탈리아 협동조합 체제의
문제가 아님은 자명하다. 오히려 전통의 협동경제 체제는 지금의 이탈
리아 경제위기를 극복하기 위한 강력한 무기가 될 것이다.

> 흰색, 적색, 녹색의 나라, 이탈리아:
> 이탈리아 사회적 협동조합 및 사회적 기업 탐방기

1. 작지만 강한 도시, 트렌토

 Putnam은 이탈리아의 북부와 남부의 사회, 경제적 수준 차이에 대한 분석을 통해 사회적 자본(Social Capital)의 의미를 설명하였다. 사회적 자본을 가지지 못한 이탈리아 남부에 비해 사회적 자본을 보유한 북부의 여러 도시는 협동적 생산과 높은 생산성을 보이고 있다는 것이다. 그러한 북부 도시 중 하나이자 이탈리아 사회적 협동조합과 사회적 기업의 대표 격인 트렌토. 트렌토 중앙역에 도착하여 느낀 첫인상은 친절과 안전, 편안함이었다. 생면부지 아시아에서 온 이름 모를 연구원의 요청에 사회적 기업 방문 스케줄까지 마련해준 트렌토 대학 부설 EURICSE(European Research Institute of Cooperative and Social Enterprise)의 Jacopo 박사와 Borzaga교수, Fici 교수 그리고 사회적 기업 A.L.P.I.에 가이드와 통역 역할을 해준 Sylbia 모두 트렌토에 대한 나의 인상을 최고로 만들기에 충분했다.

 주력 산업이 농업임에도 불구하고 이탈리아 도시 중 6~7번째 가는 높은 GDP 수준을 유지하는 이유를 확인하고, 말로만 듣고 글로만 보았던 트렌토의 사회적 기업 현황을 몸소 느끼기 위해 트렌토에서의 일정을 시작하였다.

 다른 이탈리아 도시를 제대로 느끼지도 못한 상황이었지만, 트렌토는 이탈리아라는 느낌 보다는 지리적 위치 때문인지 독일, 스위스의 느낌이 많이 묻어났다. 친절한 사람들, 편안한 인상, 안전함을 느끼기에 충분한 도시 분위기, 정갈하다는 표현이 썩 잘 어울리는 도시였다. 협동조합의 전통이 잘 유지되어 오고 그것이 사회적 기업 혹은 사회적 협동조합으로 잘 정리되어 도시 경쟁력을 갖춘 도시였다. 사실 Borzaga 교수가 이야기하듯, 트렌토가 경제수준이 월등히 높은 편이라고 할 수 없음에도 여유 있는 도시 분위기를 만들 수 있었던 비밀은 경제수준의 '평균'이 아니라 '분포'에 있다. 이는 지역의 부의 분배가 공동체 전체가 만족할만한 수준으로 이뤄지고 있음을 의미한다. 트렌토 협동조합의 힘을 보여주는 부분이다. 로마 여느 도시에서 볼 수 있는 두오모(예배당)의 웅장함은 없어도 '정갈한' 신뢰의 도시를 만든 힘이라 생각되었다.

Jacopo 박사의 소개로 방문한 사회적 기업 A.L.P.I.는 정신지체 장애우들에 대한 직업교육과 취업을 지원하는 사회적 기업이다. A.L.P.I.의 운영재원은 정부로부터의 직접 지원 없이, 일부 지방 정부와의 계약(contract)을 통한 사업과 학생들을 고용하는 해당 기업을 통해 충당되고 있었다. 매년 적지 않은 정부 예산이 투입되고 있는 한국의 직업훈련 지원 시스템의 문제에 대해 재차 생각해 보게 하는 시간이었다. 작지만 삶의 여유와 친절함이 느껴지는 도시, 트렌토. 협동이라는 아름다운 전통의 향기가 도시 전체에서 느껴졌다. 이탈리아답지 않은(?) 도시 트렌토를 뒤로 하고 또 다른 협동조합의 도시, 볼로냐로 향했다.

2. 협동조합의 전통을 간직한 천년 고도, 볼로냐

천년 고도, 볼로냐는 1000년의 세월을 간직한 대학 볼로냐 대학과 떼어낼 수 없는 곳이다. 볼로냐 대학 자체가 볼로냐를 대표하는 랜드마크라 할 수 있다. 문제의 철학자, 움베르토 에코도 다녔다는 그 볼로냐 대학에서 이탈리아 사회적 경제, 협동 조합 경제의 석학 자마니(Zamagni) 교수를 만났다.

인터뷰를 시작하기에 앞서 어느 도시에나 흔한 커피 프랜차이즈 상점이나 대형마트를 이탈리아 도시에서는 찾기가 쉽지 않은 이유가 제도적인 문제인지 아니면 소비자 선택에 의한 것인지를 여담삼아 물었다. "어떻게 지역에 들어서는 기업을 법적으로 막을 수 있겠는가? 다만, 이탈리아 주민들, 소비자, 조합원들은 그들의 비인간적인 기업 관리방식에 거부감이 있을 뿐만 아니라, 그들의 등장이 장기적으로 지역경제에 악영향을 미친다는 것을 안다"는 답변이 돌아 왔다. 대형마트 입주나 SSM 규제법안 등으로 사회적 갈등을 겪고 있는 우리네 상황이 겹쳐지면서 이들의 '선택'이 놀라움과 부러움으로 다가왔다.

트렌토 협동조합이 개개인, 혹은 가구가 각자 (땅의) 지분을 가진 상태에서 모여 협동조합을 구성하는 형식이라면, 볼로냐 협동조합은 대단위 협동조합이 구성된 상태에서 각 개개의 권리를 행사하는 형식이라는 점에서 차이를 보인다. 모든 이탈리아 협동기업이 동일한 듯지만, 각 지역의 맥락에 따라 각자 강한 협동조합을 발전시켜온 이탈리아 사회적 경제의 모습이다. 같은 이탈리아 협동조합으로 소개되고 있는 볼로냐 협동조합과 트렌토 협동조합과 경제 구조의 차이를 공부한 것만으로도 충분히 의미 있는 시간이었다.

볼로냐의 경제, 더 나아가 이탈리아의 사회적 경제는 세 개 축으로 구성된다는 Zamagni 교수의 설명이 흥미로웠다. 이른바, 백색, 적색, 녹색, 이탈리아 국기를 구성하는 세 가지 색상으로 이탈리아 경제의 축을 이해할 수 있다는 것이다. 흰색은 가톨릭, 빨강은 사회주의자, 녹색은 자유주의자를 대표하며, 이 세 가지 색깔이 이탈리아의 협동조합 및 사회적 기업을 떠받치는 주요 축이라는 것이다. 이탈리아 협동조합 및 사회적 기업은 가톨릭적 호혜주의와 사민주의적 전통에 자유주의적 색채를 가미하여 구성되고 발전되어 갈 것이다.

자연스레 국내에 '신부님, 신부님, 우리들의 신부님'으로 변역되어 소개되었던 이탈리아 국민작가, 과레스키의 소설이 떠올랐다. 작은 이

탈리아 마을(소설의 무대 역시 볼로냐가 속한 에밀리아로마냐 지역이
란다)에서 깡패보다 더 깡패스러운 돈까밀로 신부님과 사회주의자 빼
뽀네 시장의 티격태격 에피소드를 코믹스럽게 엮은 소설이다. 정치적
견해 차이 때문에 툭탁거리는 두 사람이지만 서로 말하지 않아도 통하
는, 우정 아닌 우정을 쌓아가는 그들의 에피소드는 이탈리아 지역 협동
조합의 역사와 현재의 이탈리아 전체 정치, 경제를 이해하는 중요한 코
드임을 이제서야 이해하게 된다.

　1950년대 초만 하더라도 이탈리아에서 가장 못사는 동네 중 하나였
으나, 지금은 유럽연합 전체 중에서도 가장 잘사는 지역 중 하나로 발전
한 힘은 바로 서로 다른 이념과 방법론을 가진 공동체 구성원 서로 간
의 이해와 공감대였다. 인구 430만에 40만 개 기업을 가지고 있는 에밀
리아로마냐 주. 직원 5~6명의 영세기업만으로 세계적 경쟁력을 갖춘 지
역. 협동조합만 8,000개에 이르고, 대기업의 절반가량이 협동조합인 이
지역의 경제구조에서 그 힘의 원천을 짐작할 수 있었다. 소위 정보탐색
비용과 감독비용, 관리비용을 최소화하여 시스템 효과를 극대화한다는
네트워크 효과성을 경험적으로 증명하고 있는 지역, 이제 우리는 볼로
냐를 주목하기 시작했다.

　여행의 아쉬움을 놓지 못하고 나선 도시의 밤 산책에서 뜻밖의 행운
을 잡았다. 영화 '시네마천국'에서 보았던 여름철 광장에서의 영화 상
영을 볼로냐 중앙광장에서 접할 수 있었다. 줄지어 선 간의의자와 함께
주변 카페 테이블이 광장으로 내려와 있었다. 시원한 이탈리아 맥주 한
잔과 함께 뜻 모를 이탈리아 흑백영화를 감상(?)하였다. 두오모(가톨릭)
와 광장(코뮤니즘)을 중심으로 형성된 시장(자유주의)이라는 대부분 이
탈리아 도시 구성의 의미를 다시금 생각해 볼 수 있었던 의미있는 시간
이었다.

3. 새로운 사회혁신을 꿈꾸는 역사도시, 로마

고대와 중세, 근대 유럽을 고스란히 간직한 도시, 로마. 이탈리아, 특히 로마는 선남선녀와 문화재로 가득한 도시이자, 수많은 관광객으로 붐비는 곳이다. 백색(가톨릭)과 적색(사회주의자)이 치열하게 싸우지만 묘한 조화를 이루고 있는 나라, 그 나라의 수도 로마에 도착했다.

로마의 중앙역, 테르미니 역은 인종, 문화의 전시장임을 실감케 한다. 매캐한 담배연기조차 이국적인 분위기를 만들어내는 데 일조하고 있었다. 30킬로그램이 넘는 수화물을 끌고 예약된 숙소로 가는 길, 도시 전체가 박물관이라는 말을 실감하게 한다. 숱한 검투사와 그리스교도의 피를 뿌렸던 콜로세움과 고대 로마제국의 유물, 그리고 가톨릭의 권위를 과시하는 중세/근대 문화재가 아이러니하게도 조화를 이루고 있는 도시였다. 웬만한 도시에서는 주요 문화재로 등록될만한 고대 로마 성벽 문화재가 '주체를 못한 채' 도시 곳곳에 자리를 잡고 있었다. 고대와 중세로의 로마여행이라는 욕망을 자제하고, 로마2대학 Carrera 교수의 인터뷰를 위해 로마시 외곽 Anagnina로 발길을 옮겼다.

로마 정부의 사회적 기업 및 협동조합 관련 부서와 인터뷰가 여의치 않아 대안적으로 선택한 Carrera 교수와의 면담은 새옹지마, 전화위복이 되었다. 협동조합의 전통에 익숙하고 이에 대한 자부심이 깊은 트렌토의 Borzaga 교수와 볼로냐의 Zamagni 교수는 대도시 로마에서의 사회적 기업 정착에 대해 부정적인 견해를 피력한 바 있다. 다양한 구성원과 이해관계, 대도시 특유의 여러 복잡한 문제 때문에 공동체 형성과 공동체 구성원간 신뢰문제는 극복하기 힘들 것이라는 것이 그들의 생각이었다. 하지만 Carrera 교수의 상반된 의견은 자못 신선하게 다가왔다. 두 교수의 견해도 일견 일리가 있으나 그러한 생각 역시 전통적이고 틀에 박힌 생각이라는 것이다. 사회적 기업 혹은 사회적 경제의 활성화를 위해 세계는 사회적 혁신(Social Innovation)을 필요로 하고 있고, 대도시로마의 여러 문제를 해결하기 위해 사회적 기업과 관련된 사회혁신 아이디어는 매우 중요하다는 것이다.

그는 사회혁신 아이디어의 네트워크를 위한 전 세계 네트워크 조직 '허브(www.hub.it)'를 소개하기 시작했다. HUB는 사회적 기업과 관련된 사회혁신을 '즐겁게' 고민하는 이들의 네트워크이다. 이미 유럽 각국과 북남미 및 중국 상하이에도 지부를 가진 네트워크 조직으로 성장하고 있는 중이다. 우여곡절을 겪고 있는 한국의 사회적 기업 경험과 원주생협과 같은 한국의 협동조합 맹아에 대한 이야기를 그들과 공유하고 네트워킹할 수 있는 기회가 되었다.

우스갯소리로 이탈리아는 조상 덕에 산다는 말을 더러 듣곤 했다. 막상 이탈리아를 직접 경험하니 '눈에 치이는' 문화관광자원과 잘생기고 예쁜 외모까지 조상 덕을 많이 보고 산다는 말이 농담만은 아니라는 생각이 들었다. 하지만 돌이켜보면 정작 부러운 것은 이탈리아인들의 멋진 외모나 그들의 문화재가 아니라 세상에서 가장 멋진 협동조합의 전통을 발전시켜온 그들의 오기와 신념이었다.

참고 문헌

고형면. 2007. 사회적 기업 정책과 한국적 모델의 발전 가능성. 『2007년 후기 사회학대회 발표논문집(I)』. 한국사회학회: 109-126.

고혜원. 2004. 영국 직업훈련정책의 제도주의적 접근. 『한국사회와 행정연구』 15(2): 143-177.

권영준. 2008. 공동체자본주의와 관련된 개념 및 사회적 기업의 유형. 『사회적 기업 활성화 방안에 관한 심포지엄 자료집』.

김경휘·반정호. 2006. 한국 상황에서의 사회적 기업의 개념과 유형에 관한 소고. 『노동정책연구』 6(4): 31-54.

김봉화·김재호. 2010. 『세계 사회적 기업의 현황과 전략』. 학술연구정보 (주).

김신양. 2006. 사회적 기업의 법제화: 유럽 및 한국의 사례. 『도시와 빈곤』 80: 75-91.

김정원. 2007. 사회적 배제 완화의 측면에서 바라본 마이크로크레딧의 활동. 『민주주의와 인권』 7(2): 195-228, 521-522.

김태영. 2008. 공기업정책의 이상과 실천: 한국의 사회적 기업의 성장과 과제. 『한국정책 학회 동계학술대회 및 정기총회 발표자료집』, 413-428.

김현대·하종란·차형석. 2012. 『협동조합, 참 좋다』. 푸른지식.

김홍일. 2007. 한국 사회적 기업의 현황과 가능성 모색. 『사회적 경제 심포지엄 자료집』.

노동부. 2003. 『사회적 일자리 창출사업 2003년도 시행지침』. 노동부.

_____. 2006. 『사회적 기업 육성법 해설자료』. 노동부.

_____. 2008. 『사회적 기업 육성 기본계획(2008-2012)』. 노동부.

노대명. 2007. 한국 사회적경제(Social Economy)의 현황과 과제. 『시민사회와 NGO』 제5권 제2호.

_____. 2008. 한국의 사회적 기업과 사회서비스. 『보건복지포럼』 138: 62-85.

류만희. 2011. 한국의 사회적 기업 특성과 발전전략에 관한 연구. 『상황과 복지』 31: 161-191.

심창학. 2007. 사회적 기업의 개념 정의 및 범위 설정에 관한 연구: 유럽의 사회적 기업을 중심으로.『사회보장연구』23(2): 61-85.

신명호. 2008. 한국의 '사회적경제' 개념 정립을 위한 시론.『도시와 빈곤』 89: 5-45.

엄형식. 2005. 유럽적 의미의 사회적 기업 개념과 시사점.『도시와 빈곤』, 76: 78-117.

장원봉. 2006.『한국사회에서 '사회적 경제'의 의미와 발전과제』. (가)사회 적 기업 발전을 위한 시민사회 연대회의 워크 발표자료.

_____. 2006. 사회적 경제의 대안적 개념화: 쟁점과 과제.『시민사회와 NGO』제5권 제2호.

_____. 2008. 한국 사회적 기업의 실태와 전망.『도시와 빈곤』, 89: 46-74.

장인봉 · 장원봉. 2008. 공동생산자(Co-producer)로서 지방정부와 사회적 기업의 파트너십(Partnership) 형성과 전망.『한국거버넌스학회보』 15(3): 299-320.

정선희. 2006. 사회적 기업이 지속가능한 발전.『도시와 빈곤』제80호.

조영복. 2010.『사회적 기업: 국제비교』. 사회적 기업연구원. 사회적 기업 연 구총서 2010-4.

조영복 · 곽선화 · 류정란. 2010.『사회적 기업: 다양성과 역동성, 배경과 공 헌』. 사회적 기업연구원. 사회적 기업 연구총서 2010-1.

_____. 2010.『유럽 사회적 기업 부문: 정책과 사례』. 사회적 기업연구원. 사 회적 기업 연구총서 2010-2.

_____. 2010.『사회적 기업의 국가별 정책과 전략』. 사회적 기업연구원. 사 회적기업 연구총서 2010-3.

채종헌. 2011. 흰색, 적색, 녹색의 나라, 이탈리아 출장기: 이탈리아 사회적 협동조합 및 사회적 기업 탐방기.『행정포커스』통권 제93호.

_____. 2011.『지역사회 활성화를 위한 사회적 기업의 활용방안에 관한 연 구』. 한국행정연구원.

채종헌 · 이종한. 2009.『지속가능발전을 위한 사회적 기업의 역할과 활성화 방안에 관한 연구』. 한국행정연구원.

채종헌 · 최준규. 2010. 한국 사회적 기업의 운영상 특성과 법 · 제도 인식에 관한 연구.『도시행정학보』23(2): 23-54.

최호윤. 2010. 사회적 기업 세제 지원정책에 대한 고찰.『사회적 기업연구』 3(1): 91-110.

최혁진. 2006. 시장경제를 넘어 지역과 미래를 살린다. 『환경과 생명』 50: 101-107.

한상진. 2009. 사회적 기업의 복합 이해당사자 구조와 사회적 기업가의 역할: '재활용 대안기업 연합회'를 중심으로. 『ECO』 13(1): 267-298.

황덕순·판정징응. 2004. 유럽에서의 사회적 기업의 확산과 국가의 지원/일본의 파견근로자 제도와 현황. 『국제노동브리프』 2(6): 72-87.

Borzaga, C., & J. Defourny(ed.). 2001. *The emergence of social enterprise*. London: Routledge; 박대석·박상하·고두갑(역). 『사회적 기업 I:이론과 실제편』. ㈜시그마프레스, 2009.

Defourny. J. 2004. 확장된 유럽에서의 사회적 기업: 개념과 현실. 『국제노동브리프』.

_____. 2007. 사회적 기업: 유럽의 상황을 중심으로. 『사회적 기업발전을 위한 시민사회연대회의 국제심포지움 발표자료집』.

Defourny. J., & M. Nyssens. 2009. Conceptions of Social Enterprise and Social Entrepreneurship in Europe and the United States: Convergences and Divergences. 2nd EMES International Conference on Social Enterprise. Trento, Italy, July 1-4, 2009.

Kerlin, J. A. 2009. *Social Enterprise Global Comparison*. University of New England, Hanover and London.

_____. 2010. A Comparative Analysis of the Global Emergence of Social Enterprise. *Voluntas* 21: 162-179.

Loss. M. 2006. 이탈리아의 사회적 기업. 『국제노동 브리프』.

Nicholls, A. 2009. Institutionalizing social entrepreneurship in regulatory space: Reporting and disclosure by community interest companies. *Accounting, Organizations and Society* 35(4): 394-415.

OECD. 1999. *Social Enterprises*. OECD.

Putnam, Robert D. 1993a. *Making Democracy Work: Civic Traditions in Mordern Italy*. Prinston: Prinston University Press.

Shah, D. 2009. A UK policy perspective: thought piece from the UK Social Enterprise Coalition. *Social Enterprise Journal* 5(2): 104-113.

Zamagni, Stefano, & Vera Zamagni. 2010. *Cooperative Enterprise: Faceing the Challenge of Globbalization*. Edward Elgar Publishing Limited; 송성호(역).『협동조합으로 기업하라』. 북돋움, 2012.

제6장

유럽 중간지원조직의 사례:
토트네스 전환마을

김종수

I. 왜 중간지원조직을 논의하는가

사회적 경제조직의 양적 풍요의 시대이다. 한편으론 양으로만 실적을 올리려는 것이 아니냐는 우려의 목소리를 내기도 한다. 이러한 양적 팽창이 질적 향상으로 이어지기 위해 정부, 시민사회 등 각 분야의 명확한 역할 분담이 필요하다. 중간지원조직은 이러한 분위기 속에서 제 역할 찾기를 시작하고 있다.

중간지원조직이 사회적 경제조직의 특징을 이해하고 미션을 공유하지 않는다면 다함께 공멸의 길로 빠져들 수 있다. 다시 말해 중간지원조직이 제대로 역할을 하지 않는다면 단순히 정부의 서비스 전달체계의 하나로 전락하거나, 옥상옥의 형태로 남을 수 있다. 사회적 기업과 마찬가지로 중앙 및 지방정부의 지원은 초기 자본축적, 조직의 체계화에는 도움이 될지 모르나 점차 중간지원조직의 본래의 역할을 축소시킬 수밖에 없을 것이다. 더구나, 독립적 파트너십을 유지하지 않는다면 사업에 있어 자율성, 창의성이 떨어질 수밖에 없다. 파트너십은 1:1의 대등한 관계에서만 유지될 수 있는 것이다.

이 글은 이러한 배경하에 중간지원조직의 길 찾기를 모색하기 위해서 시작되었다. 먼저 중간지원조직의 개념, 역할 등을 살펴보고, 유럽의 중간지원조직의 사례연구를 통해 시사점을 공유하고자 한다.

II. 중간지원조직의 지속가능 전략

1. 중간지원조직의 개념 및 역할

중간지원조직은 NPO의 활동을 지원하는 역할을 수행하며, NPO와 NPO, NPO와 행정기관, 기업, 주민 사이에 중개자 역할도 하는 조직을 지칭하는데 주로 일본에서 사용되는 개념이다. 일본에는 2007년을 기준 288개의 중간지원조직이 활동하고 있다(강내영, 2008).

일본 내각부(2002)에 의하면 중간지원조직 개념은 '다원적 사회에 있는 공생과 협동이라는 목표를 향해서, 지역사회와 NPO 간의 변화와 요구를 파악하며, 인재 자금 정보 등의 제공자로서, 또한 NPO 간의 중계 또는 광의의 의미에서의 각종 서비스의 수요와 공급을 코디네이터 하는 조직'이라고 할 수 있다. 이러한 중간지원조직의 개념은 일본 이외에도 미국과 영국에서도 비슷한 의미가 존재하며,[1] 다른 명칭으로

---

1) 영국의 경우 우산조직(umbrella organization)으로 불리기도 한다. 우산조직은 회원조직을 위하여 활동을 조정하거나, 자원의 풀을 마련하기도 하며, 정체성을 형성하려는 노력을 하기도 한다. 또한 '우산조직'은 회원조직의 생존을 위해 힘써야 한다. 따라서 이들은 규모의 경제를 추구하며, 전문성과 경험, 노하우를 나눈다. 그리고 공동의 브랜드를 형성하여 대중들의 인식을 향상시키려고 한다. 또

〈표 6-1〉 중간지원조직의 역할과 기능

기능	역할
정보의 수·발신	• NPO나 행정, 기업 등 각 주체에 대한 정보수집, 인터넷 등의 매체를 통해 정기적으로 정보를 전달
자원과 기술의 중개	• 정보제공이나 상담업무 이외에 NPO법인의 활동에 있어서 필 요로 하는 자금, 인재 등을 지원하거나 이를 제공해 줄 수 있는 제공자와 연결시켜주는 역할
인재육성	• NPO법인이 자립하기 위해 필요로 하는 조직운영, 자금확보 등에 대응가능한 인재양성
상담 및 컨설팅	• NPO법인의 체계적인 활동을 위한 매니지먼트의 노하우를 제 공하고 관련된 문제나 어려운 점을 컨설팅
네트워크 및 교류촉진	• 누구나가 쉽게 참가할 수 있는 이벤트 개최(행사, 포럼, 심포 지엄 등) • 관련 NPO를 네트워크하거나 각각의 NPO법인이 가진 자원을 유효하게 활용하여 목적을 달성하기 위해 필요한 코디네이트 역할 수행 • 지역자원(사람, 물건, 돈 등)의 마케팅, 협력관계(행정, NPO, 기업 등)의 코디네이트 제공
평가	• NPO활동의 지표를 활용하여 활동실태나 정보에 대한 수준을 정부, 기업, 개인 등 지원기관에게 제공
정책제안	• 사회적 문제를 이슈화 시키거나, 새로운 문제해결 방법을 만 들어냄 • 지역사회문제 해결을 위한 새로운 사회시스템이나 방법을 구 축, 정책제안기능을 강화
조사·연구	• 정책제안 기능을 수행하기 위한 기초작업활동으로 중간지원 조직만이 수행할 수 있는 조사 및 연구 활동을 통해 특정 사회 이슈의 해결방안을 제시

자료: 內閣府 (2002), 『中間支援組織の現實と課題に關する調査報告書』, 第一總合研究所

인프라스트럭처 조직(IO: Infrastructure Organization)으로 불리기도 한
다(이미홍·최동진, 2010).

캐나다의 커뮤니티 미래 발전 법인(Community Futures Development
Corporation)은 비도시 지역의 커뮤니티비즈니스 지원조직으로 캐나
다 내에 268개가 설립되어 있다(박용규·주영민·최홍, 2009; 김정

한 내부 규칙을 만들어서 조직의 목적을 지키려고 한다(위키피디아 참조).

원, 2010 재인용). 이 외에도 각국에서는 NPO, 커뮤니티비즈니스, 사
회적 기업 등의 활동을 지원하는 조직들이 활발한 활동을 전개하고 있
다. 중간지원조직이라는 용어가 일본에서 들어왔지만 넓게는 중개자
(broker)로서의 역할을 하는 조직을 지칭할 수 있으며, 좁게는 NPO, 커
뮤니티비즈니스, 사회적 기업 등의 활동을 지원하는 역할을 하는 조직
으로 규정할 수 있다.

2. 지속가능한 중간지원조직을 위한 몇 가지 전략

1) 필요(Needs)에서 자산(Asset)으로 관점 전환[2]

필요기반의 정책은 가지고 있는 것보다는, 부족한 것이 무엇인가에
초점을 맞추어 접근하는 방식이다. 수십 년 동안 대부분의 나라들은
(개발도상국이든 선진국이든) 지역의 소요량을 정량화하기 위해서 필
수공급지표(주택공급량, 상가, 학교, 공원, 공공용지 등)를 사용해왔다.
부족한 부분을 채우기 위한 이러한 접근방식은 불확실한 사실을 근거
로 '소요량'을 산출하고, 이 소요량을 채우는 것이 우선적인 정책목표
가 되어, 문제에 대한 불공평한 해결책(빈민가 강제철거 등)을 가져오
는 것으로 나타났다(Peattie, 1983).

비단 주택공급의 문제뿐만이 아니라 지역의 서비스 제공 및 일자리
창출 분야에서도, 탑다운(Top-down) 방식의 정책집행과 보여주기 위
한 전시행정에 의하여 단지 부족한 수치(실업률, 저소득률 등)를 채우
는 것으로도 정책목표를 달성했다고 자위한다. 문제를 정량화함으로
써 거기에 수반되는 원인들을 지역적 특성과 관계없이 일반화시킴으
로써 지역마다 가지고 있는 고유한 특징을 살리지 못하고, 문제의 다양
한 원인에 대한 고려가 미흡하여 지속적인 문제를 발생시키게 된다.

---

2) 이 부분에 대한 자세한 논의는 김종수 · 전은호 · 홍성효의 2012년 논문을 참조할 것.

전문가 기반의 탑다운(Top-down) 형태의 전통적인 정부의 방식은, 결과적으로 전문가가 평가하는 지역의 필요들과 지역 주민들이 인식하고 정의하는 지역의 요구들 간의 차이를 보여주었고, 정부는 여기에서 발생하는 갈등의 문제를 해결하기 위해서 규제를 사용하게 되었다. 효과적인 탑다운 방식과 필요기반 방식의 절차들은 다양한 불평을 야기하였고, 주민과 정부 간의 불신은 보조금등 지원금의 삭감으로 이어졌다. 지역공동체들은 자기들 나름대로 자신들의 역량을 구축하기위한 혁신적인 방법들을 발견하기 위해 힘을 썼다(UN-HABITAT, 2008).

이러한 맥락에서 나타난 대안적 접근방식이 자산기반의(Asset-based) 접근방식이다. 전형적인 필요기반의 소요 모델과는 대조적으로 자산기반의 접근은 정량적인 소요량을 찾지 않는다. 대신에, 전문적인 영역을 초월하여 역량을 구축하고 변화에 호의적인 태도를 만드는 것을 목표로 한다. 지역 디자인 과정은 "작업 환경은 사람들이 수동적인 소비자로서 다루어지는 것보다 창조, 관리 등의 변화에 능동적으로 참여하려는 사람들일수록 더 낫다"라는 기반 위에 있다(Sanoff, 2000).

〈표 6-2〉 새로운 정책: 커뮤니티 형성

기존의 정책	새로운 정책
• "부족(deficiencies)"에 초점	• "자산(assets)"에 초점
• 자선(charity)적 관점	• 투자(investment)적 관점
• 더 많은 서비스	• 적은 서비스
• 기관에 대한 높은 강조	• 연합체, 기업, 기관, 교회 등에 대한 강조
• 개인에 초점	• 커뮤니티/이웃에 초점
• 유지	• 개발
• 사람들을 "고객들(clients)"로 봄	• 사람들을 "시민들(citizens)"로 봄
• 고정된 사람들	• 잠재적 개발 가능한 사람들
• 프로그램이 해답	• 사람들에서 해답을 찾음

자산기반의 접근방법은 부족한 것이 무엇인가에 대한 것보다 지역
에 이용 가능한 유무형의 자산을 정의하고 자본화하는 방안을 찾는다
(Kretzmann and McKnight, 1993; Sanoff, 2000; Green and Haines, 2002;
Mathie and Cunningham, 2003; Arefi, 2004 a; 2004 b). 정책입안자들과
지역활동가 들에게 지역자산은 중요한 의미를 지닌다. 그것은 다양한
방법(주택과 복지 등)으로 그 지역주민들에게 이익을 가져다 주기 때
문이다. 생동감 있는 지역들은 지역에 거주하고, 속하고 싶은 마음을
강하게 표현하고 촉진시킨다. 그리고 희망이 없고 절망감에 빠진 주민
들과 정부정책과 열악한 시장 환경으로부터 고통을 겪는 지역에 새로
운 에너지를 공급한다(UN-HABITAT, 2008).

필요기반의 정책과 자산기반의 정책은 대상이 사람이냐 공간이냐에
따라서 형태를 달리한다. 필요기반의 정책은 주로 자원의 재분에나 도
심활성화에 초점을 맞추는 반면, 자산기반의 정책은 권한이양이나 파
트너십에 초점을 맞추고 있다. UN보고서에 따르면 필요기반의 재분배

〈표 6-3〉 필요(Need) vs 자산(Asset)기반의 공공정책 옵션들

	People	Place
필요(Need) (TARGETING)	재분배 • 복지주의 • 수혜권(세금, 구호품, 주택 바우처, Food Stamps 등)	활성화 • 공공주택 • 근린단지 • 도시재생 • 도심 활성화 • 기업도시
자산(Asset) (CAPACITY BUILDING/ ASSET BUILDING)	권한이양(Empowerment) • 사회적 자본 (networking, trust, reciprocity) • 공동생산과 지식과 기술 (전문가 지식과 지역지식 사이) • 자원에 대한 사회 정치 심 리적 가치평가	파트너십(Partnership) • 역사적 보호와 장소에 대한 감성 • 자원으로서의 영토 • 지역-대학, 공-사 파트너십 • 지역개발조합들(CDCs)

나 도심활성화 정책은 빈곤계층의 수를 줄이고, 슬럼화된 도시를 재생시키는 노력에는 효과적이었으나 그 효과를 지속시키기 위한 역량을 강화시키는 데에는 역부족이었다고 말한다.

지역을 기반으로 하는 사회적 기업 및 중간지원조직은 지금까지 중앙정부가 해오던 필요기반의 지역정책들과는 차별성을 가질 필요가 있다. 개인들의 취업률을 높이고, 삶의 질을 향상시키려는 현재의 사회적 기업의 목표는 어쩌면 지금까지 국가가 해오던 필요기반의 정책의 연장선으로 볼 수 있다. 정부의 정책의 보조자가 아니라, 새로운 변화의 주체가 되기 위해서 정책목표에 대한 다양한 관점의 분석이 필요한 시점이다.

자산기반의 정책을 통하여 사회적 자본의 형성을 도우며, 지식과 기술을 공유하고, 자산에 대한 사회 정치적가치의 공유를 이끌어내도록 만들어야 하며, 지역차원에서는 역사적 자산에 대한 가치인식과 자산으로서의 영토공유, 지역과 대학, 공과 사의 파트너십을 강화하고 다양한 지역개발조직들을 세워가는 것이 바람직한 모델이 될 수 있을 것이다.

2) 지역사회 내의 사회적 자본 형성

중간지원조직이 지속가능하기 위해서는 우선적으로 지역사회에 배태되어 있어야 한다. 즉, 지역을 기반으로 활동을 함으로써 지역사회 내 다양한 자원들과의 네트워크를 통하여 사회적자본의 집적과 확산, 재생산을 시도할 필요가 있다.

시민사회 발전에 있어 사회적 자본의 역할은 다양한 이론적 논의와 실증을 통해 증명된 바가 있다. 퍼트남은, 사회적 자본을 공유된 목표를 추구하는데 참가자들이 좀 더 효과적으로 함께 행동하는 것을 가능하게 하는 네트워크, 규범, 신뢰와 같은 사회조직의 특성으로 정의하고 있다. 퍼트남은 사회적 자본의 영향은 여러 형태로 나타날 수 있지만, 그는 시민적 목표에 부합되는 사회적 자본에 관심을 가진다고 한다. 퍼트남에 의하면 이웃 간의 모임, 합창단, 협동조합, 운동클럽과 같이 밀도 높은 수평적 상호작용이 가능한 시민네트워크가 조밀할수록 시민들이 상호이익을 위해 협력할 가능성이 높아진다고 본다. 즉 다양한 사회적 영역을 가로지르는 시민네트워크는 보다 넓은 범위의 사회적 협력을 촉진시키고, 장기적인 사회교환 관계에 일관성을 확보하는데 중요한 요소로 작용하여, 한 사회나 지역의 문화로 자립잡게 된다는 것이다(퍼트남, 1994; 신경희, 2003 재인용).

실제로 사회적경제 조직의 발전에 있어서도 사회적 자본의 형성은 매우 필요하다. 이는 호혜적 관계를 통해 신뢰형성을 한다는 것을 의미한다. 이러한 신뢰형성은 장기적인 시장을 만드는 것을 넘어 공동의 목표를 가지고 협력적 공생관계의 전제조건이다.

지역 내의 파트너십은 지역마다 존재하는 행위자들이 다양하고 각각의 특성이 다르다는 것을 기본으로 한다. 지역 내 지자체, 기업, 시민단체, 주민단체들은 지역의 다양한 이슈를 중심으로 모여 서로 힘을 모은다. 이러한 힘을 모으는 과정에서 지역의 다양한 인적 물적 자원이 동원될 수 있다. 다시 말해 지역의 자본을 기반으로 사회적 경제조직이 태동되고, 이에 지역민들이 참여함으로써 조직이 꾸려질 수 있다.

중간지원조직은 이렇게 형성된 네트워크를 다시 네트워크 하는 중층화된 네트워크 구조로 운영되어야 한다. 왜냐하면 개별 기업으로 어려운 정보의 축적과 교류를 가지고 각각 조직의 강점과 약점을 파악할 수 있어야 하기 때문이다. 이렇게 쌓인 사회적 자본은 지역사회문제 해결 능력을 향상시킬 수 있다. 여기서 지역사회의 능력은 지역사회 내의 개인이나 조직의 사회관계에 자리 매겨진 자원으로써 지역사회의 협조와 협력을 촉진하고 지역사회 내 물적·인적 자원과 마찬가지로 다른 자원의 생산성을 향상시키는 특성을 갖는다(홍현미라, 2006: 70).

3) 공동체 자산의 활용

중간지원조직의 지속가능한 전략 중 하나는 공동체 자산을 활용해야 한다는 것이다. 공동체 자산은 단순히 인적, 물적 자원뿐 아니라 지역의 역사, 문화 등 다양할 수 있다. 이러한 공동체 자산의 개발과 활용은 공동체의 역량강화와 연결되는 문제이다.

맥나이트(Mcknight)와 크레즈만(Kretzmann)은 공동체의 지속가능한 개선들은 주민들 스스로 문제(마약, 빈곤, 강제이주, 범죄 등)를 해결을 할 수 있다는 능력을 발견했을 때 가능했다고 주장한다. 전문가들이나 선출된 지도자에 의해서가 아니라 공동체 스스로가 주인이 되었을 때

〈표 6-4〉 공동체 자산의 유형과 내용

종류	내용	사례
Financial	경제적 역할을 하는 금융자산	지역통화, 지역상점내 지분들, 공동체토지신탁, 지역재단, 신용조합,대출의 기준이 되는 신용 'Credits' 등
Built	삶에 필요한 건물, 시설 등의 고정자산	마을회관, 주민자치센터, 공동체소유의 shop, 광대역통신망, 공동작업공간 등
Social	사회적 자산 (상호이익, 신뢰, 유대)	지역 내 클럽, 여성, 농민단체등의 조직들, 상호협력 능력, 마을위원회의 협력적 거버넌스 등
Human	인적자산 (건강, 지식, 기술, 동기)	공동체에 도움이 되는 지혜의 공유. 지역의 역사를 잘 아는 사람, 문화인, 학자, 위원회 구성원 등
Natural	자연자산 (가공할 수 있는 물질, 재생산 할 수 있는 자원들과 그렇지 못한 것들을 포함)	이 자산들은 특히 지역적 맥락에서 중요함. 저수지, 숲, 석탄, 물고기, 바람, 바이오매스, 목초지와 농장. 농사지을 수 있는 농지와 같은 자연, 목초지, 해변가, 그린벨트, 저지대평야, 초원과 목장, 과수원, 고원, 수변지역 등
Cultural	문화자산 (지역의 세계관, 가치관, 사상 등을 형상화 하는 것)	중요한 지역행사, 다양한 축제, 지역고유의 언어 등
Political	정치자산 (한정된 자원의 분배와 사용에 영향을 주는 공동체의 역량)	해당지역 또는 지역의회, 개발신탁, 지역 전략 파트너십 등

힘있는 행동들이 나오고 이것이 최근에 나타나고 있는 공동체의 개선
과 변화의 이유로 본다.

공동체의 자산을 활용한다면 공동체의 역량 강화에 도움이 될 수 있
을 것이다. 공동체 역량(community capacity) 개념은 사회경제, 환경,
그리고 물리적 배경의 발전지표 및 인자와 연관된 사업을 하는 지역사
회 및 지역주민의 능력으로 간주된다. 이러한 지역사회 능력의 측면에
서 비영리 조직이 생존을 위해 동원 가능한 자원으로 생각되기도 한다.
특히 사회적 기업은 지역자산의 활용에 그칠 것이 아니라 일종의 지역
투자전략으로서 공동체 자산을 지속적으로 개발하고 이를 활성화할
필요가 있다. 지역의 풀뿌리 자치조직의 역량강화는 궁극적으로는 지
역사회의 자산을 만드는 것이다. 예를 들어, 학교 학생들의 자치활동
을 키워주거나 대학생들의 동아리 활동을 지역사회의 활동과 연결시
켜 주는 것이 매우 필요하다. 이러한 활동들은 지역의 인적자산을 어떻
게 활용할 것인가를 고민을 할 때 발견할 수 있는 대안들이다. 실제로
외국에서는 이러한 자원봉사, 지역사회 활동을 학점과 연계하여 진행
하고 있다. 이는 결국 주민 스스로 어떠한 지역 활동에 참여할 것인지
결정함으로써 자신이 가진 재능을 기부하는 것으로 연결된다(김종수,
2010).

4) 전환: 내적 운동의 외적 확산

중간지원조직은 시민들의 의식을 깨우고 이를 행동으로 이어지게
할 필요가 있다. 이를 토트네스에서는 '전환(transition)'의 개념으로 설
명한다. 지속가능한 세계는 복원력으로부터 시작되고 현재 누리고 있
는 상황을 지속하는 것이다. 다만 현재처럼 소비하면 불가능한 것이
라고 설명한다. 복원력의 개념에는 변화하는 상황에 대처하는 유연성
을 포함하고 있다. 전환이라는 것은 서로 이해함으로부터 시작하는 것
이고 우리 의식 외부에 있는 물리적인 것뿐 아니라 의식 내부 즉 문화
적, 심리적인 것을 포함하는 개념이다. 이탈리아의 심리학자 디클레멘

(DiClement)은 사람의 행동변화는 다음의 단계를 거쳐서 일어나는 것이라고 설명한다. 이는 사람들을 어떻게 동기부여할 수 있는지에 대해 중요한 시사점을 준다. 사람들은 변화(의식전환)할 때 각각 다른 요구들을 필요로 한다.

① Pre-contemplation
　(의식의 고양 단계)
 - 사고하기 이전 단계: 의식하지 못하는 사람들을 위한 단계
 - 다큐멘터리 등을 통해 의식 고양 시작

② Contemplation(숙고)
 - 변화를 끌어낼 때 중요한 단계, 예를 들어 평화롭고 아름다운 지구를 보여주면서 동기부여

③ Action(행동)
 - 실제 행동으로 옮겨지는 단계

④ Maintenance
　(행동유지)
 - 일종의 중독 때문에 유지하기가 매우 어려움
 - 다른 사람들의 시선과 사회적인 압력을 이겨내는 것이 필요함

⑤ "Termination Success"
　(결국 성공)
 - 변화된 행동을 지속하게 되면 "결국 성공"으로 이어짐

〈그림 6-1〉 전환이론 설명

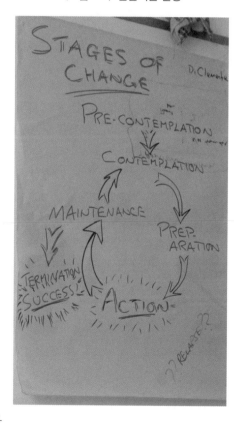

III. 유럽의 중간지원조직 토트네스 전환마을[3] 사례

• 한 눈에 숫자로 보는 토트네스 전환마을(TTT)

토트네스의 전환 활동을 배우기 위해 찾아온 사람들의 지역경제 기여효과는 £122,000(220,780,960원)—300명 이상이 전환교육 코스를 배우기 위해 방문—TTT는 기금을 마련해 74 태양 전지 패널을 구입, 시빅홀 지붕에 13,000kWh를 생산할 수 있는 태양광발전기를 설치(건물 전력의 3분의 1을 생산하며, 5천5백 파운드 이상의 돈을 아낄 수 있는)—마을 곳곳에 186그루의 하이브리드 넛 트리를 심고—4,000권이 넘는 지역먹을거리 가이드북(2종류)을 배포했으며—텃밭 공유하기(가든 쉐어)를 통해 13개의 공유 텃밭에서 30명의 사람들이 먹을거리를 재배해 약 50가구에 제공하고 있고—70개 이상의 상점이 토트네스 파운드를 받고—지금까지 140회의 공공 이벤트를 조직했으며—King Edward VI Community College의 1,000명이 넘는 학생들이 지금 '전환 이야기' 프로그램에 참여하고 있고—토트네스와 다팅턴 인구의 75% 이상이 TTT의 활동을 인지하고 있으며—재생가능 에너지에 대한 4개의 워크숍에는 600명 이상의 사람이 참석했고—59개의 '함께 전환하기(Transition Together)' 그룹이 탄소배출량을 각각 1.2톤씩 줄이고, 해마다 £601(1,087,617원)의 비용을 줄이고 있으며—이들 가구의 50% 이상이 저소득 가구이고—'전환 투어' 전환에 대해 집중적으로 배우기를 원하는 사람들을 위해 마련된 투어의 지역 경제 효과는 £52,166(94,583,739원)—TTT의 활동은 국제적인 전환 행동을 촉발시켜 1,000여 개의 네트워크를 형성했으며—TTT는 25개의 다른 기구들과 파트너십을 형성하

---

3) 토트네스 전환마을에 대한 주요 내용들은 토트네스 전환 프로젝트에 대해 요약해서 소개한 책 「So, What Does Transition Town Totnes Actually Do? The Story So far 2006-2010」과 충남도청 정무부지사 유럽 순방 자료집(2011), 실제 인터뷰를 바탕으로 구성한 것이다.

고—800명의 사람들과 35개 지역조직의 의견을 구하며 27번의 공공회의를 통해 '에너지감축행동계획'을 수립하였으며—50명의 사람들이 우리의 기본적인 텃밭가꾸기 교육을 받았으며—400명이 넘는 사람들이 TTT의 하루 동안의 축제 '윈터페스트(Winterfest)'에 참여했으며—3번의 연간 식용 정원 기르기(Edible Garden Crawls)에 500명이 넘는 사람들이 참여했고—2010년 '에너지 페어'에 400명이 넘는 사람들이 참가했고—TTT의 email newsletter는 2,000명 이상이 구독하며—TTT의 텃밭나누기는 휴 핀리-휘팅스톨(Hugh Fearnley-Wittingstall)의 국가 토지 공유하기(Landshare) 캠페인에 영감을 주었으며—TTT의 활동에 대한 10개의 짧은 필름을 제작했고, http://tinyurl.com/3yh9ysu—'Estates in Transition'라는 회의를 통해 65명의 지역유지들과 관리인들을 한데 모아 석유정점과 기후변화의 영향에 대해 토론했으며—57.2%의 지역주민들이 TTT의 활동이 자신들의 삶과 '아주 깊이 관여' 또는 '관여'되어 있다고 대답했으며—'Heart and Soul' 그룹의 15명의 사람들은 TTT에서 일을 하면서 사람들이 지쳐버리는 상황을 최소화하고 있으며—TTT 홈페이지 등록회원수는 4,500명이 넘으며—우리의 연간 씨디 선데이 이벤트는 적어도 200명이 참가하고—커뮤니티 빌더(Community Builders)로 받은 £75,000(135,984,750원)는 폐쇄된 유제품 가공공장(derelict Dairy Crest site)을 지역공동체 소유로 하기 위한 활동을 지원하는 것으로—TTT의 활동은 언론의 엄청난 주목을 받았는데 BBC's The One Show, 알자지라 TV, 'In Business' 라디오 등 일간지에도, 또 정기적으로 국제적인 미디어의 주목도 받고 있으며…

〈출처: So, What Does Transition Town Totnes Actually Do? The Story So far 2006-2010, October 2010〉

1. 배경

토트네스 전환마을(TTT: Transition Town Totnes)은 다음과 같은 사상적 배경하에서 발전하였다.

> ▷ 중독에 대한 연구(study of addiction)
> ▷ 협동적 정보 공유(collaborative information building)
> ▷ 리더없는 조직 접근(leaderless organization approach)
> ▷ 회복력에 대한 과학(resilience science)
> ▷ 어떻게 스스로 조직화할 것인지에 대한 통찰
>   (insights from how self-organization works in natural systems)
> ▷ 임파워먼트(despair and empowerment)
> ▷ 긍정을 배우는 것(learned optimism)
> ▷ 행복의 과학(the science of happiness)
> ▷ 인터넷을 통한 아이디어의 확산
>   (the power of the internet to enable ideas to spread virally)
> ▷ 퍼머컬처[4] 컨셉(permaculture concept)

이러한 사상적 배경을 가지고 토트네스가 시도한 것은 전환운동이었다. 전환운동은 롭 홉킨스라는 인물이 처음 시작한 것으로 기후변화와 피크 오일(Peak Oil, 석유 정점)에 대한 커뮤니티의 대안을 찾아내고, 위기에 대한 회복력(Resilience)을 높이기 위한 활동을 뜻한다. 결국 재지역화(Relocalization)를 통해 지역사회에서 에너지, 식량, 경제에 대

---

4) '퍼머넌트(permanent)하게 농사(agriculture)를 짓는다'의 합성어임. 퍼머컬처의 목적은 사람과 공동체의 환경에 대한 인식과 친환경 디자인 기술, 지속가능한 삶으로서의 노력을 지원하는 것이다.

한 대안을 찾고자 하는 것이다. 재지역화의 논리는 석유가격이 폭등하면 물류비용이 급격히 상승할 수밖에 없고 이는 외부로부터 자원에 유입 한계를 가져오고 따라서 지역 내 자원을 활용할 수 있는 소규모 분산형 시스템을 추구해야 한다는 것이다. 재지역화는 지역을 재발견하고 지역 내 커뮤니티를 재조직화하는 방식으로 진행된다. 이는 결국 지역의 순환과 공생의 시스템이 정착될 때 세계화의 논리에 맞서 지역이 살아남을 수 있다는 것을 의미한다.

2. 발전과정

TTT 활동이 시작된 것은 현재 4년 정도밖에 되지 않았다. 그 과정을 살펴보면 정부주도가 아니라 아래로부터 주민 스스로 마을의 문제를 인식하고 이를 해결하겠다는 목표를 구체화함으로써 시작되었음을 알 수 있다. 이는 일반적으로 커뮤니티 비즈니스가 태동되는 원리와 유사하다.

조직이 성장하고 발전하기 위해서는 주민들의 자발적인 참여가 필요하다. 이를 통해 지역사회 내에 자리를 잡게 된다. TTT의 발전과정을 보면 이러한 점이 잘 나타난다. 실제로 TTT는 지역사회에 뿌리내리기 위하여 주민이 지역사회 내에 요구하고 있는 것 위주의 프로젝트를 시작하였다. 예를 들면, 토트네스 지역은 높은 난방비가 주민들의 삶에 부담이 되고 있는 것을 간파한 TTT는 에너지 비젼 전략을 수립하고 실제로 가정집의 열손실을 줄이는 프로젝트를 시작하게 된다. 일테면 최저임금과 기름 값을 연결한 그래프를 보여주고 기름수요예측을 함께 해나가는 것이다. 이렇게 수요는 증가하고 향후 오일 생산량은 줄어들 수밖에 없다는 것, 다시 말해 수요 vs 공급의 격차가 커질 수밖에 없다는 것은 명확하다. 이렇게 전문가가 아니더라도 쉽게 예측할 수 있는 것을 바탕으로 전환운동이 펼쳐지게 된다. 이렇게 TTT는 생활 가운데

〈표 6-5〉 TTT 발전 과정

연도	keyword	주요 활동
1년차 (2006-2007)	Awareness raising and network	• 다양한 이벤트, 대화, 영화상영 등을 통해 주민들을 만나면서 TTT 주요사업 내용 구상 • 11개의 워킹 그룹이 형성되고 몇 가지 실질적인 프로젝트가 시작됨
2년차 (2007-2008)	organization consolidation	• 중간지원조직으로서 중심이 되는 역할 시작 • 펀딩을 시작 • 공식조직으로의 필요를 느낌 • 조직의 구조, 회계, 역할, 자원에 대한 공식화
3년차 (2008-2009)	Energy Descent Pathways	• 몇몇 단체의 기금을 가지고 에너지 전환에 대한 실제 활동 시작 • "Transition in Action: an Energy Descent Action Plan" 시작
4년차 (2009-2010)	social enterprise	• 사회적 기업을 토트네스의 에너지 전환 비젼을 실현할 주체로 주목함 • 구체화된 프로젝트로 사회적 기업을 키우는 사업을 시작함

작은 것부터 개선하는 프로젝트를 진행하면서 주민들의 호응을 얻게 되었다. 현재 사회적 기업, 사회적 경제가 지역사회에 뿌리내리기 위해서 이러한 TTT의 전략을 차용할 필요가 있다. 즉 지역사회의 문제를 발견하고 공동으로 해결하는 방식을 통해 주민들의 이해와 요구를 반영해야 한다.

3. TTT 제공 서비스

TTT에서 시민들과 각 워킹그룹에게 제공하는 서비스는 다음과 같다.
① 토트네스 사무실을 개방하여 각각의 프로젝트 멤버들이 상호 연

락할 수 있는 거점을 마련해주고 회의를 위한 장소 제공, 정보
공유

② 시민들의 인식을 향상시킬 수 있는 프로그램- 토론 장소 제공, 연사 초빙, 기술재교육 워크숍, 토트네스에 대한 깊은 이해를 할 수 있는 기회 제공(토트네스에서는 저녁때 pub에 가면 자본주의, 지역화폐 등의 주제로 주민들이 토론 모임을 가지는 것을 일상적으로 볼 수 있다고 함)

③ 웹사이트 플랫폼을 제공하여 프로젝트 그룹들이 그들의 사업과 더 넓게는 지역 활동에 대해 서로 커뮤니케이션할 수 있도록 도움

④ 프로젝트 그룹들이 기금을 조달할 수 있도록 도와주고 프로젝트 그룹 구성원의 역량강화를 돕기 위해 훈련과정을 마련함

⑤ 커뮤니티 포럼을 운영하여 TTT를 대표할 수 있는 사업(에너지 전환 프로젝트 등)에 관심을 가지고 참여할 수 있도록 함

⑥ 언론을 활용하여 대외적으로 TTT 사업을 알림-인터뷰, 신문기사, 방송 등 활용

⑦ 프로젝트 그룹의 다양한 활동을 도울 수 있는 자원봉사자들을 연결시켜줌

⑧ 전환에 대해 관심을 가지고 방문하는 방문객들에게 투어 프로그램 제공

⑨ 개별 팀이 할 수 없는 major project를 운영-기금을 관리하거나 보고서를 작성

4. TTT의 운영 전략

1) 코어그룹 운영

코어그룹의 운영은 각각의 주제 그룹의 핵심적 멤버 1명은 꼭 참석하여 중앙그룹이 운영되는 형태이다. TTT는 이러한 코어그룹의 운영

을 위해 TTT Ltd라는 회사를 설립하였다. 이를 통해 워킹그룹이 대표를 보내 의사결정에 참여하고 소통 가능하다(일종의 이사회의 역할을 하고 있음). 코어그룹에서는 일반적인 지침, 방향을 제시할 뿐 각각의 그룹의 자율성 보장한다. 주된 역할은 TTT 운영을 위한 기금 형성, 조직을 유지하기 위한 법적인 보호, 인적 자원 개발 등이다. TTT는 코어그룹을 통해 의사결정의 대부분이 이루어진다고 한다.

〈그림 6-2〉 토트네스 지역의 프로젝트 그룹 현황

2) 오픈 스페이스

오픈 스페이스는 일반 대중들이 참여하여 비공식적인 회합을 통해 새로운 아이디어를 얻을 수 있는 전략이다. 주로 다루어지는 주제는 전환의 중요한 이슈인 '음식', '에너지' 문제이다. 예를 들어 livelyhood 라는 모임은 이론적인 경제학을 다루기보다는 실제 소상점을 어떻게 열 것인지 컨설팅 해주는 모임으로 역할을 한다. 이 프로젝트를 시작한 이후 40여 개의 프로젝트가 현재 진행되고 있다. 이러한 40여 개의 조직들은 그 목적과 내용에 동의하여 자발적으로 생겨난 것이다. 프로젝트가 진행되는 과정에 주민 스스로 동기부여(empowering)를 할 수 있었다고 한다. 현재 모임들은 참여하는 사람들의 시간, 자원, 능력에 의존할 수밖에 없어서 시간이 지나면 좀 시들해질 수 있기 때문에 이를 계속 독려해 주는 것이 필요하다.

예를 들어, 토트네스의 주요 프로젝트 중 하나인 '2030 토트네스 에너지감축행동계획' 수립은 다음과 같은 과정으로 이루어졌다.

① 계획을 만드는 데 12.3% 지역주민 참여

② 800명의 사람들과 35개 지역조직의 의견을 구하며 27번의 공공회

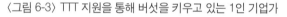

〈그림 6-3〉 TTT 지원을 통해 버섯을 키우고 있는 1인 기업가

〈그림 6-4〉 2030 토트네스 에너지감축행동계획 개념도

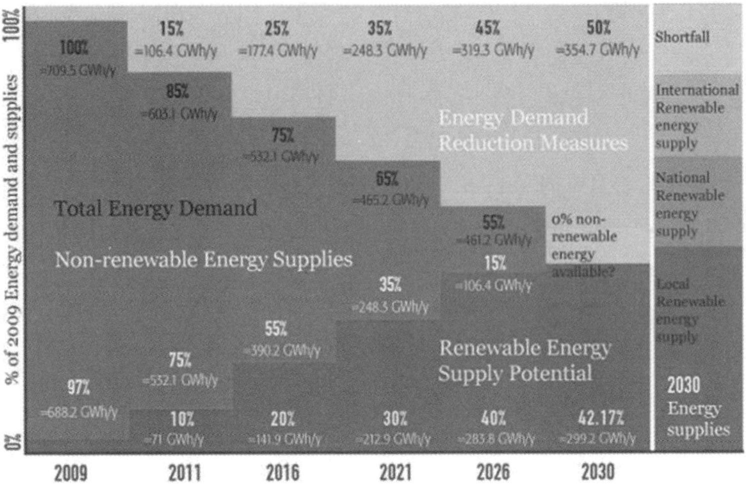

의를 통해 '에너지감축행동계획'을 수립

③ Open space, World caf , 진행 중인 프로젝트 결합, 워킹그룹, 지역
단체 연계 워크숍, 지자체 세미나, 미디어 조사, 이해당사자 미팅

3) 워킹그룹의 운영

워킹그룹은 보통 주민들이 스스로 결정하여 조직화함으로써 태동
된다. 따라서 구성원들의 주체의식이 매우 중요하다. 워킹그룹은 매우
느슨한 형태로 조직되어 자율성을 가지고 운영된다. TTT는 이들에게
실패의 권리를 보장하고 다시 시도할 수 있도록 기회를 부여한다. 대다
수 워킹 그룹은 에너지, 환경, 지역경제의 문제가 지금과 같이는 지속
할 수 없다는 것을 인정하면서 시작되었다. 워킹그룹은 단발성 이벤트
부터 조직의 모양을 갖춘 것, 기금형성을 위한 프로젝트까지 다양하게
존재한다. 〈표 6-6〉, 〈표 6-7〉은 토트네스 전환마을의 주요 워킹그룹을
정리한 것이다.

〈표 6-6〉 에너지와 경제 분야 워킹그룹

워킹그룹	주요활동 분야	진행 프로젝트
에너지 Energy	에너지 감축 지역 재생가능 에너지 생산	• 트랜지션 스트리트 프로젝트 • 태양열 온수기 공동구매 • TRESOC- 토트네스 재생가능 에너지 공급 회사 • Good Energy와 협력을 통한 재생가능 에너지 보급
빌딩과 주택 Building &Housing	지역개발 계획 참여 저탄소 건축 코하우징	• Cosy Devon Project - a great opportunity for TTT • 지역개발계획에 관여하는 DPD 그룹 • 건축과 관련한 실질적인 부분을 담당하는 Eco-construction 그룹 • 사회적 지속가능성을 위한 코하우징을 담당하는 그룹 • 트랜지션 홈 그룹
교통과 운송 Traffic &Transport	바이오연료, 자전거	• 비즈니스를 위한 녹색 에너지 프로젝트 • 에너지고효율 전구 교체 사업커뮤니티 비즈니스
경제와 삶터 Economics & Livelihoods	지역순환경제, 지역기업, 로컬머니	• 비즈니스를 위한 녹색 에너지 프로젝트 • 에너지고효율 전구 교체 사업커뮤니티 비즈니스
지방정부 Local Government	지방정부와 연계협력	• 시티홀 태양광, 지역 상공회의소 결합

〈표 6-6〉에서 살펴볼 수 있듯이 TTT하에서 다양한 분야의 워킹그룹들이 자발적인 문제의식으로부터 생겨난다. 또한 '교통계획에 참여하기'처럼 지방정부의 영역까지 시민이 적극적으로 참여하고 있는 것을 알 수 있다.

워킹그룹의 또 하나의 특징은 지역 내 순환과 공생을 고민하며 프로젝트를 기획하였다는 점이다. 또한 프로젝트 자체에 스스로 공부할 수 있는 내용을 가져 조직의 지속가능한 원동력을 높이고 있음을 알 수 있다.

〈표 6-7〉 먹을거리와 교육 분야 워킹그룹

워킹그룹	주요활동 분야	진행 프로젝트
먹을거리 Food	지역 먹을거리 시스템과 인프라 구축, 생산자 소비자 간 연대 강화, 순환 경제체제 마련	• 텃밭 나눔 프로젝트 – 토지 접근성 높임, 공동체연대 • 로컬푸드가이드북 – 지역생산물 장려 • 너트나무심기 프로젝트 – 영양원공급, 공동체연대 • 씨디 씨스터즈 – 종자 보존, 생물종다양성 확보, 재미 • 푸드허브 – 온라인 지역농산물 직거래장터 • 푸드링킹 – 생산자와 소매상간의 공급시스템 강화
건강과 웰빙 Health &Wellbeing	지역사회 구성원 건강 프로그램	• 건강한 미래 프로젝트 – 치유를 목적으로 한 공동체 건강 · 웰빙 텃밭 조성
교육 Education	지역 학교와 연 계, 인식과 참여 를 높이기 위한 프로그램 개발 및 지원	• 마이스토리 – 세대 간 소통, 과거를 돌아봄 • 전환 도서관 – 전환관련 자료를 모아 이용 편리하게 함 • 트렌지션 이야기 – 이야기와 체험학습을 통해 학생들 이 현실을 인식하고 긍정적인 미래상을 정립할 수 있 도록 함
문화 예술 the Arts	창조력, 상상력, 재미를 통한 인식증진, 문화적 전환	• 서스테이너블 메이커 – 지역예술가들의 모임 작품활동, 전시, 문화예술행사 등을 통한 인식증진, 에너지 공급
마음과 영혼 Heart &Soul	내적 전환, 생태적 성찰	• 멘토링 서비스 – TTT 활동가들의 resilience 유지 지원 • 마음과 영혼 워크숍
행정 & 지원 Admin &Support	TTT 프로젝트 기획, 조정기능, 실행기능	• 토트네스 에너지 감축 행동 계획

4) 다양한 지역사회 내 주체들과의 연계 네트워크 형성

TTT는 지역의 다양한 주체들과의 연계를 통해 사업을 진행하고 있
었다. 특히 의회와의 관계는 눈여겨볼 만하다. 인터뷰 결과 토트네스
전환 마을은 의회에서 지원을 받고 있었다. 의회와의 관계를 통해 자신

들의 정치적인 요구를 관철시키고 있었다. 현재 의회에는 TTT 출신 의원이 2명 있다고 한다(전환에 우호적 의회의원 5명, 어떤 행동을 할 때 70명 이상 참석). 그리고 전국 최초로 토트네스 'Transition Council'을 만장일치로 선포하기도 하였다고 한다. 이러한 새로운 시도는 보수적인 문화에서 변화의 흐름을 주도하고 하나의 모형으로 정립되었다. 향후에도 이러한 변화의 흐름을 사업영역으로 어떻게 확장할 것인지 지방자치구 의회(district council)와도 논의하고 있다.

TTT는 이렇게 의회와의 협의를 통해 에너지 전환 프로젝트를 함께 계획하고 사업을 수행하고 있다. 실제로 의회로부터 저탄소를 위한 커뮤니티 도전(Low Carbon Communities Challenge) 기금을 받아 시청의 청사 지붕에 74개의 솔라 패널을 설치하는 것을 위탁받아 진행하였다.

TTT는 의회뿐 아니라 지역의 학교와도 협력적 관계를 맺고 있다. 지역의 학교들과 함께 학생들과 주민들에게 '시민권'과 '환경의식' 등 '전환' 관련 철학을 공유하는 프로그램을 제공한다. 이제까지 학교 내에서 6번의 포럼을 열었다. 또한 '교육 그룹'들은 전환운동을 끌고나갈 미래의 젊은 세대들에게 역량강화와 의식교육을 제공하고 있다.

지역대학과의 연계 상황을 보면, TTT는 지역 대학의 대학원생들에게 연구비를 제공하여 '전환' 관련 연구를 하게 하여 결과물을 제공받고 있었다. 구체적으로 Plymouth대학과는 Healthy Future Project를 기획하여 연구하고 있고, Schumacher College[5]와는 전환 관련 코스를 개설하여 공동 운영하고 있다.

---

5) 《작은 것이 아름답다(Small Is Beauiful)》라는 책을 통해 생태적인 패러다임의 주축을 이뤄 놓은 실천적 경제학자이자 환경운동가 프리츠 슈마허(Fritz Schumacher)의 이름을 옮긴 슈마허 컬리지(http://www.schumachercollege.org.uk)는 "생태주의자들의 하버드"라 불리는 곳으로, 새로운 세상의 패러다임을 제시하고, 이를 훈련하기 위한 교육의 장으로 유명하다.

IV. 이제, 중간지원조직은 무엇을 해야 하나

토트네스 사례를 통해 얻을 수 있는 시사점은 다음과 같다.

첫째, 중간지원조직은 비록 관의 지원받는 프로젝트에만 얽매이지 않고 주민과 공감할 수 있는 프로젝트를 기획하여야 한다. 그것이 지역 기반을 바탕으로 주민들과의 신뢰형성을 촉진하고 장기적으로는 중간 지원조직의 지속가능성을 높이는 길이다.

둘째, 중간지원조직에도 끊임없는 에너지와 자원 공급이 필요하다. 이는 시민기반의 다양한 그룹들이 회원조직으로 촘촘히 얽혀있을 때 가능하다. 토트네스의 사례를 보아도 그 지역의 문제를 고민하는 40여 개의 워킹그룹이 TTT의 도움도 받고 있었지만 반대로 회원조직으로서 지속적인 자원과 에너지를 공급하여 주는 것을 확인할 수 있었다.

셋째, 중간지원조직 내 상호학습조직을 형성하여 주민과의 공동 목표를 설정할 필요가 있다. 이 지역에서 가장 시급한 문제가 무엇인지 찾아내고 주민들의 동의를 얻을 수 있을 때 주민주체는 스스로 조직화 될 수 있을 것이다. 이때 중요한 점은 성과를 빨리 내려고 하는 것보다 는 시민사회 내 다양한 그룹을 만들어 내고 차근차근 시도하는 것이다. 실제로 '전환마을 토트네스'는 '전환'이라는 철학적인 시각에 대한 주 민들의 공감을 바탕으로 조금씩 성과가 쌓여 하나의 모형으로 전파되 고 있었다.

넷째, 주민들이 사업에 참여하기 위해서는 생활에서 피부로 느낄 수 있는 조그마한 성취들을 가져가는 것이 필요하다. 예를 들어, 토트네스 의 에너지 전환 정책은 토트네스의 난방비가 실제로 비싸기 때문에 시 민들에게 더욱 친근히 다가갈 수 있었다.

다섯째, 사회적경제의 틀에 맞추어 지역 커뮤니티의 재조직화가 필 요하다. 이는 결국 어떻게 주체를 키워내고 담론을 형성할 것인지의 문 제이다. 이를 위해 큰 틀에서는 전국의 사회적경제 지원조직 간 네트워크를 어떠한 목표와 방식으로 결성할 것인지에 대한 진지한 성찰이 필요하고, 작게는 지역의 문제를 고민하여 스스로 태동하는 소그룹들을 어떻게 지속가능한 방향으로 지원할 것인지 고민해야 한다. 이를 위해서는 우선적으로 공무원, 시민사회 등 대상에 따른 교육과 컨설팅을 통해 분위기 확산을 해야 한다. 필요하다면 토트네스 사례처럼 지역대학과의 연계를 통해 포럼, 워크숍 등을 공동기획하고 강사비 지원을 통한 수업개설을 도모할 수 있을 것이다.

여섯째, 지역의 성공사례를 전국적으로 알릴 필요가 있다. 토트네스의 경우 이제 시작되는 성취를 모아 '전환'이라는 철학적인 바탕하에 스토리텔링을 만들어 적극적으로 전 세계에 알렸기 때문에 대안에너지 문제에 있어 메카가 될 수 있었다. 각 지역의 중간지원조직도 지역의 스토리를 개발하여 적극적인 홍보할 필요가 있다. 이러한 시도는 이후 방문객 유치 등을 통해 실제 지역경제에 도움이 되는 방식으로 프로젝트화 할 수 있을 것이다.

마지막으로 중간지원조직 협의체를 형성하여 중간지원조직 운영 평가지표를 개발 공유할 필요가 있다. 이는 사회적 기업이 SROI 평가지표를 마련하는 방식을 따를 수 있다. 이러한 평가지표를 가지고 운영과정을 스스로 점검해볼 때 중간지원조직은 양적인 성과를 추구하는 정부지원 사업에만 매몰되지 않고 본래 지원기관이 수행해야 하는 중요한 역할들을 자율적으로 추진해나갈 수 있을 것이다.

참고 문헌

강내영. 2008.『새로운 시도, 일본의 중간지원조직. 일본 시민사회의 꽃 NPO 지원센터를 가다』. 희망제작소.

김정원. 2010.『지역자활센터의 중간지원조직 역할 연구』. 한국농촌경제연구원

김종수. 2010. 사회적 기업 육성을 위한 지방정부의 역할-지역자산 활용을 중심으로.『2010년 대도시행정세미나 자료집』.

김종수·전은호·홍성효. 2012. 공동체자산기반 접근을 활용한 사회적 기업 육성정책 방향 모색.『도시행정학보』25(2): 71-91.

신경희. 2003. 지역사회 여성단체 활동의 사회적 자본에 관한 연구.『서울도시연구』4(1): 89-109.

이미홍·최동진. 2010. 사회연결망 분석을 이용한 중간지원 조직 분석-LH 초록사회위원회를 대상으로.『한국정책학회 하계학술대회 자료집』.

충청남도. 2011.『정무부지사 유럽순방 자료집』. 충남도청 보고자료.

홍현미라. 2006. 지역사회관계망을 활용한 자원개발경험의 유형에 관한 근거이론 연구.『한국사회복지학』58(4): 65-92.

Kretzmann, J. P. and McKnight, J. 1993. *Building Communities from the Inside Out: A path toward finding and mobilizing a community's assets*. Center for Urban Affairs and Policy Research, Neighborhood.

TTT. 2010. *So, What Does Transition Town Totnes Actually Do? The Story So far 2006-2010*, October 2010.

內閣府. 2002.『中間支援組織の現實と課題に關する調查報告書』. 第一總合研究所.

제7장

사회적 기업과 기업연계의 이론과 사례: 강원랜드와 정선재활용센터 연계 사례

권영빈

I. 사회적 기업과 기업연계 개관

많은 사람들이 타인과 관계를 맺고 살고 있다. 그것은 부모와의 관계, 친척과의 관계일 수도 있고 학교에서 만난 동창생들과의 관계일 수도 있다. 돌이켜 생각해보면 유·청소년기에는 타의로 맺어진 인간관계가 많았던 반면 성인이 되고는 자발적으로 관계를 맺으려 노력하는 것 같다. 사람과의 관계에서 무언가 얻을 수 있다고 판단한 것일까? 적어도 외로움을 달랠 수는 있었다고 자신한다. 개인이 아닌 조직의 경우 고작 외로움을 달래고자 다른 조직이나 개인과 관계를 형성하지 않는다. 그래서 필요에 의한 연계형태가 두드러진다.

조직은 본래 공공의 과업완수를 위해 서로 모여 일을 나누고 상호작용하는 인간의 모임(임창희, 2010)이다. 기업의 경우 목표로 하는 핵심역량을 제외한 나머지는 목표달성을 위한 영향 정도가 비교적 낮다고 볼 수 있다. 그래서 법무, 회계 등의 사무를 다른 전문기업과 연계하여 처리하곤 하는 것이다. 즉, 조직 간 상호작용이 필연적으로 발생한다.

사회적 기업 또한 조직론적 관점에서 조직의 특성을 지닌다. 특히 사회적 목적과 영리를 동시에 추구하기 때문에 재정안정과 사회적 목표 달성이라는 두 가지 목표 달성을 위한 다양한 상호작용이 필요하다. 틈새시장(niche market)에서 활동하는 것은 민간영역에서 수익성을 이유로 접근하지 않는 분야가 많기 때문에 더더욱 정부 지원이나 민간기업 연계 그리고 지역사회구성원들의 자발적 참여가 요구된다. 실제로 국내외 많은 사회적 기업들이 사회적 기업 간 상호거래나 민간기업과의 업무협약, 공공기관과의 공조를 맺으며 활동하고 있는 것은 사회적 기업의 연계 필요성을 반증한다.

민간기업의 경우 영업이익의 극대화를 추구한다. 영업이익을 극대화하여 이윤을 창출하는 것이 사회구조에서 민간영역이 지니는 주요한 특징이다. 그러면 민간기업의 경우 사회적 기업과 왜 연계하는 것일까? 국내에 도입된 사회적 기업은 초기부터 일자리 창출을 목표로 하였다. 사회적 기업에 대한 왜곡된 도입이라는 견해와 함께 부정적으로 바라보는 시각에도 불구하고 정부의 사회적 기업 도입 의도는 실업난 해소였다. 기업의 관점에서 보면, 정부의 일자리 창출 및 세제지원 연장에도 불구하고 자체적인 일자리 창출에 소극적이었다. 이러한 민간기업의 행태는 사회적 기업과 연계하는 것이 부담스러울 수도 있다는 점을 미루어 짐작할 수 있게 한다. 개인적으로 '1사 1사회적 기업' 운동 등 사회적 기업의 자립을 위해 벌인 운동들이 영리를 추구하는 기업 관점에서 다소 강압적으로 비춰지기도 했다. 또한 〈표 7-1〉에서 알 수 있듯이 외관상 두 조직은 상이한 목적을 가지고 있어 연계가 어려운 특성을 지닌다.

〈표 7-1〉에서 찾을 수 있는 다른 하나의 정보는 제약조건이다. 사회적 기업의 경제적 자립과 기업의 사회적 책임(CSR)이라는 제약조건은 전술한 기업의 부담이나 경제적 목적 불일치 같은 연계 제약조건을 완화시킨다. 사회적 기업이 일방적인 기부를 통한 재정운영조직이 아닌

〈표 7-1〉 사회적 기업과 기업 비교

	목적(objective)	제약조건(constraint)
사회적 기업	사회적 문제 해결	경제적 자립
기업	이윤 창출	사회적 책임(CSR)

출처: 장대철(2010)

영리를 함께 추구하기 때문에 제품이나 서비스를 생산하면서 기업의 사회공헌 부담을 줄여 효과적 연계가 가능할 뿐 아니라 사회적 책임이 시대적 트렌드로 부상하는 현실에서 다소 미숙할 수 있으나 사회적 기업과 사회공헌 활동의 일환으로 파트너십을 맺고 제약조건을 해결할 수 있다. 사회적 기업에는 그 반대가 될 것이다. 이러한 점으로 미루어 개념적으로 상호 자원교환을 통한 상생관계로 거듭날 개연성이 높다.

공기업의 경우 사회적 기업과의 연계가 법률의 규정에 의해 이루어 지는 경우가 많다. 공기업은 공공의 이익을 목표로 설립되기도 했을 뿐 더러 정부 지방자치단체 예산이 다수 투입되고 있고, 설립자체가 법률 의 규정에 의한 경우도 있다. 사회공헌에 대한 정부의 정책적 의도에 서 상대적으로 자율성을 가지기 어렵다는 것을 의미한다. 그래서 정책 적인 사회적 기업연계 방침이 수립되면 민간기업보다 민감하게 반응 할 수밖에 없다. 물론 대부분 사회공헌에 대한 기업목표나 의지로 연계 관계가 형성되어 있지만 '사회적 기업육성법'이나 '국가계약법' 등 법 률 정책적 유인이 사회적 기업과의 연계에 미치는 영향을 무시할 수 없다.

〈표 7-2〉는 사회적 기업과 공기업은 연계가 용이할 수 있는 특성을 나타낸다. 공기업의 기업성과 사회적 기업의 수익성 추구가 수익창출 을 목표로 하고 있다는 점에서, 사회적 기업의 사회적 문제 해결과 공 기업의 공익성이 모두 건강한 사회 구축에 초점을 두고 있다는 점에서 유사점이 발견된다. 유사한 목적과 수단을 가지고 있는 조직은 연계가

<표 7-2> 사회적 기업과 공기업 비교

	특성(property)	제약조건(constraint)
사회적 기업	사회적 문제 해결 + 이윤창출	경제적 자립
공기업	공익성 + 이윤창출	사회적 책임(CSR)

용이한 특성을 지니게 된다. 따라서 민간기업의 경우보다 연계가 수월할 가능성이 높다.

본 장에서는 이러한 사회적 기업과 기업의 연계 특성을 (주)강원랜드(이하 강원랜드)와 (유)정선재활용센터(이하 정선재활용센터) 연계를 통해 살펴보고자 하였다. 이 두 행위자는 오랜 기간 상호작용하며 지역사회에서 활동하였다. 특히 공동체 해체와 지역경제의 몰락이라는 사회문제를 함께 경험하고, 그에 따른 의식적 지역회복의지와 사회적 요구가 동시에 발생하였다. 사회적 기업의 기업연계와 기업의 사회공헌 측면에서 우수한 평가를 받는 이유는 이러한 이유에 기인한다고 볼 수도 있다. 최근에는 사회적 기업의 지원 주체가 고용노동부에서 지방자치단체로 이관되는 경향도 찾아볼 수 있어 사회적 기업의 연계에 따른 자립, 지방화 등 여러 측면에서 의미가 있다. 게다가 강원랜드는 사회공헌대상 등을 수상하고 자발적 사회공헌의지가 표면상 드러내고 있어 법률의 규정에 따른 연계관계와 함께 민간 기업과의 연계 특성까지 살필 수 있다.

이러한 배경에서 사회적 기업과 기업의 연계 요인들을 찾아보고자 한다. 사회적 기업에게는 경제적 자립과 지속적인 목표달성을 위한 연계 방안을 제시하고, 정부에게는 효과적인 정책수단으로서의 사회적 기업 활용방식을 제시하기 위함이다.

II. 사회적 기업과 기업연계의 개념

1. 사회적 기업과 기업 연계 관련 연구동향과 현황

1) 기업 간 전략적 제휴

기업 간 연계를 다루는 기존 연구는 주로 '전략적 제휴'라는 용어의 테두리 안에서 논의되고 있다. 기업운영의 효율성과 지속성 증대를 위해 유의미한 변수라는 주장도 있고, 조직의 부족한 핵심역량을 보완하기 위한 전략적 연계라는 연구결과도 있다. 기업 간 연계의 변인과 영향을 미치는 요소에 대해 좀 더 자세히 살펴보면 아래와 같다.

이현기 외(1997)는 기업 간 연계를 통한 성과가 불확실성에 대한 보완적 기능과 유연한 조직운영에 있다고 하며, 기업 전략의 유사성, 기업 문화의 유사성, 신뢰 발생을 연계의 주요 요인으로 선정하였다. 이세래(2000)도 같은 입장을 견지하며 모든 사업영역의 내부화 부담이 연계에 영향을 미친다고 하였다.

김치호(2003)는 기업 간 연계를 정보교환과정으로 보고 정보의 품질이 높을수록 안정적 연계가 가능하다고 하였다. 명성이 높은 기업과 연계하는 것이 연계 몰입도가 높다는 결과(박종훈 외, 2005), 인적 네트워크의 규모가 클수록 연계 가능성이 높아진다는 결과(이동현 외, 2006), 신뢰관계의 축적이 연계 형성에 영향을 미치고, 연계를 지속하는데 영향을 미친다는 결과(성신재, 2009)는 기업 간 전략적으로 제휴하는 데 영향을 미치는 요인으로 나타난다.

여러 연구결과들을 종합해 봤을 때 기업 간 연계의 원인은 조직의 부족한 역량을 보완하고자 하는 전략적 행위로 이해된다. 이때 연계 조건을 나타내는 변수가 '기업 전략의 유사성', '기업 문화의 유사성', '신뢰 발생', '연계 기업의 명성', '인적 네트워크 규모'이고, 연계 지속 요인이 '신뢰 축적'으로 축약된다. 기업 간 연계의 주요 변인 및 성과를

<표 7-3> 기업 간 연계의 주요 변인과 성과

	연계 원인	연계 조건	연계 지속 요인	연계 성과
연계 변인	부족 역량 보완	기업 전략의 유사성	신뢰 축적	불확실성 보완 유연한 조직 운영
		기업 문화의 유사성		
		신뢰 발생		
		연계기업의 명성		
		인적 네트워크 규모		

정리하면 〈표 7-3〉과 같다.

2) 기업연계형 사회적 기업 관계

기업연계형 사회적 기업은 2005년 노동부 '기업연계형 사회적일자리 사업'을 근간으로 현재까지 이어져 오고 있다. 시작 당시 일자리 제공 목적이 사회적 기업 설립 이후 다소 통합적 형태로 변형되었지만, 기업과 연계를 통한 자원교환의 실효성은 그대로 인정되고 있다. 관련 연구와 현황을 살펴보자.

기업연계형 사회적 기업의 연계요인과 성과에 대해 김수영 외(2010)는 이해당사자 간 네트워크와 사회복지 의식, 사회복지 교육시간이 사회적 기업의 운영성과에 영향을 미친다고 하였다. 조직구조의 민주성, 이해당사자 간 네트워크의 강도, 사회복지 교육시간, 구성원의 높은 복지의식이 사회적 기업의 긍정적 성과에 긍정적인 영향을 주고 있다는 결과이다.

고용노동부 또한 사회적 기업의 서비스 판로 확충 및 효과적인 사회적 기업 육성을 위해 기업의 사회공헌을 활용하였다. 2008년 사회적 기

〈표 7-4〉 기업연계형 사회적 기업의 연계 요인

	연계 원인	연계 조건	연계 지속 요인	연계 성과
연계 변인	정책적 연계 기업의 사회적 책임(CSR)	이해당사자 네트워크	조직구성의 민주성	판로 확충
			이해당사자 네트워크 강도	
		사회복지 의식	사회복지 교육시간	
			구성원의 복지의식 정도	

업과 목적이 유사한 '기업연계 정책'을 구상한 것을 시작으로 2011년에는 사회적 기업과의 공조를 원하는 기업이 사회적 기업과 용이하게 연계할 수 있도록 '매칭제도'를 실시하였다. 사회적 기업이 영리기업과 연계하여 상호목적을 달성하는 것이 정부의 복지예산 측면에서 봤을 때 매우 효과적인 방식이라고 할 수 있기 때문에 정부는 지속적으로 연계를 유인했다.

또한 정부·민간·사회적 기업의 유기적인 연계를 통해 사회문제를 해결하는 것이 사회체제 내에서 효과적인 문제 대응 유형으로 거듭나고 있기도 하다. 미국, 영국, 이탈리아 등에서 이미 유사한 사례를 발굴하였고, 단정할 수는 없으나 일정부분 성공적으로 나타났다. 이는 국내에서도 사회적 기업이 기업과 연계하고자 하고, 정부가 두 조직의 연계를 통해 지역개발이나 복지측면에서 효율적 성과를 얻고자 하는 주요 원인이다.

기업연계형 사회적 기업 논의도 기업 간 연계를 위한 조건과 성과가 그대로 도입되는 듯하나 김수영 외(2010)의 연구에 의해 '구성원들의 복지의식'과 '사회복지 교육시간' 변인이 추가된다. 연구결과를 토대로 연계 요인들을 정리하면 〈표 7-4〉와 같다. 〈표 7-5〉는 민간기업의 사회적 기업 지원 현황을 정리한 것이다.

〈표 7-5〉 사회적 기업에 대한 기업체 지원 현황

기업명	(예비) 사회적 기업	지원내용
교보생명보험(주)	교보다솜이	사회공헌 활동으로 교보다솜이간병 봉사단 설립 재정 및 경영지원
삼천리	아름다운가게	컨설턴트, 회계사, 변호사, 애널리스트, 마케터가 경영 전반에 걸친 무료 컨설팅 제공
소셜컨설팅그룹(SOG)수출입은행	바리의 꿈 이로문물 페어트레이트코리아 오가니제이션 요리	컨설턴트, 회계사, 변호사, 애널리스트, 마케터가 경영전반에 걸친 무료 컨설팅 제공 결혼이민자 가정이 경제적으로 자립할 수 있도록 창업 지원
시만텍코리아	행복도시락	결식 이웃을 위한 무료 급식
이스트소프트	컴윈	해외 기증용 PC에 소프트웨어 알툴즈 통합팩 영문판 기증
하이원리조트	정선재활용센터 신재생 에너지 사업단	신재생 에너지 사업단 신재생에너지 분야 사회적 기업 육성사업(협력모델 개발)
현대·기아차 그룹	(사)안심생활 이지무브	재정지원과 함께 차량 및 홍보 지원 사회적 기업 육성기금 조성 및 지점망 확대, 사업 다각화 지원
BAT코리아	착한 여행 공부의 신	신규사업개발비, 시설 투자비, 종사자 교육 훈련비
G마켓	-	사회적 기업 쇼핑몰 제공
KT	아름다운가게	임직원들이 받은 선물을 전국 15곳에서 상시 운영 중인 선물 반송센터를 통해 아름다운가게에 기부
SK에너지	메자닌 아이팩 메자닌 에코원	사회적 기업 설립 지원 재정 지원 및 구매 지원
SK텔레콤 행복나눔 재단	행복도시락	전국 29개소 행복도시락 센터 설립 사회적 기업 컨설팅 봉사단 사회적 기업가 아카데미 및 온라인 강좌 개설을 통한 교육(국외연수 포함)

출처: 노동부(2009); 고용노동부(2010) 수정 인용

3) 정부와 사회적 기업 관계

사회적 기업과 정부의 관계는 주로 법적으로 발생한다. 사회적 기업의 태동이 정부 주도로 시행된 것과 정부와 사회적 기업이 설립이나 지원이 정부에 의해 이루어진다는 점은 이들이 밀접한 관련을 맺고 있다는 것을 의미한다. 또한 고용노동부나 지방자치단체의 인증을 받아야 사회적 기업(예비사회적 기업)으로 등록할 수 있으니 이들의 연계관계는 구조적 범위 안에서 이루어진다고 하겠다. 사회적 기업을 위한 정부의 역할을 논하고자 하면 이 같은 구조적 논의가 의미를 가질 수 있겠

〈표 7-6〉 '사회적 기업육성법'의 지원 관련 조항

지원형태	내용	조항
경영지원 (컨설팅)	• 사회적 기업 운영에 필요한 전문적 자문 및 정보제공 • 정부출연기관이나 민간단체 위탁 가능	제10조
시설비 등의 지원 (자금지원)	• 사회적 기업 설립과 운영에 필요한 부지구입비·시설비를 지원 또는 융자·국공유지 임대	제11조
공공기관의 우선구매 (영업기반)	• 공공기관의 사회적 기업 제품 우선구매 촉진 • 사회적 기업 우선구매 증대 계획 및 전년도 구매실적 보고 • 대통령령에 따른 공공기관 우선구매 계획과 실적 공개	제12조
조세감면 및 사회보험료의 지원 (자금지원)	• 국가와 지방자치단체가 지방세 감면 • 고용보험료, 산업재해보험료, 의료보험료, 연금보험료의 일부 지원	제13조
사회서비스 제공 및 사회적 기업에 대한 재정지원 (자금지원)	• 고용노동부장관이 사회서비스를 제공하는 사회적 기업에 대하여 예산의 범위에서 공개모집 및 심사를 통하여 사회적 기업의 운영에 필요한 인건비, 운영경비, 자문 비용 등의 재정적인 지원 • 연계기업이나 연계지방자치단체의 재정 지원 상황을 고려하여 사업비를 추가로 지원	제14조

출처: '사회적 기업육성법' (타)일부개정 2012.2.1. 법률 제11275호

〈표 7-7〉 '사회적 기업육성법'에 의한 연계 요인

	연계 원인	연계 조건
연계 변인	법률의 강제 / 인센티브	경영지원(제10조)
		우선구매(제11조)
		사회서비스 제공 기업 재정지원 (제14조)
		연계기업 조세 감면(제16조)

으나, 연계 요인을 찾아보고자 할 때는 크게 의미가 없다고 판단된다. 뿐만 아니라 정부와의 주된 연계지점인 정부 지원에 따른 사회적 기업의 인식 또한 정부의존도를 높여 자립을 저해하고 있다는 부정적 논의가 진행되고 있어 정부와 사회적 기업의 관계는 관련법령에서 의미 있는 척도를 찾는 것에 갈음하고자 한다. 2007년에 발효된 '사회적 기업육성법'을 살펴보자.

〈표 7-6〉은 '사회적 기업육성법'에서 사회적 기업 지원과 관련된 조항을 발췌한 것이다. 정부는 사회적 기업에 대해 컨설팅, 자금지원, 영업기반 확충에 관련된 지원을 하고 있다. 주목할 만한 것은 정부가 직접적으로 지원할 수 있는 사안이 있는가 하면 국가나 지방자치단제와 연관된 정부출연기관이나 민간단체와 연계하여 지원할 수도 있다는 것이다. 특히 법 제10조와 제12조는 컨설팅 및 우선구매제도로 강제적인 사회적 기업연계를 가능하게 하므로 사회적 기업이 기업과 연계하는데 중요한 요인으로 인식되고 있다.

〈표 7-6〉의 내용을 중심으로 '사회적 기업육성법'에서 사회적 기업과 기업연계의 요인을 정리하면 〈표 7-7〉과 같다.

2. 사회적 기업과 기업연계 관련 이론

1) 자원의존이론(resource-dependence theory)

조직은 다양한 이해관계자들의 연합체이기 때문에 이해관계자들의 상호관계를 통해 지속된다(임창희, 2010). 또한 조직 스스로가 완전(self-sufficient)할 수 없다(Scott, 1981: 188; 정규진 외, 2012 재인용). 따라서 조직은 생존을 위해 필요한 자원을 획득하고, 다른 자원을 가진 외부조직과 관계를 형성하게 된다(최현철 외, 2002). 이와 같은 관계를 자원의존 관계라고 하며, 미래의 불확실성과 자원의 희소성에 대한 대응 행동으로 조직간 연계한다는 이론을 자원의존이론이라고 한다.

조직의 성공을 판단하는 지표는 조직이 자신의 권력(power)을 얼마나 극대화했는가에 따라 달라지기 때문에 상대적으로 많은 자원을 획득한 조직이 권력을 가진다는 논의도 있다. 이것이 에머슨(Emerson, 1962)의 자원의존모형이다.

자원의존이론을 활용한 최근 연구는 문백학과 심재철(2012)이 자원의존관계를 전략적 커뮤니케이션으로 이해하고 기업의 IR도입을 주장한 것이 있다. 페퍼와 살란시크(Pfeffer & Salancik, 1978)가 이론을 통해 환경에 의해 조직이 통제되고, 이에 대한 조직의 합리적 대응이 필요하다고 한 결론을 기반으로 커뮤니케이션을 통한 관계설정을 주장하였다. 연구에서는 기업이 생존을 위한 자구책으로 자원 확보가 유리한 환경을 찾아 움직이고, 외부 조직과 긴밀히 연계하게 한다고 한다. 이러한 행위를 통해 외부자원을 안정적으로 확보할 수 있을 뿐 아니라 기업의 생존성과 발전을 기대할 수 있다고 하며, 자원의 희소성과 의존성이 기업의 전략적 활동을 통해 극복될 수 있다고 하였다.

정규진 외(2012: 2)는 사회적 기업이 영세하고 미흡하기 때문에 외부자원 및 정부의 지원에 대한 의존도가 높다고 하면서 사회적 기업의 지속가능성을 자원의존이론으로 설명하였다. 연구결과 외부환경요인에서 정부의존도와 사회적 기업의 지속성 모두가 유의미한 결과 값을 나

〈표 7-8〉 자원의존이론에 따른 연계요인

	연계 원인	연계 조건	연계 지속 요인	연계성과
연계 변인	• 외부자원 의존 필요성 • 미래에 대한 불확실성	내부 보유자원	정부지원	외부 자원의 안정적 확보
			지속적인 의존관계	

타내 제도적 요인과 정부의 역할이 사회적 기업의 지속가능성에 영향을 미친다고 하였다. 한편, 사회적 기업의 내부적 보유자원과 지속가능성의 관계는 유의미하지 않다고 하여 본 장의 의도와 다소 상이한 연구결과를 제시하고 있다.

자원의존이론은 자원의존도가 높은 경우 조직의 지속 가능한 존속이 어렵다는 속성을 지닌다. 반대로 생각하면 자원의존도가 높은 조직간 연계를 통해 부족한 자원을 지속적으로 교환할 수만 있다면 지속 가능한 조직이 될 수도 있다는 의미를 내포한다. 따라서 조직간 자원보유와 교환관계를 살펴보면서 조직간 보유자원의 한계와 거래관계, 조직의 지속가능성을 가늠해 볼 수 있을 뿐 아니라 사회적 기업과 기업의 연계 특성을 살필 수 있다. 이에 본 장은 정규진 외(2012)의 연구결과와 다르게 내부 보유자원의 교환관계를 살피기로 한다.

2) 기업의 사회적 책임(CSR)

기업의 사회적 책임(CSR; Corporate Social Responsibility)은 기업의 전략 및 공정정책의 중요 의제로 등장하고 있는 개념이다(장우진 외, 2010). 보엔(Bowen, 1953)이 "사회적 책임이란 사회의 목표나 가치의 관점에서 바람직한 정책을 추구하고, 그러한 의사결정을 하거나 행동을 따라야 하는 기업의 의무"라고 언급한 이후 지금까지 사회적인 공감대를 형성하며 발전해 왔다.

기업의 사회적 책임은 캐롤(Carroll, 1979)의 분류에 따라 4단계로 구분된다(장우진 외, 2010; 김균목 외, 2011). 1단계가 경제적 책임, 2단계가 법적 책임, 3단계가 윤리적 책임, 4단계가 자선적 책임으로 구성되어 있다. 사회에 대한 경제활동을 요구하는 1단계나, 사회에 의한 기업의 법적 요구사항인 2단계, 보편적 인권보호를 위한 3단계 윤리적 책임은 연계관계를 살펴보고자 하는 본 장과 큰 관련이 없다. 반면, 남은 4단계 자선적 책임은 기업 시민정신에 따라 기부, 자선사업, 지역공헌, 자원봉사를 통한 사회적 약자의 복지활동이다. 미래의 불확실성에 대한 기업의 생존 전략이나 자원의존을 통한 효율적 경영 목표를 차치하더라도 기업이 사회의 일원으로 리바이어던이 아닌 구성원으로의 제 역할을 하도록 유도한다는 점에서 사회적 기업연계에 주요한 요인이 된다고 본다. 특히 4단계의 활동을 수행할 의지가 있는지 여부는 연계관계를 맺고 지속하는데 매우 의미있는 변수가 될 것이다.

성과측면에서 기업의 사회적 책임은 다음 네 가지 차원에서 그 필요성과 혜택을 제시하고 있다(Porter and Kramer, 2006).

① 기업은 사회적 책임을 통해 사회에 대해 기업의 도덕적 이미지(moral appeal)를 실현할 수 있다.
② 기업의 사회적 책임은 해당 기업이 사회와의 공생적 발전을 통해 지속가능한 발전을 가능하게 한다.
③ 모든 기업은 정부나 시민사회 그리고 다른 이해당사자들로부터 사업을 하기 위한 허락(license to operate)이 필요한데, 기업의 사회적 책임과 관련된 프로그램들은 이러한 허락을 받는 데 효과적이다.
④ 기업의 사회적 책임을 위한 프로그램들은 외부적 평판의 향상을 통해 기업 내부 구성원들의 사기, 조직만족도, 조직 몰입 등에 긍정적 영향을 준다.

〈표 7-9〉 기업의 사회적 책임에 따른 연계요인

	연계 원인	연계 조건	연계 지속 요인	연계성과
연계 변인	기업의 사회에 대한 책임	사회공헌의지	도덕적 이미지 실현	기업 이미지 제고
	제약조건	약자 존재	지속적인 의존관계	
			공적 허가	
		연계 환경 조성	내부 구성원 만족도	

　이러한 속성 때문에 기존의 영리기업들이 기업 운영과 관련된 구체적인 경영 기법과 전략을 제공하는 등, 장기적으로 핵심적인 구매자로서의 역할을 통해 사회적 기업을 기업의 가치사슬(value chain) 안으로 편입하고, 파트너십을 제공하는 방식으로 사회적 기업과 네트워크를 유지해 가고 있다.

　참고로 최근 사회적 기업연계와 관련하여 기업의 전략적 사회공헌 활동을 이끌어내기 위한 논의들이 진행되고 있으나(박정윤 외, 2010; 장우진 외, 2010), 사회적 기업이 연계하게 된 원인을 탐구하는데 있어서 전략적이었는지의 여부까지 소개하는 것은 흐름상 적절치 않아 생략하기로 한다. 전략적 사회공헌에 대한 내용은 참고문헌에 있는 논문을 참조하기 바란다.

3) 사회적 자본(Social Capital)

　'사회적 자본(social capital)' 또는 '사회자본'이란 '물질적 자본', '인적 자본'과 대비되는 용어로 19세기 사회학에서 '개인의 성공과 실패,' 개인의 목적 달성 수단인 '사회적 연결망'의 뜻으로 사용되어 왔다. 최근에 대중의 삶의 질, 사회제도의 실행, 정치·경제적 발전이 시민적 유대 규범과 네트워크 특색에 크게 영향을 받는다는 사실에 주목하게 되었는데 각 분야에서 사회현상분석의 기본 틀로 이 개념이 광범위하게 응용되고 있다(주성수, 1999: 22-23).

사회적 자본의 정의를 살펴보면, '조정화된 행동을 유도함으로써 사회적 효율성을 높일 수 있는 신뢰(trust), 규범(norm), 네트워크(networks)와 같은 사회조직의 특성'(Putnam, 1993), '주민들의 사회적 연대로부터 나타나는 개인적 자원'(Coleman, 1990), '사람들 사이에 상호작용을 지배하고 경제 및 사회발전에 기여하는 제도, 관계, 태도 및 가치'(Grootaer, 2008)가 대표적이다. 쉽게 말해 사회적 자본이란 국가, 지역, 조직발전에 긍정적인 영향을 미치는 무형의 가치인 것이다. 소진광(1998)은 이러한 사회적 자본의 정의를 '정체성을 지닌 어떤 사회를 형성하는 과정에서 생산력을 증대시킬 수 있는 공식적인 제도일 뿐 아니라 이를 유지시켜 주는 규범과 비공식 기능까지를 포함하는 광범위한 사회적 관계'라고 규합하여 사회적 자본이 개인 또는 조직적인 사회특성일 뿐만 아니라 제도적으로 규정된 사회구성요소라는 점을 강조했다.

사회적 자본의 주요 구성요소는 불렌과 오닉스(Bullen & Onyx, 1997)가 네트워크에의 참여, 호혜성, 신뢰, 사회적 규범, 공통분모, 적극적 활동력을 주장하는 것과 더불어 연계망, 이타주의 등이 보편적으로 채택된다. 사회적 자본의 구성요소는 대체로 사회적 자본의 형성과정이 상향적(bottom-up) 속성을 가지고 있다는 것이다. 사회적 자본은 지역사회 개발의 전략적 요소로서 지역사회의 경쟁력과 생산력을 증대시켜 지역사회 개발이 지향하고 있는 '삶의 질'향상에 기여하는 요소들과 관련을 가진다(안승일, 1999: 35).

이 중 신뢰는 연계에 상당한 영향을 미치는 것으로 밝혀져, 성신재(2009)의 분류에 따라 신뢰 유형을 나누고 거래비용 감소와 전문성과 효율성에 대한 이점이 사회적 기업이 연계하는 데 영향을 미쳤는지를 확인하고자 한다. 세부 분류는 다음과 같다.

(1) 거시적 수준: 경제 행위자가 다른 경제행위자로부터 자신의 권리

를 합법적으로 보장받는 단계로 경제 행위자 간의 제도, 규범, 규제 등에 기초한 계약형태로 나타나며 계약을 이행하지 않았을 경우 제재를 받는다. 관계가 공식화 명문화 되어 있으며 규제, 규범, 제도 등이 중요한 영향을 미친다.

(2) 중시적 수준: 경제 행위자가 안정된 역할 수행을 위해 지속적 거래를 통한 상호작용이 이루어지는 단계로 거래 상대방에 대한 감시가 완화되고 상호 이해와 조정과정을 통해 지속적 거래가 이루어지는 과도기적 단계이다. 연계 당사자의 언행 및 외모 자원 기술 등이 중요한 영향을 미친다.

(3) 미시적 수준: 경제 행위자가 거래상대에 대해 열린 확신을 가지고 기꺼이 솔선해서 서로의 이해를 증진시켜 나갈 의지를 확고히 하는 단계로 공식적 계약과 함께 비공식적 합의사항까지 수행하므로 '신뢰의 최대주의(maximalist)'라고 할 수 있다. 이 수준에

⟨표 7-10⟩ 신뢰형성의 유형

신뢰형성 유형에 관한 연구	거시적 접근	중시적 접근	미시적 접근
Zuker(1986)	제도화된 신뢰	과정에 기초한 신뢰	특성에 기초한 신뢰
Sako(1991, 1992)	계약 신뢰	능력 신뢰	선의 신뢰
Barney and Hansen(1994)	약한 형태의 신뢰	중간 형태의 신뢰	강한 형태의 신뢰
Lewichi and Bunker(1996)	제재(혹은 계산)에 근거한 신뢰	지식에 근거한 신뢰	동일시에 근거한 신뢰
Rousseau 등(1998)	제도화된 신뢰	관계적 신뢰	인지적 신뢰
성신제 · 이희열 (2007)	구조적 · 제도적 신뢰	상호주관적 신뢰	주관적 신뢰

서는 경제 행위자의 외적 기준보다 경제 행위자 자체의 정체성이
더 많은 영향을 미친다.

〈표 7-11〉 사회적 자본에 따른 연계요인

	연계 원인	연계 조건	연계 지속 요인	연계성과
연계 변인	사회 연결망의 필요성 부각	축적된 신뢰	네트워크 참여	지역사회 경쟁력과 생산력 증대
		사회적 규범	호혜성의 증가	
			신뢰 유지	
		상호 호혜주의	적극적 활동	

III. 사회적 기업과 기업연계 형태 조사를 위한 개념틀

지금까지 조직 간 연계에 개연성이 있는 이론들을 소개하고 특성들
을 살펴보았다. 조직 간 연계를 위한 다양하고 의미 있는 요인들이 발
견되었으나, 모두를 (주)강원랜드와 (유)정선재활용센터의 연계를 통
합적으로 살펴보는 데 활용하기 어렵다. 이론에서 찾은 변인이 너무 많
을 뿐만 아니라 다소 중첩되는 부분도 있고, 특히 질적 연구 방법을 통
해서도 측정이 어려운 변수들이 존재하기 때문에 적절히 조정할 필요
가 있다. 이에 사회적 기업과 지방 공기업인 (주)강원랜드의 연계를 가
장 효과적으로 드러낼 수 있는 변인들만 추려보고자 한다. 연계 원인,
연계성과, 연계 지속요인으로 다시 분류하고, 다음과 같이 세부적으로
구분하였다.

1. 연계 조건

외부자원 의존성 측면에서 보유자원은 사회적 기업과 기업의 내부적 역량을 의미한다. 조직은 내부적 역량 밖의 자원을 필요로 하는 경향이 있어 자원의존 관계가 나타난다. 따라서 연계된 조직의 내부적 역량을 분석하여 조직에게 필요한 자원과 보유한 자원을 구분하여 나타낼 수 있다. 조직 간 연계 원인은 이러한 경로를 통해 찾을 수 있다. 개별 조직의 자원보유 현황을 살펴보기 위해서는 4가지 기준(물적 자원, 인적 자원, 정보적 자원, 경제적 자원)을 설정하고, 조직 간 자원교환관계를 확인한다.

법률의 규정은 앞서 소개한 '사회적 기업육성법'의 관련 조항을 기반으로 사회적 기업과 기업연계에 관련된 제10조, 제11조, 제14조, 제16조의 해당여부를 살펴본다.

기업의 사회적 책임이 연계의 원인이 되기 위한 변인을 기업의 사회공헌 의지, 사회적 약자의 존재, 연계환경으로 구분하고, 기업의 사회적 책임이 사회적 기업과 기업의 연계 원인이 되는지, 어떤 형태를 지니는지 살펴보고자 한다.

2. 연계 성과

연계에 따른 성과는 목표한 대로 외부자원이 안정적으로 확보되고 있다고 느끼는지를 확인하는 방식으로 측정한다. 수익 측면에서 연계조직은 기회주의적인 행동의 결과로 발생할 수 있는 손해를 연계로 인해 얻을 수 있는 잠재적 이익보다 크다고 판단할 때 신뢰적 행동을 보인다. 이는 기회비용 등 물질적 이득과 평판이나 목적달성 등의 비물질적 이득이 연계성과로 측정될 수 있다는 것이다.

다음으로 기업의 사회적 책임 활동의 성과로 발생한 기업이미지 제고 여부를 측정하고자 한다. 사회적 책임 활동을 통해 부수적 효과를 거두기 위해서는 종합적인 기업이미지 제고가 있어야 하기 때문이다.

이러한 과정을 통해 강원랜드 입장에서는 정선재활용센터와의 연계를 통해 기업 이미지의 변화가 있었는지, 정선재활용센터 입장에서는 강원랜드와의 연계를 통해 기업 이미지 측면의 성과가 발생했는지 살펴본다.

3. 연계 지속 요인

연계 지속요인은 신뢰 축적, 공동의 목적달성 여부를 살펴본다. 신뢰 축적은 신뢰수준이 높아질수록 연계관계가 확고해 진다는 이론에 따라 신뢰 수준이 증가할수록 연계가 지속된다고 보고 사례에 대입한다.

마지막으로 강원랜드와 정선재활용센터가 모두 지역사회에서 활동하고 있기 때문에 지역 내에서 특정한 목적을 지속적으로 달성해 가고 있거나 달성하고자 할 때 연계가 지속될 수 있다는 점에 착안하여 이러한 원인이 연계에 영향을 미치고 있는지 살펴본다.

IV. 강원랜드와 정선재활용센터의 연계 사례

1. 강원랜드와 정선재활용센터 현황

1) 강원랜드의 발생 배경과 현황

1995년 정부는 에너지 소비 패턴의 변화 및 환경오염 인식 변화에 따라 '석탄산업 합리화 정책'을 결정하고 탄광을 폐지하기 시작했다. 국내 석탄 총생산량의 75%를 차지하던 강원지역은 95%에 이르는 탄광이 문을 닫으면서 4만여 명의 탄광근로자가 일자리를 잃었다. 특히 강원도 정선군은 고한과 사북 등 4개 지역에 탄광이 있는 지역으로, 탄광을 중심으로 지역경제가 형성되어 있어 정책에 따른 피해를 고스란히 감내할 수밖에 없었다. 많은 실직자가 양산되었을 뿐 아니라 재취업 기회도 변변치 못했고, 지역사회의 피폐 및 지역경제는 침체가 발생된다.

정부는 지역경제 활성화 및 실업문제 해결을 도모하기 위해 '폐광지역개발 지원에 관한 법률'을 제정하였다. 강원랜드는 이 법률에 의해 1998년 설립된 공기업 형태의 회사이다. 한편 이 법률은 설립 당시 정부의 정책 의도와 달리 실업을 해소하지 못하고 카지노 사업에 따른 병폐들은 야기시킨다. 탄광근로자의 높은 연령 때문에 강원랜드에 취업하지 못하고, 도시가 서비스업 중심 도시로 재편되는 과정에서 지역 사회가 공동화되는 문제를 발생된 것이다. 특히, 카지노 산업이 가지는 특성 때문에 지역 내외부에서 도박 중독자가 유입되고, 전당포와 숙박업이 성행하는 등 조용했던 시골 마을은 부정적 변화와 직면하게 된다.

정책집행의 의도치 못한 결과 발생은 2000년부터 강원랜드의 사회적 책임을 강하게 요구하게 되고, 그 결과로 자구책이 시행된다. 불우이웃돕기, 지역사회단체 원 등 자선적 사회공헌 활동을 시작으로, 2008년에는 사회공헌위원회를 발족하였고, 사회적 기업 지원을 비롯한 교육지원사업, 문화예술사업, 지역재활력사업, 지역복지사업, 환경생태사업을 전문적으로 실시하는 데 이른다. 사회공헌위원회는 사회적 기업과 예비사회적 기업의 지원뿐만 아니라 지역주민과 도박중독자를 위한 사회적 기업의 설립도 준비하고 있어 다양한 지역사회 활성화를 위한 모델 개발을 준비하고 있다.

2) 정선재활용센터의 발생배경과 현황

정선재활용센터는 2008년 고용노동부로부터 인증받은 사회적 기업이다. 정선재활용센터는 사회적 기업 인증 전인 2000년부터 대표자의 의식적 활동에 의해 자활지원센터 재활용 사업단으로 발족되었다. 강원랜드와는 2001년부터 용역계약형태로 연계가 시작되었다. 이후 2002년 사업자 등록을 통해 자활공동체로서 강원랜드의 재활용폐기물을 처리하게 된다. 현재 정선재활용센터는 지역 공동체와 공동생산, 취약계층 일자리 지원, 환경가치 실현을 목표로 장애인과 고령자, 다문화가정, 기초생활수급자를 채용하여 자활기회를 제공하고, 재활용폐기물처리 장비와 기술에 대한 연구개발을 통해 환경가치 충족을 통한 지역사회발전과 지역 공동체 회복에 기여하고 있다.

업무 연계관계는 사업 분야별로 강원랜드, 정선군청, 관공서, 민간숙박업소, 관공서와 유기적 관계에 있다. 매출은 2001년에 1.9백만 원에서 2010년 6억까지 증가하여 괄목할 만한 경제적 성과를 이룬다.

향후 안정적 운영기반 구축 및 자립기반 형성, 경영개선을 목적으로 용역시스템 개선, 인력증대 계획을 수립 중에 있고 좀 더 다양한 조직과의 연계를 모색하고 있다. 또한 사회적 목적 달성을 위해 재활용 품목 확장을 통한 쓰레기를 줄이는 방안을 모색하고 있고, 재활용 폐기물을 직접 선별하여 더 많은 폐기물을 재활용 및 인력 고용을 계획 중에 있다.

2. 연계 조건

1) 외부자원 의존성

강원랜드와 정선재활용센터는 상호 부족한 역량을 교환하고자 했다. 각 조직의 자원보유 현황을 살펴보면 강원랜드는 대형 리조트 사업과 카지노 사업운영에 따른 호텔, 골프장, 스키장, 콘도, 사원 숙소를 보유하고 있는데, 이 시설들은 방문객과 직원들이 사용한 다량의 폐기물을 배출한다. 강원랜드는 현재 조직구성상 이러한 폐기물을 자체적으로 처리할 역량이 없다.

230 사회적 기업을 말한다

강원랜드는 재정적 여력을 가지고 있다. 연간 1조 2천여억 원의 영업이익이 발생한다. 이 중 1.7%인 200억 원 이상의 예산이 사회공헌위원회에 배정된다. 실제 2009년 정선재활용센터와의 계약에 3억 7천여만 원이 투입되었는데 영업이익과 사회공헌위원회 예산에 비추어 충분한 경제적 자원을 보유하고 있다고 할 수 있다. 특히 폐기물 처리를 위한 비용이 반드시 필요하다는 점에서 강원랜드의 경제적 자원은 연계 사회적 기업에게 매력적인 요인이다.

지역사회와 공공의 이익에 일조하려는 목표를 가지고 있고, 실제로 이를 실천 및 교육한다. 지역사회 붕괴 경험과 사회공헌활동을 통해 축적된 경험은 강원랜드가 보유한 정보적 자원이다.

정선재활용센터의 경우 강원랜드가 사회공헌활동을 시작한 2000년부터 폐기물 처리 계약을 체결하고 연계를 맺어왔다. 정선재활용센터는 자활공동체 조직으로 시작하여 오랜 기간 폐기물 재활용사업을 하였기 때문에 폐기물을 처리할 수 있는 시설과 인력, 그리고 기술을 보유하고 있었다. 순서대로 정선재활용센터의 인적 · 물적 · 정보적 보유 자원이다. 또한 정선재활용센터의 사회적 목적을 추구하는 행위는 일반 기업과 차이를 보이는 특수한 정보적 자원 보유형태로 볼 수 있다.

한편 경제적 자원은 비교적 부족하다. 앞서 사회적 기업의 제약조건이 경제적 자립이라고 소개한 바와 같이 정선재활용센터도 경제적 자립이 필요했다. 2001년 자활공동체 시기 연간 매출이 1천9백만 원 사회적 기업 인증 후 연간 매출이 4억 천만 원이었다. 이 중 노무비 지출이 63%에 달해 운영비 비중이 상대적으로 부족한 상황이었다.

두 조직이 보유한 자원교환관계를 살펴보자. 강원랜드의 물적 자원과 경제적 자원, 그리고 정보적자원은 정선재활용센터의 물적 · 인적 · 정보적 자원을 필요로 했고, 정선재활용센터는 강원랜드의 경제적 자원이 특히 필요했다. 실제 사례에서도 〈표 7-12〉와 같이 교환관계가 나타나는데 이는 외부자원 의존성에 따라 연계하고 있다고 볼 수 있는 근거이다.

〈표 7-12〉 강원랜드와 정선재활용센터의 자원교환

보유자원 \ 연계주체	강원랜드		정선재활용센터
	외부자원 의존 필요성		
인적자원	-		폐기물 처리 인력
물적 자원	폐기물 배출량		폐기물 처리 시설
경제적 자원	폐기물 처리 예산	⇄	-
정보적 자원	사회공헌 경험		폐기물 처리 기술 사회적 목적

연계 형성

결과적으로 강원랜드와 정선재활용센터 사례는 자원의존이론에서 말하는 의존관계가 두 조직이 연계하게 된 원인이다.

2) 법률의 규정

'사회적 기업육성법' 제10조, 제11조, 제14조, 제16조의 지원규정이 강원랜드와 정선재활용센터가 연계하는데 영향을 미쳤는지에 대해 양자 모두 분명한 영향력을 인정하고 있다. 반면 실질적 효과성에 대해서는 두 조직 모두 다소 회의적이다.

강원랜드는 법률의 규정에 의해 사회적 기업 제공 서비스 우선구매나 각종 사회적 기업 지원 의무를 지닌다. 한편 '사회적 기업육성법' 제정 전부터 정선재활용센터와 업무협력을 체결하고 현재까지 지속해 오고 있다. 여기서 강원랜드가 법률이 정한 의무에 따라 연계를 했는지 자발적 사회공헌 의지가 연계에 더 큰 영향을 미쳤는지가 문제된다. 본 사례는 조직의 목표와 구성원의 의지 등 자발적 연계 형성 요인이 나타난다. 그 사실을 아래 담당자 면담 결과에서 확인할 수 있다. 종합적인 판단 전에 조항별 영향력을 살펴보면, '사회적 기업육성법' 제10조의 경영지원에 관한 사안은 두 조직 모두에 해당되지 않았다. 제11조 우선구매는 강원랜드의 공기업 특성에 따라 정선재활용센터뿐만 아니라 다양한 조직 간 연계에 주요 요인으로 나타난다.

> "저희는 회사지분의 51%를 국가에서 가지고 있는 공기업의 형태를 띠다 보니까 사회적 기업 육성법에 의거해서 우선구매를 하는 부분이 많이 있죠."
>
> _ 하이원리조트 사회공헌위원회

조세감면 및 자금지원 혜택(제14조, 제16조)은 강원랜드와 정선재활용센터가 연계하는 데 영향을 미치고 있다. 한편 법률의 규정 외에 지역사회 공헌, 기업과 사회적 기업의 설립 목표, 추구하는 가치 등 다양한 요인들이 복합적으로 연계에 간여하고 있어, 지원 조항들이 양자 간 연계에 결정적 요인이라고 단정하기 어렵다.

> "사회적 기업 이런 것을 떠나가지고 회사에서 지역 활성화에 중점을 두고 있으니까 사회적 기업과 우선 계약을 맺는 거죠. 어차피 정해진 지정 비영리단체랑 우리가 인정을 받는 것이기 때문에 거기에 대한 세제 효과는 본다고 봐야죠. 없다고 볼 수는 없고요. 혜택이 회사의 지역공헌에 영향을 미치는 것은 없다고 봐야죠."
>
> _ 하이원리조트 사회공헌위원회

정선재활용센터의 경우에도 법률에 의한 지원이 강원랜드와의 연계하게 한 것은 아니라고 한다.

"사실 지금 큰 거는 아니지만 사회적 기업이라고 해서 조금씩 지원
이 되는 것이 있는데 사업에 어떤 보탬이 될 뿐이지 사업을 좌지우지
할 수 있는 것은 아니거든요. 그런 것은 아니기 때문에 점차적으로
사업이 끊어진다던가 뭐 이렇게 한다고 하더라도 뭐 특별한 변화는
없을 거예요."

_ 정선재활용센터

결과적으로 사회적 기업과 기업연계를 유도하기 위한 제도적 장치
는 제한적인 영향력만 가진다. 법률 제정을 통한 유인책과 강제가 의도
한대로 작동하지 않는다고 평가할 수 있다. 한편 이 같은 연계모델이
정부의 재정지원 없이도 사회적 기업이 제 역할을 하며 수익을 창출할
수 있다는 아주 이상적인 복지 모델로 보인다. 자발적인 조직 간 협력
이 정부부문에서 효율성 때문에 다루지 못하는 사회문제를 스스로 해
결하여 정부 지원에 의한 수동적인 연계가 아닌 자발적인 연계 형태로
구분 할 수 있다.

〈표 7-13〉 법률 규정의 강원랜드와 정선재활용센터 연계 영향

지원제도 ＼ 연계주체	강원랜드	정선재활용센터
경영지원	해당 없음	해당 없음
우선구매제도	영향	
재정지원	영향	영향
조세감면	영향	영향

※ 연계에 결정적 영향을 미치지 못함

3) 기업의 사회적 책임(CSR)

강원랜드와 정선재활용센터의 연계는 코틀러(Kotler, 2005)가 구분한 기업의 사회적 책임(CSR) 분류 중 '사회책임 경영 실천(Socially Responsible Business Practice)을 만족하고 있다. 연계를 통한 자율적인 환경보호 및 사회복지 개선에 기여하는 경영 및 투자활동이 바로 그것이다. 강원랜드는 지역의 재활력, 즉 사회적 목적을 달성하기 위한 자발적 활동을 계획하고 실시했다. 강원랜드의 사회공헌의지가 드러나는 근거이다.

> "처음에 저희가 사회공헌위원회를 만들고 핵심 분야 여러 개 중 사업 분야를 선정하면서 지역 재활력을 어떻게 할까? 라는 나름대로 큰 틀에서 고민과 관심을 가지면서 지역 재활력을 우선시 해야 되겠다는 판단을 했어요. 시작단계에서 여러 가지 아이템들을 스스로에게 컴프로마이징 하고 고민하면서 찾은 거죠. 기왕 있는 사회적 기업 중에서 어느 분야의 들어갈 것을 만들어보자는 생각을 말이죠."
>
> _ 하이원리조트 사회공헌위원회

강원랜드가 사회적 역할을 하고자 하는 가시권에 정선재활용센터라는 사회적 약자 조직이 존재했다. 정선 재활용센터는 장애인 8명, 고령자 3명, 다문화가정 2명, 기초생활수급자 1명으로 구성되어 있어, 전체 19명의 직원 중 과반 수 이상이 사회적 목적 달성을 위해 채용되어 있다.

또한 정선재활용센터가 이윤만을 남기기 위한 단일 목적이 아닌 지역 일자리 제공과 깨끗한 환경 조성을 위한 노력 등을 다수의 목표를 동시에 수행하고 있어 강원랜드의 사회공헌 목적과 유사한 측면이 발견된다.

"어느 사회적 기업이라도 마찬가지겠지만 장애인들이라던가 저소득
층에 있는 분들하고 일반인들하고 기능차이가 많이 나요. 일단 그거
는 감안을 해야죠."

_ 정선재활용센터

앞서 소개한 정선지역의 폐광에 따른 구조적 문제와 공동화 현상은
사회문제 해결 노력이라는 화두를 제공하여 두 조직이 발생 및 연계의
배경적 요인이다.

따라서 강원랜드와 정선재활용센터의 연계에는 강원랜드의 사회적
책임(CSR)이 큰 영향을 미쳤고, 주요한 연계 요인으로 구분할 수 있다.

〈표 7-14〉 강원랜드의 사회적 책임과 사회적 기업 연계

4) 조직 간 연계 일반

사례에서는 기업전략의 유사성과 신뢰발생이 연계 요인으로 확인되
었다. 신뢰발생은 연계가 시작되고 발생된 것으로 나중에 설명하기로
하고, 두 조직이 가진 기업전략의 유사성에 대해서 살펴본다.

강원랜드와 정선재활용센터에게 지역사회에 공헌하는 것은 주요한
기업전략이다. 비슷한 업종의 민간기업보다 사회적 기업인 정선재활
용센터와 연계하게 된 주된 이유 또한 이러한 목표의 유사성에 기인했

다. 정선재활용센터의 경우도 경제적 자원을 교환하려는 의지가 부각되긴 하지만 기업의 목적이 지역사회 취약계층 자활에 초점을 두고 있어 강원랜드와 연계가 가능했다.

> "회사에서 지역 활성화에 중점을 두고 있으니까 사회적 기업과 우선계약을 맺고 있습니다."
>
> _ 하이원리조트 사회공헌위원회

> "현재 사회적 기업으로 인증받은 사실이나 지역에서 어려운 사람들 취업취약계층들하고 같이 일하는 것, 이런 몇 가지만 꼽더라도 우리는 충분히 정당성이 있어요. 강원랜드 쪽에서도 저희들한테 계속 용역계약을 하는 이유도 정당성이 있기 때문에 가능한 거예요."
>
> _ 정선재활용센터

〈표 7-15〉 일반적 기업연계 요인과 강원랜드 정선재활용센터 연계

연계주체	강원랜드	정선재활용센터
기업전략 유사성	O	O
기업문화 유사성	확인된 바 없음	확인된 바 없음
신뢰발생	연계지속 요인에서 다룸	
연계기업의 명성	확인된 바 없음	확인된 바 없음
인적 네트워크 규모	확인된 바 없음	확인된 바 없음

※ 기업전략의 유사성이 연계에 영향을 미침

3. 연계성과

1) 외부 자원의 안정적 확보

연계원인을 검토하며 자원의존 성향이 강원랜드와 정선재활용센터의 연계의 주요 요인임을 알 수 있었다. 상호 필요한 자원을 교환하며 강원랜드는 폐기물 처리시설 설치에 따른 내부개발 위험요인에서 벗어날 수 있었다. 뿐만 아니라 자활공동체로 시작한 사회적 기업과의 연계를 통해 기업연계를 통한 상호 보완적인 관계 설정 경험과 기술을 축적하는 성과를 냈다.

정선재활용센터는 강원랜드와 연계를 통해 안정적 운영을 위한 재원을 마련할 수 있었고, 강원랜드의 사업 확장과 더불어 폐기물처리 용량의 증가로 동반 성장이 가능하게 되었다. 이에 따라 당연히 재활용 폐기물 처리 기술에 대한 연구개발 투자나 인력수급 등 보유자원이 함께 증가할 수 있게 되어, 양적 성장과 더불어 질적 성장까지 도모하게 되는 성과가 발생하였다.

이렇게 상호 내부자원의 지속적 증가는 강원랜드와 정선재활용센터가 연계할 수 있었던 주요한 원인으로 볼 수 있다.

〈표 7-16〉 강원랜드와 정선재활용센터의 자원교환 성과

연계주체 / 보유자원	강원랜드		정선재활용센터
인적자원	–		–
물적자원	폐기물 처리 시설 내부화 부담 감소	⟷	–
경제적 자원	–		폐기물 처리에 따른 수익 증대
정보적 자원	지역사회 활성화를 위한 경험 축적		폐기물 처리 기술 발전

외부자원의 안정적 확보

2) 수익 증대

앞서 자원 교환 현황에서 살펴본 바와 같이 정선재활용센터는 연계를 통한 물질적 수익이 증대되었다. 반면, 강원랜드는 아직 연계를 통한 물질적 수익이 없다.

> "정선재활용센터는 회사에서 나오는 폐기물을 정리하는데 어차피 비용이 들어가는데 계약 관계를 맺어서 진행을 하는 거죠. 저희는 사실 여기에는 별로 신경을 쓰지 않습니다. 실질적으로 지역 내에서 어떤 공간들이 발전되거나 이런 것들은 있지만 실질적으로 회사 이익도 없고요."
>
> _ 하이원리조트 사회공헌위원회

> "계속 연계해야죠. 저희들의 중요한 사업이 강원랜드와의 용역사업과 정선군하고의 재활용품 매각사업인데 그 중요한 사업을 포기할 수는 없죠. 재활용품을 우리가 가지고 와가지고 그 재활용품을 다시 압축시킨다거나 이런 식으로 해가지고 부가가치를 창출하고, 수익도 올리고 있어요. 그 대가로 직원도 좀 살만해졌고요. 최대한으로 협력 회사와 서로 협조하면서 관계를 유지해 나가야죠."
>
> _ 정선재활용센터

반면 서로 물질적 수익이던 비물질적 수익이던 연계를 통한 성과가 연계 지속에 영향을 미치는 것은 분명하다.

> "사회적 기업과의 연계에 반드시 따라와야 될 게 주민들의 열정하고, 사회적 기업의 성과 창출입니다. 아무리 사회적 기업과 연계하고 있더라도 저희는 기업이기 때문에 성과를 어느 시점에서는 내 주어야 하기 때문이죠. 사회적 기업을 지원함으로써 저희에게 어떤 잠재적 수익이든 이미지 측면이든 여러 가지 효과가 분명히 있어야만 합

〈표 7-17〉 강원랜드와 정선재활용센터의 수익

수익 \ 연계주체	강원랜드	정선재활용센터
물질적 수익	X	O
비물질적 수익	O	O

※ 손해나지 않는 정도의 물질 비물질적 성과가 있어야 연계 지속 가능

니다. 그래야지 또 다른 사업들이 진행이 될 수가 있고, 지속가능하지 않을까 하고 생각합니다."

_ 하이원리조트 사회공헌위원회

"제일 중요한 것은 일단 기업이 원하는 만큼에 어떤 그 사업에 대한 능력이 뒷받침되어야 하는 거예요. 그게 가장 중요합니다. 능력이 안 되고 자질이 없으면 같이 할 수가 없을 거 아니에요. 파트너 관계를 유지할 수가 없죠."

_ 정선재활용센터

3) 기업 이미지 제고

강원랜드의 지역사회 활성화 노력이 정선재활용센터와의 연계 이외에도 다양하게 발견되고 있으나, 강원랜드의 기업 이미지는 거의 변하지 않았다. 사행사업이 기업의 이미지에 대표적 특성으로 부각되고 있기 때문이다. 그러나 제3자 입장에서 관찰했을 때 이미지 변화가 전혀 없었던 것은 아니다. 강원랜드는 2007년부터 2009년까지 3년 연속 '사회공헌기업대상'을 수상하였다. 내부 조사결과 이에 따른 기업이미지 변화는 크지 않지만, 착한 기업으로 도약 할 수 있는 계기를 마련한 점에서 성과가 있었다고 한다.

"이게 일단 이거는 장담은 못하겠지만, 제가 판단했을 때는 물론 영향은 없지 않아 있을 것으로 봅니다. 그런데 사회공헌을 통해서 회사의 카지노 이미지가 변했다고는 사실은 크게 안 보여지는 것 같아요. 물론 나름대로 사회공헌을 해서 윤리적 부분을 일정부분 개선할 생각도 있는데, 그것보다도 회사입장에서는 지역사회에 우리의 역할을 다 하고 그런 것들이 쌓여서 나중에 이제 결과물이 나왔을 때, 그 정도 되면 효과를 좀 보지 않을까 그런 생각을 하고 있어요."

_ 하이원리조트 사회공헌위원회

정선재활용센터는 강원랜드와 연계를 통해 기업 이미지가 제고되었다. 강원랜드의 재활용 폐기물을 처리하면서 기업의 규모와 역량이 증대되었고, 재활용 폐기물 수거와 처리 부문에서 인정을 받았다. 이에 따라 다른 조직과의 연계를 통한 사업영역 확대와 더불어 성공적 사회적 기업연계사례로 알려지는 성과까지 거두었다.

"전에만 하더라도 재활용품을 다른 일반 어떤 그 회사에서 다 매각을 하고 그랬거든요. 그런데 우리들이 사회적 기업으로 인증을 받고, 어느 정도 회사의 규모도 커지고 하니까 군내 읍면에 있는 재활용품들도 저희들이 매각하게 되었어요. 강원랜드 영향이 없었다고 할 수는 없죠."

_ 정선재활용센터

〈표 7-18〉 강원랜드와 정선재활용센터의 연계를 통한 기업 이미지 개선 효과

연계	강원랜드	정선재활용센터
강원랜드 + 정선재활용센터	크지 않음 (향후 효과 발생 예상) ⟷	효과 발생 (강원랜드와의 안정적 거래기반을 토대로 기업 이미지 제고)

4. 연계 지속 요인

1) 신뢰 축적

강원랜드와 정선재활용센터의 연계관계는 초기 거시적 수준의 신뢰를 보인다. 그러나 연계가 지속될수록 지속적인 상호작용을 통한 사적 관계가 형성되고 있었다. 강원랜드와 정선재활용센터는 대표자나 직원들이 통념적으로 말하는 인적 네트워크가 나타나지 않기 때문에 관계 맺기에 따른 신뢰관계 형성을 통해 협력하게 된 것은 아니다.

> "저희들은 강원랜드하고 비공식적인 관계가 없어요. 업무적으로만 만나는 거지…"
>
> _ 정선재활용센터

> "정선재활용센터와의 관계에서는 정기적인 모임이나 비공식적인 관계는 현재까지 없습니다. 물론 실무자와의 방문은 계속하고 있지만요."
>
> _ 하이원리조트 사회공헌위원회

그러나 상호 연계가 약 12년간 지속되며 신뢰 수준은 중시적 신뢰수준까지 상승하였다. 강원랜드(하이원리조트) 사회공헌위원회와 정선재활용센터는 정기적 업무 모임을 가졌고, 교회 등을 통한 사적 대면 횟수도 늘어났다. 조직간 상호 이해와 조정과정을 통한 과도기적 신뢰수준이 형성되고 있었다.

뿐만 아니라 연계 계약에 따른 의무를 성실히 이행함에 따른 업무상 신뢰 관계 또한 중시적 수준에 이른다.

> "정선재활용센터도 그 회사에서 매우 열심히 하고 있으니까 저희와 함께 오랫동안 함께 할 수 있었고, 비슷한 사례도 많이 만들려고 노

력하고 있습니다."

_ 하이원리조트 사회공헌위원회

이와 같은 신뢰 수준 상승은 이론적으로 지속적 거래를 위한 주요한 요인으로 거론되고 있다는 점에 미루어 강원랜드와 정선재활용센터의 주요한 연계 지속 요인이라고 할 수 있다.

2) 공동의 목적 달성

지역사회에 활력을 되찾아주고, 주민 삶의 질을 높이기 위한 두 조직의 목적은 구성원의 인식변화라는 결과로 귀결된다. 두 조직은 기존 호혜적 복지성향에서 벗어나 근로할 수 있는 공간 창출과 함께 근로의지를 지역사회에 투입하였다. 살펴본 결과 만족할 만한 변화가 발생하고 있다고 한다. 또 주민들이 변화해가는 모습에 만족하고 있다. 따라서 기존 의도대로 공동의 목적을 달성해가는 현상은 조직 간 지속적인 연계가 가능할 수 있도록 돕는 주요한 요인이 된다.

"처음 설립할 때는 좋은 다른 어떤 것들도 있지만 일단은 어려운 사람들한테 일자리나 그 사람들에 대한 경제적인 상황을 향상시키기 위해 시작했어요. 이렇게 순수한 목적이에요. 지금도 추구하고 있는 것이 그거에요. 사회적 환원이든 다 좋지만 일단 지금 여기 일하시는 분들 어떤 탄탄한 경제적인 그게 마련돼 있으면 이 회사도 유지될 수 있고 이 사람들에 대한 어떤 그게 보람이죠. 우리 회사에 들어오지 않고 그냥 사회에 머물러 있으면, 복지계층이잖아요. 그러니까 어떤 수혜혜택으로 다른 나라에서나 이렇게 수혜혜택을 받아야 되는 사람들인데 그 분들이 우리 회사에 들어옴으로써 그 혜택을 받지 않고 자기들이 직접 노동을 해가지고 어떤 그 노동자로서 어떤 역할을 하고 있으니까 엄청 큰 거라고 볼 수 있죠."

_ 정선재활용센터

"지역사회 구성원들의 의식변화나 이런 부분들은 저희가 사업방향들을 이렇게 가지고 가기 때문에 분명히 변화가 있다고 일단 보여 집니다. 과거 수혜적인, 시혜적인 사업 내용의 사회공헌 활동들을 했다면, 지금은 본인들도 받는 입장에서 노력하지 않으면 주지 않는 사업으로 우리가 주도적으로 변화시키고 있어요. 그러면 가정에서도 조금씩 커뮤니티 비즈니스나 사회적 기업 같은 것들에 대한 인식이 심어지고, 마인드 자체가 이제 옛날에는 돈 달라고 하던 것들이 이제는 이런 사업들 좀 해보면 어떨까 잘 살릴 수 있지 않을까? 이런 얘기들이 많이 나오는 단계로 변하고 있다고 볼 수 있죠."

_ 하이원리조트 사회공헌위원회

V. 사회적 기업과 기업연계를 위한 함의

강원랜드와 정선재활용센터 사례를 통해 조직간 연계에 이론들이 선택적으로 적용되고 있다는 점과, 이들이 어떻게 작동하고 있는지 살펴보았다. 사회적 기업과 기업이 연계하는 데는 연계조건으로 외부자원에 대한 의존성이 있어야 했고, 연계 환경 조성을 위한 법률의 규정도 필요했다. 기업의 사회공헌 의지 또한 필수적이었다. 또한 법률의 규정보다 외부자원 의존성과 강원랜드의 사회공헌 의지가 연계에 상대적으로 더 큰 영향을 미치는 것으로 나타났다. 연계성과 측면에서도 내재화 된 외부자원 만족도나, 물질적 비물질적 수익, 기업 이미지의 제고가 연계를 위한 주요한 성과 요인이었다. 연계가 지속되기 위해서는 신뢰 축적 및 공동의 목적달성과정이 모두 영향이 있다.

사회적 기업과 기업의 연계를 위해서 상호 부족한 역량을 보완하기 위한 의지와 사회문제를 해결하기 위한 공동의 목표의식존재가 필수적이라고 할 수 있다. 다시 말해 연계를 하고자 하는 당사자 양방의 의사가 무엇보다 중요한 것이다. 정부의 지원이나 법률의 규정보다 전략적 사회공헌 활동과 사회적 기업의 자생의지가 연계를 하는 데 더 중요한 요인이기도 하다.

이 같은 점은 기업과 연계를 통해 경제적 자립을 원하는 사회적 기업에게 몇 가지 함의를 제공한다.

첫째, 대상기업의 보유자원을 검토한다. 하나의 기업이 모든 역량을 가지기 어렵다는 점에 착안하여 사회적 기업이 가진 보유자원 중 대상기업과 교환할 수 있는 자원이 있는지 살펴봐야 한다. 또한 대상 기업의 부족한 역량이 지속적으로 기업운영에 영향을 미칠 수 있는지도 확인해야 한다. 사회적 기업의 지속가능성과 관련된 것으로 연속적인 교환관계 형성이 가능할 때 지속적 연계가 가능하다. 반드시 유사 업종이 아니어도 강원랜드와 정선재활용센터의 관계처럼 교환관계가 성립될 수 있다.

둘째, 연계 대상 기업의 사회공헌 의지와 목표를 살핀다. 사회적 기업의 역량이 일반기업의 그것과 동일하거나 그 이상이 되지 않는 한 사회적 기업의 특성상 기업의 전략적 사회공헌의 일환으로 연계될 가능성이 높다. 따라서 기업의 사회공헌의지는 어느 정도인지, 사회공헌을 통해 달성하고자 하는 목표는 무엇인지 살펴, 이에 부합하는 기업과 연계하는 것이 효과적이다.

셋째, 지역사회 내에서 활동하는 기업과 연계한다. 지역사회는 공통된 사회문제를 공유하기 때문에 기업의 사회공헌 목표와 일치할 가능성이 높다. 또한 연계와 동시에 지역주민이라는 유대감도 맺을 수 있어 지속적인 연계 가능성이 높아진다. 따라서 지속적인 연계를 가능하게 하여 양 조직의 목적달성을 용이하게 한다.

넷째, 사회적 기업의 역량 증대를 위해 노력한다. 사례에서는 공기업임에도 불구하고 일정 정도 유·무형의 성과가 연계의 주요한 요인이 되었다. 정도 차이가 발생하겠으나 기업에 손실이 발생한다면 다른 어떤 좋은 이유가 있어도 연계를 지속하기 어렵다. 따라서 반드시 기업과의 원활한 자원교환을 위해 역량을 증대시켜야 한다.

정부와 지방자치단체에는 아래와 같이 제언할 수 있다.

첫째, 지역 내 기업의 자원보유현황을 면밀히 분석하여 기업과 사회적 기업과 연계하려고 할 때 정보를 제공한다. 최근 시행 중인 '매칭제도'와 같이 지역 내 기업과 사회적 기업의 역량을 자료(DATA)화 하여 연계를 용이하게 하여야 한다.

둘째, 사회적 기업의 지역화를 유도한다. 지역 문제를 공유하고, 호혜적인 측면에서 접근하는 것이 공기업이나 민간 기업에게 사회적 기업과 용이하게 협력할 수 있는 방법이다. 또한 사회적 기업과 기업연계의 지방화를 통한 내발적 발전 가능성도 높아질 수 있다.

셋째, 유연한 정책설계를 통해 사회적 기업의 특성에 맞는 지원정책을 설계한다. 법률의 규정에 의한 규제나 인센티브가 강원랜드와 정선재활용센터의 연계에 결정적 영향을 미치지 못한 것처럼 정부의 일괄적인 규제나 유인은 사회적 기업이 어떤 사회 내에서 독립된 구성원으로 다른 조직과 연계하는 데 그리 효과적이지 않을 수 있다. 정선재활용센터가 수익성 있는 사업 분야라서 이와 같은 의견을 제시할 수 있다고 한계 지을 수도 있다. 그러나 보육이나 돌봄 같이 수익성이 낮게 평가된 사회적 기업은 정부의 지원이 절실한 경우도 발생 가능하다. 따라서 일괄적인 기준에 의한 지원보다 특성별로 유연하게 지원할 수 있는 노력이 필요하다.

사회적 기업과 기업연계는 부문(sector) 간 협력을 통해 미래의 불확실성에 대한 사회 안전망을 내실화하는 효과적인 방법이다. 일자리 문제를 통한 구성원 간 격차 완화 및 양질의 서비스 제공을 가능하게 하고, 사회적 기업의 하이브리드(hybrid)[1] 특성 때문에 다른 조직과의 연계를 통한 사회적 목표 달성을 더욱 용이하게 한다.

---

1) 경제적 수익과 사회적 목표를 동시에 추구하는 특성을 나타내는 용어.

이렇게 순기능을 가진 사회적 기업과 기업이 연계하기 위해서는 연계 요인들을 살펴 더 많은 사회적 기업이 기업과 상생관계를 맺을 수 있도록 해야 한다. 이 경우 사회적 기업의 본래 목적인 사회성은 물론 경제성까지 동시에 달성할 수 있게 된다.

참고 문헌

고용노동부. 2010.『사회적 기업 3주년 성과분석』. 고용노동부.

권영빈. 2011.『지역사회에서 사회적 기업과 민간기업간의 연계에 관한 연구』. 석사학위논문. 서울시립대학교 대학원.

김균목·고동완. 2011. 관광산업에서 사회적 책임 활동과 사회적 기업의 연계 방향.『관광연구』26(5): 43-61.

김수영·권희연·한용외. 2010. 기업연계형 사회적 기업의 성과요인에 관한 연구.『한국비영리학회』8(3): 133-166.

김치호. 2003. 전략적 제휴 성공결정요인에 관한 연구: 기업정보화 관련 요소를 중심으로.『창업정보학회지』6(2): 235-263.

노동부. 2009.『2008 사회적 기업 성과분석』. 노동부.

문백학·심재철. 2012. 한국 기업의 IR 도입과 활성화 요인 자원의존 이론과 신제도주의 관점에 따른 탐색적 연구.『홍보학연구』16(1): 5-34.

박정윤·권영철. 2010. 전통적 기업과 사회적 기업의 연계전략에 대한 탐색적 연구.『로고스경영연구』8(1): 1-22.

박종훈·강소라·이은숙. 2005. 전략적 제휴에서 파트너기업의 명성도, 제휴유형, 몰입도가 벤처기업의 성과에 미치는 영향.『중소기업연구』27(2): 109-141.

사회적 기업육성법. (일부개정 2012.2.1, 법률 제11275호).

성신재. 2009.『신뢰와 기업간 연계의 공간적 특성에 관한 연구: 부산시 물류창고업을 사례로』. 박사학위논문. 부산대학교 대학원.

소진광. 1998. 사회적 자본 형성을 위한 지역사회 개발논리.『지역사회발전학회 논문집』24(1): 29-47.

이동현·김동희. 2006. 네트워크 특성이 전략적 제휴 성과에 미치는 영향에 대한 참색적 연구: 인터넷 기업을 대상으로.『전략경영연구』9(1): 101-120.

이세례. 2000. 전략적 제휴에서 파트너 선정 결정요인: 인터넷 비즈니스를 중심으로.『산경논총』22: 157-172.

이현기·채희용. 1997. 기업간의 전략적 제휴.『영남외국어대학 논문집』3: 243-262.

임창희. 2010. 『조직론』. 학현사.

장대철. 2009. 사회적 기업의 개념과 의미. 『임금연구』, 18(3): 84-96.

장우진 · 김영학. 2010. 대한지적공사의 사회적책임활동, 사회적 기업과의 연계 가능성에 관한 시론. 『한국지적학회지』 26(1): 123-144.

정규진 · 서인석 · 장희선. 2012. 사회적 기업의 지속가능성에 대한 탐색적 연구: 자원의존이론의 관점을 중심으로. 『한국행정학회 하계학술대회』, 1-27.

주성수. 1999. 『시민사회와 제3섹터』. 한양대학교 출판부.

최현철 · 추혜원 · 강창식. 2002. 자원의존이론에서 본 외주제작정책의 문제점 분석. 『커뮤니케이션과학』 19: 5-30.

Bowen, Howard. 1953. *Social responsibility of the Businessman*. New York.

Carroll, A. B. 1979. A Three-Dimensional Conceptual Model of Corporate Social Performance. *Academy of Management Review* 4(4): 497-505.

Coleman, James S. 1990. *Foundations of Social Theory*. Cambridge: Harvard U. Press.

Emerson, R. M. 1962. Power-dependence relations. *American Sociological Review* 27: 547-570.

Grootaert, Christiaan. 2008. *The Role of Social Capital in Development*. Cambridge Univ Press.

Kotler, Philip. & Lee, Nancy. 2005. *Corporate Social Responsibility: Doing the Most Good for Your Company and Your Cause, Best practices from Hewlett-Packard, Ben & Jerry's, and other leading companies*. John Wiley & Sons, Inc., New Jersey

Onyx, J. & Bulllen, P. 1997. Measuring Social Capital in Five Communities in NSW: *An Analysis*. CACOM Working Paper no. 41, CACOM University of Technology: Sydney.

Pfeffer, J., Salancik, G. R. 1978. *The External Control of Organizations: A resource dependence perspective*. New York: Harper&Row.

Porter, M.E. & Kramer, M. R. 2006. Strategy and society: The link between competitive advantage and corporate social responsibility. *Harvard Business Review*, December, Reprint R0612D.

Putnam, Robert. D. 1993. *Making Democracy Work: Civic Traditional in Modern Italy.* Princeton, NJ, Princeton University Press.

Scott, R. W. 1981. *Organizations: Rational, Natural, and Open Systems.* Englewood Cliffs, New Jersey: Prentice-Hall.

제8장

사회적 기업의 지속가능성과
지방정부의 역할

최조순

I. 지역사회에서 사회적 기업의 역할에 대한 이론적 고찰

최근 우리나라에서는 '격차를 줄이는 발전, 일자리가 늘어나 사회적인 격차를 줄이는 사회, 서로를 보살피는 사회'를 만들자는 의미로 공생(共生)과 상생(相生)이라는 단어들이 사회의 화두로 떠오르고 있다. 이러한 일련의 현상은 신자유주의의 확대, 가속화된 자본주의 속에서의 세계적인 경제위기는 사회적 약자들에 대한 논란이 새롭게 대두되기 시작하였고, 이러한 문제를 해결하기 위한 대안으로 새롭게 부상한 것이 사회적 기업이다.

사회적 기업은 사회 전체의 이익을 위해 활동하면서도 재화와 서비스 판매 매출을 통해 스스로 활동 자원기반을 마련하고, 그에 따른 이익을 사회적 목적에 맞는 사업에 재투자함으로써 지역 혹은 사회 전체의 선순환 구조를 지향하는 기업이라고 할 수 있다(Defourny, 2001; 강병준, 2011; 박지선 · 전은주, 2012; 최조순, 2012).

2010년부터 사회적 기업 관련 정책은 중앙정부가 사회적 기업 개발을 위한 지방정부의 역할을 강조하고 있고, 2010년부터 예비 사회적 기업의 지정과 관련된 업무가 지방정부로 이양되면서 많은 지방자치단체들이 적극적으로 관련된 정책 개발과 육성에 힘쓰고 있다. 이렇듯 한국에서 사회적 기업 관련 정책은 '지역화'라는 새로운 국면으로 전환되기 시작하면서 지역사회에서의 사회적 기업에 대한 의미와 지속가능한 사회적 기업 육성과 관련된 지방정부의 역할에 대한 관심이 증대되고 있다.

이러한 변화는 지역사회에 기반을 둔 사회적 기업의 육성이라는 측면에서 긍정적으로 평가될 수 있다. 그러나 상당 수 지방정부들은 사회적 기업 관련 부서나 조례를 제정하는 등 행정적인 기반 조성을 위한 정책들을 주로 시행하고 있고, '무엇'을 '어떻게'에 대한 관점보다는 '몇 개'를 육성할 것인가와 관련된 성과에 더 많은 관심을 가지고 있기 때문에 실질적인 효과에 대하여 기대하기 어렵다. 또한, 지방정부의 사회적 기업 정책이 상위정부의 정책을 그대로 답습하고 있고, 지방정부의 역할은 단순 대리집행자의 수준에 머물 가능성이 크다.

현재의 이러한 사회적 기업의 정책은 사회적 기업의 지속가능성뿐만 아니라 지역사회를 위하여 수행되어야 할 사회적 기업의 역할을 제한하는 요인이 될 수 있다. 사회적 기업의 지역화가 진행되고 있는 현 시점에서 사회적 기업의 지속가능성의 의미에 대해서 살펴보고, 이를 위한 지방정부의 역할은 무엇인지 살펴봄으로써 더 발전적이고 지속가능한 사회적 기업의 모습을 기대할 수 있을 것이다. 그래서 사회적 기업의 지속가능성의 의미와 이를 위한 지방정부의 역할 모색이 필요하다.

이 장에서는 우선 사회적 기업의 지속가능성과 그 체계에 대해서 살펴보고, 그와 관련된 현 지방정부의 문제점, 그리고 향후 지방정부가 수행하여야 할 역할에 대한 실천적 쟁점에 대해 살펴보고자 한다.

지역사회에 대한 정의는 그것을 다루는 학문의 다양성만큼이나 통일된 정의를 도출하기 어렵다(Richardson, 1973; 한규호, 2009). 그럼에도 불구하고 보편적으로 사용되는 지역사회의 정의는 힐러리(Hillery)에 의하면 '지역사회란 도덕적 또는 공통적인 정신적 연계를 이룬 인간집단이며, 어떤 지리적 영역 안에서 사회적 상호작용을 통하여 한 가지 이상의 공동유대를 가지는 사람들로 이루어졌다'고 정의하고 있다(박지선 · 전은주, 2012: 101-102 재인용). 이러한 지역사회는 '지역성'과 '공동체성'의 두 가지 요소는 지역사회가 '장소에 대한 감정'과 '과거에 대한 감정'의 통합으로 나타난다는 특성에 바탕을 두고 있기 때문이라고 볼 수 있다. 장소에 대한 감정은 특정 공간에서 발생한 개인들의 경험, 그리고 그러한 경험이 가능하게 된 역사문화적 특성에 비롯되며, 이러한 역사문화적 특성은 주어지는 것은 아니고 해당지역의 사회관계에서 연루된 것이라고 할 수 있다(이은진, 2004: 298).

에치오니(Etizoni, 2000)에 의하면, 지역사회는 목적에 기반하여 인간들끼리의 관계에 자양분을 주는 주요 사회적 실제로 규정하였는데, 지역사회, 국가, 시장 간의 관계에서 지역사회는 다른 조직들과는 달리 목적에 기초한 관계를 특징으로 하며, 좋은 사회의 주요 요소를 이루는 것이라고 하였다. 질크라이스트(Gilchrist, 2004)는 사회통합 전략을 강조하는 영국의 지역사회복지 맥락에서 정부의 지역사회에 대한 관심은 사회적 자본, 협치, 서비스 전달 등 세 가지에 집중되고 있다고 설명한다(Gilchrist, 2004: 10-11; 한상진 외, 2009: 22 재인용). 지역사회에 대한 의미를 정리하면, 한 지역을 구성하는 사람들과 조직들의 지리적 분포를 강조하는 지리적 의미, 다른 지역과 구별될 수 있는 사회적 특성을 지닌 독립적인 지역으로서의 의미, 지리적 · 사회적 동질성을 강조하는 자연지역으로서의 의미, 공통적인 관심과 이해관계에 의하여 형성된 공동체로서의 이념, 인종, 장애, 종교, 사회계층 등 특정한 속성 및 이해관계에 기초하여 형성되는 기능적인 의미 등을 구분해볼 수 있다.

이러한 지역사회는 첫째, 지역사회 주민들이 일상생활을 영위하는

데 필요한 재화와 영역을 효율적으로 생산, 일정한 경로를 통해 분배 및 각자의 욕구에 따른 소비의 기능이 있다. 둘째, 개인 또는 소집단이 스스로 해결하기 어려운 문제를 외부의 도움을 받아 욕구를 해결하는 과정인 상부상조의 기능이 있다. 셋째, 지역사회가 구성원들에게 그 지역사회의 규범에 순응하게 하는 기능인 사회통제의 기능이 있으며, 넷째, 지역사회가 전체사회를 유지 및 발전시키는 데, 보완적 역할을 담당하는 사회통합의 기능이 있는데, 사회통합의 기능은 주민들의 자발적인 지역사회활동에 참여하여 지역사회의식이 광역화됨으로써 전체사회의 통합에 중요한 역할을 수행할 수 있다.

지역사회에서 수행하고 있는 사회적 기업의 역할은 「사회적 기업 육성법」상 명시된 역할 외에 우선 혁신적 복지 프로그램의 개발자 역할을 수행하고 있으며, 이를 통해 기존 복지프로그램의 자원들을 동원하면서 비즈니스의 규모와 질적인 측면에서의 혁신성을 토대로 일자리를 제공하고 있다.

둘째, 장애인, 근로빈곤층, 경력단절 여성 등 사회취약계층에게 경제활동의 기회를 제공함으로써 기존의 시혜성 복지 프로그램보다는 보다 현실적이고 적극적인 경제 활동을 수반한 복지프로그램을 제공하는 역할을 수행하고 있다.

마지막으로 복지 사각지대에 놓여있는 수요자들을 대상으로 하는 사회서비스의 제공과 공동화되는 지역사회의 재생과 활성화를 위한 역할을 수행할 수 있다(김성기, 2011: 62-63; 이윤재, 2010; 정무성 외, 2011: 74-79). 그리고 지역사회가 수행하고 있는 기능과 사회적 기업이 실천하고 있는 역할은 방법론적인 측면에서의 상이함을 보이지만, 실제로는 최종적인 목표와 방향성은 유사하다. 때문에 지역사회 활성화를 위한 구체적인 실행 수행을 사회적 기업을 활용함으로써 실질적인 지역활성화체계의 수립이 가능할 것이다.

II. 사회적 기업의 지속가능성에 대한 이론적 고찰

사회적 기업의 개념과 관련하여서는 국가들마다 상이한 개념으로 이해되고, 연구를 하는 학자들마다 다양하게 정의하고 있다(Kerlin, 2007). 그럼에도 불구하고 사회적 기업은 취약계층에게 일자리를 제공하고 사회에 필요한 사회서비스를 제공함으로써 정부의 복지기능을 보완·강화하는 역할을 수행하고 있다. 이러한 측면에서 사회적 기업은 "영리적인 기업 활동을 통해 수익을 창출하고, 창출된 수익은 사회적 목적을 위해 환원하는 기업"으로 정의할 수 있다(최조순, 2012).

지속가능성의 의미는 어떠한 영역 또는 학문과 결합되느냐에 따라 그 의미가 다양하게 해석될 수 있다. 예를 들어, 개발 혹은 발전과 관련된 지속가능성의 개념은 경제·사회·환경적인 자원을 이용하여 현재의 여건을 저하시키지 않고, 조화와 균형을 이루어 발전하는 것이라고 할 수 있고, 조직적인 측면에서의 지속가능성은 조직의 목적과 활동이 지속되는 상태의 유지와 현재보다 나은 상태를 위하여 장기적으로 성장하는 것이라고 할 수 있다(Bebington & Gray, 2000: 584). 이러한 측면에서 볼 때, 사회적 기업의 지속가능성은 사회적 목적을 안정적이고 지속적으로 달성하기 위하여 장기적으로 경제적 역량을 갖추어가는 것이라고 할 수 있다. 즉, 사회적 기업의 지속가능성은 사회적 목적과 경제적 목적을 어떻게 조화시키면서 안정적이고 장기적으로 그 목적 정도를 달성해 나가는 것과 관련이 있다고 할 수 있다. 이러한 관점에서 보면 사회적 기업의 지속가능성과 사회적인 목적과 경제적인 목적 중 어느 한쪽에 중점을 두느냐에 따라 지속가능성 정도가 달라질 수 있다. 사회적 목적에 무게를 둔 경우는 보편적인 사회적 기업으로 비영리단체의 특성을 기반으로 가지고 있고, 영리기업의 방식을 일부 차용한 경우라고 할 수 있다. 반대로 경제적 목적에 무게를 둔 경우는 영리기업의 틀을 유지하면서 공익을 추구하는 방식이라고 할 수 있다.

<표 8-1> 사회적 기업의 지속가능성 개념

경제적 목적의 실현	사회적 목적의 실현	
	Max — Min	Max — Max
	Min — Min	Min — Max

자료: 최조순, 2012: 50

사회적 기업의 지속가능성의 개념에 대해 세부적으로 살펴보기 위하여 사회적 기업의 사회적 목적과 경제적 목적과의 관계를 정리하면 다음과 같다. 이러한 지속가능성이 의미에는 사회적 목적과 경제적 목적이 상호 유기적인 관계의 형성을 통해 균형을 유지하는 것이 가장 이상적인 형태라고 할 수 있다.

그리고 사회적 기업이 성과를 달성하고 이를 통해 조직의 현 상태의 유지 및 성장과 관련된 여부는 사회적 기업의 시장에서 결정될 수 있다. 이러한 지속가능성의 판단 여부는 절대적인 측면과 상대적인 측면으로 구분하여 살펴볼 수 있으며, 절대적 측면은 사회적 기업 자체의 생존 및 성장과 관련된 것으로 시장에서 소멸하지 않고 생존하거나 성장하고 있는 것으로 볼 수 있다. 상대적 측면은 시장에서 동일한 업종과 비교하는 관점으로 생존과 성장을 지속하고 있다면 어느 정도의 수준인지를 가늠할 수 있으며, 이를 통해 지속가능성 정도를 비교할 수 있다. 즉, 절대적 측면과 상대적 측면에서의 지속가능성 정도가 높을수록 사회적 기업은 지속가능할 수 있는 가능성이 더 높다고 할 수 있다.

사회적 기업이 지속가능하기 위해서는 사회적 목적과 경제적 목적이 상호 유기적으로 작동하여야 하며, 이러한 관계의 형성은 사회적 기업이 활동할 수 있는 환경적인 요인과 결합하면서 그 실현 정도를 향상시킬 수 있다.

그러나 조직이 생성-생존-소멸-성장의 과정을 겪는 하나의 유기체와 유사하며, 하나의 유기체가 환경에 적응해가는 과정은 지속가능성의

〈그림 8-1〉 이론적 측면에서 사회적 기업의 지속가능성 환류 과정

관점과 맥락을 같이 하기 때문에 외부 환경적인 요인이 중요하게 고려될 수밖에 없다. 즉, 사회적 기업이 지속가능하기 위해서는 사회적 목적과 경제적 목적이 상호 연계될 수 있는 최소한의 환경적인 여건의 형성과 이를 토대로 한 선순환체계의 형성이 필요하다. 그리고 이러한 사회적 기업의 외부적인 환경과 관련된 부분은 조직에 직·간접적으로 영향을 미칠 수밖에 없으며, 이러한 환경에는 제도 및 정책, 지원 정책, 인지 등이 대표적이라고 할 수 있다(Carroll & Hansmann, 1999). 즉, 사회적 기업이 지속가능하기 위해서는 환경적인 요인도 중요하며, 이러한 친사회적 기업 환경 조성에는 지방정부의 역할이 중요하게 작용할 수 있다. 현실적인 측면에서 사회적 기업의 지속가능성 과정은 〈그림 8-2〉와 같다.

〈그림 8-2〉 현실적 측면에서 사회적 기업의 지속가능성 환류 과정

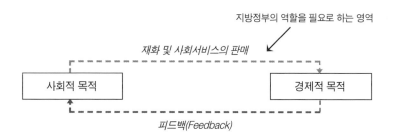

III. 사회적 기업 활성화 요인

사회적 기업의 자생력 확보와 지속가능성에 관한 문제는 사회적 기업의 등장 이후 끊임없이 논란이 되어 왔다. 사회적 기업이 지속가능하기 위해서는 사회적 목적 실현과 경제적 기반형성 모두를 포함해야 한다는 것에는 동의한다. 사회적 기업의 활성화 및 지속가능성의 요인들로 주로 제시되고 있는 것은 사회적 기업가정신(김태영, 2008; 이인재, 2008; 조영복, 2008; 최조순, 2012), 전문성(김태영, 2008; 이인재, 2008; 이용탁, 2008; 한상진, 2008), 재정안정성(김태영, 2008; 이용탁, 2008), 제도적·법적지원(강병준, 2011; 이인재, 2008; 이광우, 2008; 한상진, 2008), 사회인식의 제고와 시민사회의 협력(이인재, 2008; 이용탁, 2008; 조영복, 2008; 한상진, 2008) 등을 제시하고 있다. 실제 지역사회에서 사회적 기업이 잘 작동하기 위해서는 이상의 요인들뿐만 아니라 기본적인 지역사회의 네트워크와 같은 기반적인 요인과 사회적 기업을 제도적·정책적으로 지원할 수 있는 제도적 요인이 잘 구비되어야 있어야 한다.

실질적으로 이러한 사회적 기업의 기반적 요인과 정책적·제도적 요인들은 상호 보완적인 관계를 통해 원활하게 작동될수록 사회적 기업의 환경적인 측면이 더욱 활성화되어 사회적 기업이 지속가능 정도는 증가된다고 할 수 있다.

결국 지역사회에서 사회적 기업의 지속가능성을 담보하기 위해서는 최소한의 활동적 기반을 형성하는 것이 필요하고, 이러한 활동기반은 사회적 기업의 지역적 기반, 및 인지도, 이해관계자들의 네트워크 측면과 관련된 기반적 요인과 지원시스템의 구축, 지원제도의 마련 등의 제도적 요인으로 살펴볼 수 있다. 먼저 기반적 요인은 사회적 기업의 활동 환경 구축과 관련된 배경적 의미와 관련된 부분으로 지역에서의 관련 이해관계자들이 인지정도와 네트워크 및 파트너십 형성과 관련된 부분을 중심으로 살펴볼 수 있으며, 제도적 측면에서는 사회적 기업을 지원할 수 있는 근거가 되는 제도 및 시스템의 구축 측면을 통해 살펴볼 수 있다.

1. 기반적 요인

사회적 기업이 지속가능하기 위한 기반적 요인이라 함은 인프라적인 환경의 구축 혹은 활성화를 위한 배경적 의미를 지니고 있다. 특히, 사회적 기업이 활동할 수 있는 환경적인 요인이 조성되어 있느냐와 관련된 부분이라고 할 수 있다. 사회적 기업의 도입의 가능성이 충분하다 하더라도 그것이 보다 활성화되기 위해서는 사회적 기업이 과연 무엇이고, 어떤 점에서 지역주민들에게 유용한가에 대한 인식이 확산되어야 할 것이다.

현재 추진되고 있는 사회적 기업 정책의 주요한 행·재정적 후원사는 중앙 및 지방정부이다. 따라서 이들과의 관계는 사회적 기업의 재정적 자원 확보 여부에 큰 영향을 미친다. 그러나 현재 중앙 및 지방정부에 재정적으로 크게 의존하고 있으면서도 지역 주민이 피부로 느끼는 도움은 크지 않을 수 있다.

때문에 사회적 기업과 관련해서 지역사회 내에서는 정부·지역사업자의 관계는 지역사회를 위한 일치된 사업 목표를 가져야 할 것이다. 그리고 사회적 기업의 활성화를 위해 지역사회의 다양한 이해관계자들이 중심이 되어 지원할 수 있는 네트워크를 구축하는 것이 필요하다. 지역사회에서 사회적 기업이 지속가능할 수 있는 힘은 다양한 네트워크의 형성을 통해 다양한 자원의 혼합과 생산·소비의 순환체계를 형성할 수 있기 때문에 지속성을 높이는데 크게 기여할 수 있다.

2. 제도적 요인

사회적 기업의 활성화를 위한 제도적 요인이라 함은 시스템의 마련이나 추진체계의 구축과 관련된 요인을 의미한다. 사회적 기업이 지역사회에서 정착하고 활성화되기 위해서는 지방정부 차원에서의 추진체계가 정비되어 그 지원의 체계나 제도 등이 마련되어 있는지, 이를 통해 사회적 기업을 효율적으로 추진하거나 지원하고 있는지를 통해 알 수 있다.

사회적 기업을 활성화하기 위해서는 정부의 일정한 역할이 중요하다는 것은 해외 사례를 통해서도 알 수 있다. 특히 영국을 비롯한 유럽에서 사회적 기업이나 커뮤니티 비즈니스의 발달 정도는 국가의 개입여부 및 정도에 따라 큰 편차를 보이고 있다. 해외 사례를 통해 사회적 기업의 활성화는 정부차원에서 중장기적인 로드맵을 구축하고, 다양한 지원책 특히 사회적 기업을 중심으로 한 환경적인 조성을 위한 정책을 마련할 필요가 있다.

그리고 이러한 제도적인 정비와 추진체계를 토대로 실질적으로 사회적 기업이 발생할 수 있는 환경의 조성은 물론 최소한의 운영이 가능하도록 초기에 재정적인 부담을 최소화할 수 있다. 이러한 지원은 초기에는 하드웨어적인 측면의 지원을 통해 사회적 기업을 활성화할 수 있고, 일정 기간이 지난 후에는 소프트웨어적인 측면의 지원을 통해 다양한 활동 영역과 자율성을 보장하는 것이 필요할 것이다.

IV. 지방정부의 사회적 기업 지원 현황

1. 지방정부의 지원제도 현황

2007년 「사회적 기업육성법」 제정 이후 사회적 기업은 인증절차를

〈표 8-2〉 광역자치단체 사회적 기업 지원 내용

구분	경영지원	사업비지원	시설비지원	재정지원	우선구매	시세감면	참여확충	참여장려	후견인제도	보조금부담	홍보	사회적경제지원조례
서울	○		○	○	○	○	○				○	
부산	○	○		○	○		○				○	
인천	○		○	○	○		○				○	
대구	○		○	○	○		○			○	○	
광주	○		○	○	○		○	○			○	
대전	○		○	○			○	○	○		○	
울산	○	○		○			○					
경기	○		○	○	○		○	○			○	
강원	○		○	○	○		○			○	○	
충북	○		○	○	○		○				○	
충남	○		○	○	○		○	○			○	○
전북	○		○	○	○		○					
전남	○		○	○	○		○	○			○	
경북	○		○	○	○		○	○			○	
경남	○		○	○	○		○	○				
제주	○			○	○		○	○			○	

자료: 김학실, 2011: 169을 토대로 저자가 추가 · 보완

거쳐 인증 사회적 기업으로 지정되면 중앙정부로부터 각종 지원을 받을 수 있다. 사회적 기업 인증 후 받을 수 있는 지원은 경영지원, 교육훈련지원, 사회서비스 제공 등의 지원, 공공기관의 우선구매, 조세감면 및 사회보험료지원, 사회서비스 제공 사회적 기업에 대한 재정지원, 연계기업 등에 대한 조세 감면 등의 내용을 포함하고 있다(사회적 기업 육성법 제10조, 제10조의 2, 제11조, 제12조, 제13조, 제14조, 제16조). 사회적 기업 지원과 관련하여서는 중앙정부뿐만 아니라 지방정부에서도 조례 제정을 통해 지원하고 있다.

대부분의 광역자치단체에서 사회적 기업에 대한 지원조례를 제정하여 시행 중에 있으며, 가장 많은 지원방안은 경영지원, 우선구매지원, 민간기업 참여의 확충 등이다. 그 밖에 재정지원, 시설비 지원, 홍보비 지원 등과 관련하여 각 자치단체의 필요에 따라 지원을 규정하고 있다. 충청남도의 경우 사회적 기업뿐만 아니라 사회적 경제조직을 포괄적으로 지원하기 위하여 사회적 경제지원 조례의 제정 및 운영하고 있는 것이 특징이다. 기초자치단체의 수준에서도 광역자치단체와 유사하게 조례를 제정하여 지원하고 있다.

지방정부는 사회적 기업 지원을 명시적으로 규정하고 있으며, 사회적 기업에 대한 지원 대책을 수립하고 필요한 시책을 종합적으로 추진하고 있다. 고용노동부장관은 사회적 기업에 대한 기본계획을 5년마다 수립하도록 하고 있는데, 이는 정부주도하에 사회적 기업을 육성하겠다는 정부의 강력한 의지가 반영된 것으로 볼 수 있다.

2. 지방정부의 지원 실태

1) 기반적 측면

사회적 기업은 지역사회에서 활동하는데 다양한 제약이 수반될 수 있기 때문에 일정한 지원이 필요한 것이고, 이러한 지원을 유지하는 데 다양한 이해관계자들과의 파트너십의 구축은 중요한 과제라고 할 수 있다. 특히, 사회적 기업의 적극적인 후원자인 지방정부의 수준에서 벗어나 지역 내 다양한 이해관계자들과의 네트워크를 형성하고 내부적인 네트워크의 관리 및 강화, 네트워크를 기반으로 하는 다양한 형태의 자원동원이 이루어지는 것이 기반적 요인의 핵심이라고 할 수 있다. 이러한 측면에서 볼 때, 사회적 기업의 지속가능성은 사회적 · 경제적 가치의 지속적인 창출과 성장이라는 점에 기준을 두면, 사회적 기업의 지속가능성을 실현하기 위해서는 무엇보다 사회적 기업의 외부적 환경이 어떠한 기반 위에 형성되어 있는가가 중요할 수밖에 없다. 즉, 사회적 기업이 지역사회에서 중요한 역할을 수행하고, 지역사회의 변화와 활성화에 대한 기여정도가 높다고 하더라도 지역주민에게 인지되는 바가 적고, 지역의 이해관계자들과의 네트워크가 형성되지 않는다면 참여와 협력을 강조하는 사회적 기업에 있어 지속가능성을 담보하기 어렵다.

사회적 기업의 기반적 요인은 지역 내 다양한 이해관계자들과의 네트워크가 자연스럽게 형성될 수 있는 환경적인 측면이 조성됨으로써 다양한 이해관계자들의 참여가 이루어질 수 있는 통로와 이를 토대로 협력이 끊임없이 이루어질 수 있다. 그러나 실제로 지역사회에서 사회적 기업이 활동할 수 있는 기반은 사회적 기업과 직접적으로 관련된 지역민과 단체에 국한되어 인지되고 있는 것으로 나타났으며, 네트워크의 형성 역시 관련 단체 및 유사 단체에 국한되어 형성되어 있는 것으로 나타났다(최조순, 2012).

"지역사회에서 경험하고 있는 문제점은 크게 두 가지로 정리될 수 있는데, 하나는 일반적인 지역주민들에게 역할이나 필요성 측면에서 인지도가 높지 않다는 것이죠. 사회적 기업에 대해서는 알고 있으나 지역에 어떠한 사회적 기업이 어떠한 역할을 하는지에 대해서는 아직 잘 모릅니다. 두 번째는 지역적인 차원에서 총체적인 네트워크가

형성되는 것이 필요한데, 아직까지는 관련 단체, 사회적 기업, 지역
의 핵심 시민단체 등에 국한되어 네트워크가 형성되어 있는 정도고,
지역적인 차원에서의 끈끈하고 강한 수준의 네트워크가 형성되는 것
이 필요한데 아직 이 부분은 노력을 많이 해야 할 부분이죠."

_ M 사회적 기업 대표 인터뷰

"지역에서 네트워크는 협의와 공감을 이끌어내는데 가장 중요한 매
개체라고 할 수 있습니다. 지역에서 네트워크를 구축한다는 것은 소
통, 참여, 협조의 과정에 단계적으로 이루어질 수 있기 때문에 지역
에서 사회적 기업의 활동 기반이 될 뿐만 아니라 사회적 기업의 활동
영역을 확산시키고, 그 지역적인 뿌리를 튼튼하게 할 수 있습니다."

_ S 사회적 기업 대표 인터뷰

"지역에서 사회적 기업이 활성화되고 지속가능하기 위해서는 지방
정부가 환경적인 측면 네트워크적인 측면에 대해 정책적으로 지원을
해주는 것이 필요하지만, 실제로 이런 부분에 대해서는 가시적으로
드러나는 부분이 아니기 때문에 신경을 많이 못 쓰는 것이 사실입니
다. 장기적으로 보면 이러한 환경조성과 관련된 부분에 대한 지원과
투자가 필요합니다. 그래야지 사회적 기업 스스로 활동할 수 있는 기
반과 역량을 찾을 수 있기 때문입니다."

_ C 사회적 기업 관리자 인터뷰

"지역사회에서 개인적으로나 조직적으로나 관련이 있는 단체를 제
외하고, 협의회나 지역사회 네트워크 외의 단체와 네트워크는 아직
까지는 미흡한 부분이 있습니다. 첫 번째는 서로에 대한 이해가 부족
하고, 두 번째는 목적은 같으나 방식이 다르기 때문인 부분도 있습니
다. 그리고 자발적으로 지역 내 다양한 이해당사자들이 네트워크를
조성하는 것이 가장 좋지만, 현실적으로 그러한 부분이 모자라다면

지방정부가 각 이해당사자들을 연결하는 역할을 수행할 필요가 있습니다. 하지만, 현실적으로 관련 부서(사회적 기업 담당 부서)와는 뭐 관계가 괜찮습니다만 지방정부 전체적으로는 다소 미지근한 관계라고 보는 것이 적절한 표현이 아닐까 싶습니다."

_ D 사회적 기업 대표 인터뷰

"지방정부로 사회적 기업 관련 정책이 이양되었다고는 하지만 실제로 지방정부가 수행할 수 있는 부분은 상당히 제한적입니다. 사회적 기업 육성법과의 연계성 측면이나 중앙정부의 정책 연계성 측면을 고려하지 않을 수밖에 없습니다. 때문에 지방정부의 독립적 권리가 주어지지 않으면 지역성이 고려된 사회적 기업을 육성한다거나 지역의 네트워크를 형성하는 데 직접적인 역할을 수행하는 것은 한계가 있습니다."

_ Y 지방정부 담당공무원 인터뷰

사회적 기업은 각 개인의 효용을 극대화하는 데 기여하는 재화나 서비스를 생산하고 공급하는 데 일차적인 목적이 있는 것이 아니라 다수의 이익 향상에 기여하는 재화나 서비스를 공급하는 데 주요 목적이 있다. 이러한 목적을 실현하는 데 지역주민의 인지정도, 지역사회에서의 네트워크 구축 정도 등과 같은 기반적 요인은 사회적 기업의 활동에 있어 다양한 형태의 자원동원과 사회적 가치 실현의 측면에서 중요하다. 그러나 이상에서 살펴본 바와 같이 지역에서의 사회적 기업 활동과 관련된 기반적인 측면은 여전히 미흡한 것으로 나타나고 있으며, 지속가능한 사회적 기업의 활동을 기대하기 위해서는 사회적 기업을 위한 직접적인 재정적인 지원보다는 수요창출과 사회적 기업이 활동할 수 있는 기반을 조성하는 정책 대안의 마련과 체계를 구축해 가는 것이 더 필요하다(조준기, 2011).

2) 제도적 측면

사회적 기업에 대한 제도적 지원은 사회적 기업이 일반기업과는 다른 특성과 환경적 조건에서 운영되어 있다는 점 때문에 지원의 필요성이 인정되는 부분이 있다. 사회적 기업에 대한 지원은 '고용정책기본법' 제18조의 3(사회적 일자리 창출 지원), 사회적 기업육성법 제10조(경영지원) 및 14조(사회서비스제공 사회적 기업에 대한 재정지원) 등

〈표 8-3〉 사회적 기업 지원 예산

(단위: 백만 원)

구분	2007년 예산	2008년 예산	2009년 예산	2010년 예산	2011년 예산	2012년 예산
일자리 창출 인건비 지원	117,972	125,989	158,748	107,457	74,536	45,841
네트워크	-	1,000	1,012	1,012	100	100
전문인력 인건비	-	4,896	13,014	7,200	2,997	-
시설운영비	-	2,000	3,000	-	-	-
경영 컨설팅	1,700	3,150	4,999	5,174	2,945	-
사회적기업가 아카데미	-	800	800	800	144	-
기타	136	378	1,154	1,154	-	-
사업개발비	-	-	1,501	18,521	-	-
사회보험료 지원	-	-	-	4,524	7,444	4,822
소셜벤처	-	-	2,466	1,200	-	-
운영비	1,733	1,559	1,679	1,692	1,392	1,058
모태펀드	-	-	-	-	2,500	2,500
민간지원기관 운영	-	-	-	-	2,344	2,880
총계	121,541	139,772	188,373	148,734	94,402	57,201

자료: 고용노동부 예산 및 기금운영 계획 주요사업 설명자료(각 년도)를 토대로 재구성

에 근거하고 있다. 이러한 근거하에 정부는 사회적 기업에 대한 직접적인 지원을 할 수 있으며, 현재 사회적 기업 지원 정책은 신규 일자리창출을 위한 인건비 중심의 지원이 주를 이루고 있다. 실제로 사회적 기업이 일자리 창출을 목적으로 추진되고 있는 특성을 반영하여 사회적 기업 미 예비 사회적 기업의 신규 일자리창출을 위한 인건비 지원이 큰 비중을 차지가고 있다. 뿐만 아니라 2010년부터 신규 채용자 인건비 지원을 받지 않는 사회적 기업의 유급근로자에 대해 근로자 최저임금 기준의 사회보험료를 지원하고 있고, 2011년부터는 사회적 기업육성출자금 조성을 위한 모태펀드를 운영하고 있다. 〈표 8-3〉에서 보는 바와 같이 고용노동부에서 사회적 기업 육성과 관련된 직접적인 예산은 매년 점차 줄어들고 있지만, 일자리 창출을 위한 인건비 지원과 관련된 비중은 여전히 높은 것으로 나타났다.[1]

〈표 8-3〉에서 볼 수 있듯이 정부의 사회적 기업 육성 정책의 기본적인 방향은 일자리 창출과 관련되어 있다고 할 수 있다. 사회적 기업은 일자리 창출뿐만 아니라 사회서비스 제공, 지역사회의 재생, 지역사회의 통합과 공동체의 활성화 등 다양한 역할과 사회적 가치를 실현할 수 있음에도 정부 정책의 목표와 지원으로 인하여 정책의 목적과 대상의 범위를 취약계층의 고용창출에 집중시킴으로써 사회적 기업의 본래적 기능의 퇴색과 범위를 축소시키고 있다(문보경, 2008; 박찬임, 2008; 이은애, 2008). 실제로 제도적 지원의 측면이 일자리 창출에 집중되어 있기 때문에 현장에서 사회적 기업을 운영하는 당사자들과 담당 공무원들의 역할이 상당히 제한되고 있는 것으로 나타났다.

---

1) 〈표 8-3〉은 순수하게 고용노동부에서 책정된 사회적기업 육성과 관련된 예산이며, 실제로 (예비)사회적기업 육성을 위한 지자체 보조 예산까지 포함하면, 2010년에는 167,255백만 원, 2011년에는 145,341백만 원, 2012년에는 152,543백만 원으로 책정되어 있음. 그리고 사회적 기업 관련 업무를 전담하고 있는 사회적 기업진흥원 관련 예산까지 포함하면 2011년에는 161,506백만 원, 2012년에는 176,043백만 원으로 관련 예산이 증가하고 있음.

"사회적 기업과 관련된 정책이 기본적으로 중앙정부에서 추진되어 왔고, 지금은 지방정부에서 관리되고 있지만, 크게 달라진 부분은 없습니다. 오히려 '어떻게' 사회적 기업을 육성할 것인가보다는 '몇 개'의 사회적 기업을 신규로 육성할 것인가에 더 집중하고 있는 모습입니다. 사회적 기업과 관련된 재원이 중앙정부에서 상당부분 지원되고 있고, 다른 지역에서도 하고 있기 때문에 우리 지역에서는 몇 개의 사회적 기업을 만들 것인지에 대해 관심이 높습니다. 사회적 기업을 몇 개 새로 만들어야 한다는 부분을 제외하면, 지방정부가 구체적으로 무엇을 할 수 있을지, 어떠한 부분을 할 수 있을지에 대한 부분을 아직 잘 모르는 것 같습니다."

_ C 사회적 기업 관리자 인터뷰

"지역에서의 다양한 문제 해결을 위해서는 지방정부와 기업, 그리고 지역의 다양한 조직들이 활동할 수 있는 환경 조성이 필요한데, 지금의 사회적 기업 정책은 몇 개의 사회적 기업을 육성할 것인가에 주로 초점이 맞추어져 있습니다. 그 대표적인 것이 인건비 지원이죠. 물론 인건비 지원 필요하죠. 이것이 단기적으로 효과가 있을지는 모르겠지만 장기적으로 사회적 기업이 스스로 활동을 전개할 수 있는 환경이 조성되지 않는다면, 사회적 기업의 본래적인 역할을 기대하긴 어렵다고 봅니다."

_ M 사회적 기업 대표 인터뷰

"사회적 기업은 지역의 활성화, 지역 공동체 회복, 지역 문제의 해결 등 다양한 역할을 수행할 수 있습니다. 그런데 지금은 정부의 정책으로 인하여 취약계층의 일자리 창출에만 집중되어 있습니다. 물론 취약계층의 일자리 문제도 지역의 중요한 문제이지만, 이를 중심으로 더 다양한 활동을 통해 문제를 해결할 수 있는데 지금은 그러한 역할을 수행하는 데 다소 제한이 있다고 봅니다. 사회적 기업이 어떠한 활동을 할 수 있고, 활동의 범위를 어디까지 설정할 것인지에 대한 제약의 범위를 두지 않는 것이 필요하다고 봅니다."

_ S 사회적 기업 대표 인터뷰

"현재 지방정부에서 사회적 기업과 관련된 정책을 추진하고 있지만, 중앙정부에서 결정된 부분을 집행하는 수준에 머무르고 있고, 지방정부의 역량만으로 사회적 기업을 육성한다는 것은 제한이 될 수밖에 없습니다. 그리고 재정적인 부분이 투입되는 부분이라 결과에 대해 고려를 할 수 밖에 없고, 재정이 투입되기 때문에 '몇 개'의 사회적 기업이 신규로 육성되었는가가 중요하게 다루어지는 부분도 있습니다."

_ 담당 공무원 Y 인터뷰

현재 지방정부의 사회적 기업 정책을 추진하는 데 있어 최종적인 목표는 지속가능한 사회적 기업의 육성일 것이다. 이러한 관점에서 고려되어야 할 점은 어떠한 목적의 사회적 기업을 육성할 것인가와 직접적으로 관련되어 있다고 할 수 있다. 그러나 현재 지방정부의 사회적 기업 육성 정책은 양적 성장의 달성 목표와 인증제로 인하여 '몇 개'의 사회적 기업을 육성할 것인가에 집중되어 있고, 그로 인하여 직접적인 육성이 가능한 정책지원이 편중된 현상을 보인다고 할 수 있다. 사회적 기업의 지역화가 강조되고 있는 현 시점에서 사회적 기업의 역할과 범위, 그리고 장기적으로 어떠한 목표하에 이루어져야 할 것인지에 대한 고민이 필요하다.

둘째, 우리나라의 경우 제3섹터의 규모 및 역량이 미흡하고 민간의 사회적 기업에 대한 투자 및 투자기반도 매우 취약한 상황이었기 때문에 사회적 기업의 육성은 정부 주도로 이루어질 수 밖에 없었고, 그로 인하여 정부 재원에 대한 의존도를 심화시키는 계기를 제공하였다(채종헌 · 최준규, 2010). 그러나 현재 사회적 기업 정책지원의 문제점은

단순히 정부재원에 대한 의존도를 심화시켰다는 것보다는 지원되는
정부재원의 상당부분이 인건비 중심으로 지원이 이루어지고 있다는
것이다. 이러한 인건비의 지원은 즉각적인 고용확대와 유인책으로는
용이하지만 장기적으로 인건비 지원이 중단될 경우 불가피하게 사회
적 기업은 인력에 대한 구조조정을 단행할 수 밖에 없는 상황에 이르게
된다. 그리고 사업기반 구축을 위한 투자비 지원의 부족과 체계 구축의
미흡은 지속가능한 사회적 기업의 육성에 장애물이 될 가능성이 크다.

> "현재 정부로부터 재정적인 지원을 받고 있지만 대부분이 취약계층
> 인건비와 관련된 부분입니다. 인건비 지원으로 인하여 사회적 기업
> 을 운영하는데 부담되는 부분은 적습니다만 시간이 지나면 인건비
> 지원비율이 감소하기 때문에 자력으로 수익을 늘려 그 부분을 보완
> 해야 합니다. 지금이야 인건비 지원을 받아 좋지만, 지원이 중단되면
> 과연 운영이 가능할지 고민이 되기도 합니다."
>
> _ M 사회적 기업 대표 인터뷰

> "재정적인 지원, 인건비 지원이 사회적 기업을 운영하는 데 매우 유
> 용한 것은 사실입니다. 이러한 재정적 지원을 통해 사회적 기업의 활
> 동을 할 수 있는 기반을 만들었다고 할 수 있습니다. 그런데 이러한
> 지원이 3년이라는 제약이 있고, 이 기간 동안 자립할 수 있는 기반을
> 만든다는 것은 솔직히 힘듭니다. 직접적인 지원이 필요한 만큼 공공
> 물품구매, 판로지원, 우선 구매 등 사회적 기업의 활동을 간접적으로
> 지원할 수 있는 지원도 병행되어야 하는데, 실제로 이러한 부분의 지
> 원은 매우 미흡합니다. 정부의 직접적인 지원은 '달콤한 독약'이 될
> 가능성이 크기 때문에 간접지원도 병행할 수 있는 제도적 개선이 필
> 요하다고 봅니다."
>
> _ C 사회적 기업 관리자 인터뷰

"사회적 기업의 활동 영역과 규모, 역할적인 측면에서 정부가 지원을 한다는 것은 필요하지만, 어떠한 부분에 어떻게 지원을 할 것인지는 매우 중요한 부분이라고 봅니다. 지원을 하되 인건비와 같은 단순 소멸성 지원이 아니라 장기적으로 유지되면서 사회적 기업 활동의 배경이 되는 부분에 지원을 하는 것이 필요한데, 정부의 재정 배분 및 관리상 인건비 측면에 상당히 집중되어 있다는 것이 안타깝습니다. 사회적 기업은 비영리조직과 달리 스스로 수익활동을 통해 운영 자원을 동원할 수 있기 때문에 생산적 조직이라고 할 수 있는데, 이러한 생산활동을 할 수 있는 의지와 노력, 환경이 주어지지 않는다면 비영리조직과 다를 바가 없다고 봅니다. 현재 정부의 직접적인 재정 지원은 사회적 기업의 특징과 역할을 왜곡시키고 있는 것은 아닌지 검토해 볼 시기라고 생각합니다."

_ S 사회적 기업 대표 인터뷰

현재의 사회적 기업 지원 정책은 신규 일자리창출을 위한 인건비 중심의 지원이 주를 이루고 있기 때문에 사회적 기업의 기반 조성과 환경적 여건 개선을 위한 자원배분 및 자원의 혼합 측면에서의 왜곡을 야기했다고 할 수 있다. 즉, 직접적인 고용을 위한 지원을 통해 일시적인 일자리 창출의 효과를 기대할 수 있으나, 사회적 기업의 성장과 안정적인 운영의 측면에서는 약점이 될 가능성이 높은 것으로 볼 수 있다.

셋째, 사회적 기업의 지원 시기와 단계에 대한 문제점도 지적할 수 있다. 〈표 8-4〉에서 보는 바와 같이 사회적 기업 관련 지원이 인증 초기에 집중되어 있고, 지원 이후에 대한 지원은 매우 제한적임을 알 수 있다(김혜원, 2011: 217-218). 초기의 사회적 기업의 발전을 위해 관련 지원들이 인증 초기 단계에 집중되는 것이 필요하고, 이로 인하여 발전의 기반을 마련할 수 있는 것은 틀림없지만 새로운 도약이 필요한 시점에 적절한 지원수단이 강구되지 못하고 있기 때문에 장기적인 측면에서 지속가능한 성장을 담보하기는 어렵다.

〈표 8-4〉 사회적 기업 지원수단별 활용가능기간

연차	-2	-1	1	2	3	4	5	6	7	8	9
신규채용 인건비 지원	■	■	■	■	■						
사회 보험료 지원						■	■	■	■		
전문인력인건비 지원			■	■	■						
경영컨설팅 지원			■	■	■						
법인세 감면			■	■	■	■					

자료: 김혜원, 2011: 217

인증 초기에 이루어지는 지원들은 현장의 사회적 기업의 특성이 충분히 고려되지 못한 상태에서 지원이 이루어지고 있기 때문에 사회적 기업의 활동 기반을 형성하는 데에는 한계가 존재할 수밖에 없다.

"사회적 기업으로 인증을 받게 되면, 인건비, 경영지원 등 다양한 지원을 받을 수 있습니다. 이 중에서 인건비 지원이 가장 큰 부분을 차지하고 있고, 그 외에 경영지원, 각종 세제 혜택 등의 지원이 다양하게 이루어지고 있습니다. 그런데 이러한 지원들이 인증 후 몇 년 동안 유지가 되고, 이후에는 '사회적 기업'이라는 타이틀은 유지를 하지만 지원은 실제로 없다고 봐도 됩니다. 운영기반을 조성할 수 있는 기회라는 측면에서 지원이 갖는 의미는 좋지만, 충분한 역량이 갖추어지지 않은 상태에서 지원도 없고, 계속 유지를 할 수 있을지에 대해서는 확신이 안섭니다. 지금 상황에서 인건비를 줄여서 지원하는 것도 부담이고…"

_ S 사회적 기업 대표 인터뷰

"인증 받으면 각종 지원이 있다는 것은 아실테고… 현재 여건이 열악하기 때문에 정부의 지원은 받을 수밖에 없는 상황이고, 이를 계기로 자립 내지는 성장의 기반을 만들어야 하는 것도 사실입니다. 그런데 사회적 기업의 역량이 업종이나 지역에 따라 천차만별인데 획일적으로 초기에만 집중적으로 지원해주고, 이후에는 스스로 알아서 하라는 형태는 조금 무책임한 것이 아닌가 생각됩니다. 자립의지를 키우기 위해 지원을 한시적으로 하고, 지원비율도 줄여나간다는 취지는 충분히 이해를 하지만, 과연 사회적 기업이 활동할 수 있는 기반을 잘 조성되어 있느냐의 측면에서는 지원 중단은 이해가 안됩니다. 수익을 낼 수 있는 환경, 활동할 수 있는 기반을 만들어 준 상태에서 지원이 중단되고, 활동을 하는 것이라면 몰라도."

_ M 사회적 기업 대표 인터뷰

"사회적 기업으로 인증을 받게 되면, 재정적인 지원을 받을 수 있기 때문에 초기 운영부담은 상대적으로 줄어들 수 있습니다. 하지만 이런 지원들이 인증 초기에 사업 영역, 사업의 특성이 고려되지 않은 채 획일적으로 지원되고 있고, 지원기간 종료 후에도 지속성이 보장되는 사회적 기업도 있지만 그렇지 않은 사회적 기업이 있을 수 있는데, 일찍 자립이 가능한 사회적 기업에 대해서는 그 기간만큼, 그렇지 못한 사회적 기업에 대해서는 한시적으로 지원할 것이 아니라 차등적으로 장기적인 지원을 해줄 필요는 있다고 봅니다. 결국 지원은 필요한데, 이러한 지원이 약이 되는지 독이 되는지에 대해서는 충분한 검토가 필요하다고 봅니다."

_ C 사회적 기업 관리자 인터뷰

"정부가 사회적 기업을 위해서 지원하는 것이 당연하다는 것은 아니지만, 최소한의 활동 환경을 형성하기 위해서, 정부가 사회적 기업을 통해 얻고자하는 정책적 효과를 기대하기 위해서 적정수준의 지원은

필요하다고 봅니다. 다만, 지원의 비중에 있어 인증 초기에 인건비를
중심으로 하는 직접지원보다는 인건비 지원과 다른 지원이 병행하여
이루어지는 것이 필요한데 그런 부분이 좀 미비하지 않나 생각됩니
다. 지역 내의 다양한 자원의 흐름을 원활하게 하고, 자원동원과 혼
합이 용이할 수 있는 그런 부분에 대한 지원이 필요한데.. 아직까지
는… 그리고 이러한 부분에 대한 지원은 지원 단계에 상관없이 지속
적으로 지원이 이루어져야 하는 부분이 아닐까 싶습니다."

_ D 사회적 기업 대표 인터뷰

사회적 기업의 지원과 관련된 상당 부분의 문제는 지원의 시기, 목
적, 영역과 관련된 부분이라고 할 수 있다. 이러한 문제의 핵심은 사회
적 기업의 특성과 역할이 충분히 고려된 지원인가에 대한 문제로 귀결
될 수 있다. 이러한 문제는 단순히 지원의 문제에서 그치는 것이 아니
라 필요한 지원 체계의 발달을 저해할 수 있으며, 장기적으로 사회적
기업이 성장할 수 있는 기회를 박탈할 수 있는 요인으로 작용할 수 있
다. 그리고 현재의 지원 체계에서 지원 중단시 과도한 고용조정을 유발
하여 사회적 기업의 의미의 퇴색과 사회적 기업의 활동과 사회적 기여
를 제약하는 부작용을 야기할 수 있다.

V. 지속가능한 사회적 기업 육성을 위한 지방정부의 역할

1. 지역의 사회적 기업 육성 목표 및 방향의 정립

현재 우리나라의 사회적 기업은 발전 초기 단계이다. 그래서 실천적
으로 지방정부가 어떤 사회적 기업을 육성할 것인지에 대한 명확한 대

상과 목표를 설정하는 것이 중요하다. 지역사회에서 사회적 기업은 노동통합, 사회서비스 제공, 낙후된 지역사회 개발 등을 통해 지역사회의 이익을 실현한다는 것이다. 즉, 사회적 기업은 지역사회의 발전을 위한 하나의 수단으로서의 역할 수행이 가능하다는 것이다. 그러므로 사회적 기업 관련 정책 역시 지역사회의 사회적 가치를 실현하고, 실질적으로 도움이 될 수 있는 방향의 정책을 수립하는 것이 필요하다.

지역사회에서 사회적 기업을 육성하기 위해서는 행정, 전달체계, 조례, 자금 지원 등 다양한 정책이 필요하다. 즉, 단순히 사회적 기업을 육성하는 수준에서 그치는 것이 아니라 사회적 기업이 스스로 활동할 수 있는 기반을 조성하는 것이 필요하다는 측면으로 요약될 수 있다. 직접적인 육성지원보다는 경영 컨설팅, 경영지원, 판로개척 등과 같은 간접적인 지원방식으로 양적인 사회적 기업의 육성보다는 사회적 기업의 환경적인 부분을 강화시킬 수 있는 방향으로의 목표가 변경되어야 한다.

현재 우리나라의 사회적 기업은 발전 초기 단계라고 할 수 있다. 그래서 실천적인 측면에서 지방정부가 어떤 사회적 기업의 정책과 관련된 관점을 가지고 있느냐가 중요하게 작용할 수밖에 없다. 특히, 사회적 기업 관련 정책이 지방정부로 이양된 현 시점에서 사회적 기업에 초점을 맞추기보다는 사회적 기업을 둘러싼 환경에 초점을 정책으로의 전환이 불가피하며, 이를 통해 사회적 기업이 실현하고자 하는 목적과 지역사회가 필요로 하는 목적을 동시에 실현할 수 있을 뿐만 아니라 이를 통해 지속가능할 수 있는 기반 형성에 도움이 될 것이다.

2. 사회적 기업 지원 제도의 개선

정부의존을 초래하는 인건비 지원을 중심으로 한 재정지원의 비중을 낮추고 융자, 경영지원 등 간접지원 및 환경을 개선시켜주어 사회적 기업의 활동 영역을 확장시켜주는 지원제도의 개선이 필요하다. 영국의 경우 사회적 기업 관련 지원은 사회 환경을 개선시켜 사회적 기업의 활동 반경을 확장하는 것에 초점을 두고 있는데, 그 대표적인 예로 사회적 기업의 명성과 공적 신뢰를 얻기 위하여 '좋은 거버넌스(good governance)'를 강조하고 있다(이윤재, 2010: 383). 21세기에 접어들면서 사적, 공적, 자발적 영역의 균형있는 발전을 위하여 사회적 기업 부문의 비중이 점차 확대되고 있으며, 기업의 거버넌스의 질과 책임성이 중요한 관심을 끌고 있다. 특히, 직접적인 지원을 통해 사회적 기업을 육성하기보다는 활동환경과 사회환경을 개선할 수 있는 영역에 간접적으로 지원함으로써 좋은 거버넌스와 정보의 투명성으로 사회적 기업의 비전에 대해 올바르게 인지할 수 있는 환경을 제공하고, 이를 통해 사회적 기업 스스로가 노력할 수 있는 기회를 제공하는 것이 필요하다.

그리고 다양한 이해관계자들과의 협력적 파트너십을 구축할 수 있도록 구매나 판매, 홍보 등 유관기관 및 다양한 이해관계자들의 연계와 협조가 이루어질 수 있도록 제도적 개선이나 적절한 보상과 응징이 이루어질 수 있는 환경의 조성이 가능하도록 지원하여 장기적으로 스스로 활동할 수 있는 기반을 조성해주는 것이 중요하다. 특히 현재 사회적 기업 정책의 핵심이라고 할 수 있는 인증제는 사회적 기업에 대한 정부 재정 지원과 밀접하게 연관되어 있고, 사회적 기업은 이러한 인증제를 통하여 정부로부터 인건비 등 관련 지원을 받기가 상대적으로 쉽고, 인증을 받지 못할 경우 많은 지원에서 배제되고 있다. 인증제는 초기 사회적 기업 육성과 지원의 측면에서는 긍정적이라고 할 수 있으나, 장기적으로는 사회적 기업의 다양성을 왜곡시키고, 인증 후 정부지원을 받기 위한 목적으로 악용되는 부분이 적지 않게 나타나고 있다(김성기, 2011). 사회적 기업의 환경 조성과 더불어 사회적 기업의 활동 영역 및 범위 확장을 위하여 인증제보다는 마크제 혹은 공시제도를 통해 보다 유연하고 탄력적으로 사회적 기업 제도를 운영하는 것이 필요하다.

3. 지역사회 네트워크 구축

지역사회는 관계를 기반으로 하는 사회적 자본을 가지고 있다. 사회적 자본은 어떤 목적의 달성과 실현가능성을 높일 수 있다는 점에서 다른 형태의 자본과 유사하지만 관계가 단절되면 사회적 자본 역시 소실된다는 점에서 차별성을 갖는다. 이러한 측면에서 볼 때, 사회적 자본의 핵심 요소인 관계성 혹은 네트워크는 지역사회에 속한 다양한 개인, 집단의 특정한 행동양식을 유발할 뿐만 아니라 이를 통해 지역사회를 발전시키는 데 필수적인 요소라고 할 수 있다. 특히 지역사회의 발전을 위하여 다양한 이해당사자들의 관계가 잘 형성되고 활성화될수록 다양한 의사결정이나 미래에 대한 불확실성에 쉽게 대처할 수 있다 (Gilchrist, 2000).

지역사회에서 사회적 기업이 지속가능하기 위해서는 사회적 기업뿐만 아니라 모든 이해관계자들의 네트워킹은 필수적이라고 할 수 있으며, 이를 통해 지역사회의 다양한 유·무형의 자원을 동원할 수 있는 기회를 포착할 수 있다. 이것은 사회적 기업의 지속가능 경영을 가능하게 하는 큰 원동력이 되며, 기업이 이해관계자에 관심을 가짐으로써 사회적 · 경제적 가치 실현의 대상을 명확하게 하고, 기업 활동의 영역 및 과제를 유추하기 쉽게 해준다(박지선 · 전은주, 2012; 최조순, 2012).

이러한 과정에서 지방정부는 사회적 기업 관련 정책에 다양한 지역의 이해당사자들을 참여시킬 수 있는 제도의 마련과 공공 · 민간 · 시민사회가 다양한 연계 체계 구축과 파트너십을 형성할 수 있는 네트워크의 구심점 역할을 수행하는 것이 필요하다. 그리고 지역차원에서의 네트워크 구축을 위하여 지방정부는 일반 시민들이 사회적 기업에 대한 이해와 올바른 인식을 위한 지속적인 소통, 참여, 협조, 공동유대감 형성의 기회를 제공하는 것이 필요하다.

VI. 향후 사회적 기업의 정책개발 시 고려사항

우리나라의 사회적 기업은 역사도 일천하지만 정부의 지원은 다른 어떤 나라에 못지않게 적극적이다. 사회적 기업 관련 전반에 대해 포괄적이며, 정부의 강한 통제력을 가미하고 있다. 이를 통해 사회적 기업의 불모지에 가까웠던 우리나라는 고용노동부 인증 사회적 기업의 양적인 성장뿐만 아니라 지방정부 주도의 지역형 사회적 기업도 성장하는 계기가 되었다. 그러나 이러한 이면에는 정부 재정에 대한 의존성 향이 강하게 나타나고, 사회적 기업이 활동할 수 있는 환경을 조성하는 데에는 다소 미흡한 부분들이 있었다. 특히, 사회적 기업이 지역사회에서 지속가능하기 위해서는 관련 지원 못지않게 환경을 조성하는 것이 중요하다고 할 수 있다.

사회적 기업의 지속가능성을 높이기 위한 지방정부의 역할에 대해 정리하면 다음과 같다. 첫째, 지금까지의 정책의 목표와 방향이 사회적 기업 자체가 중요하게 다루어져 왔다면, 차후에는 사회적 기업을 둘러싼 환경적인 요소를 중요하게 다룰 수 있는 정책의 목표와 방향의 전환이 필요하다. 즉, 정부의 직접적인 재정지원의 확대보다는 비재정적인 간접적인 지원에 대한 범위를 확대함으로써 사회적 기업의 역량강화와 자립기반을 형성할 수 있도록 하는 것이 필요하다.

둘째, 정책의 목표와 방향이 수정되면, 관련 지원 정책 및 제도의 수정 역시 수반하게 되는데, 직접지원보다는 간접지원 형태로의 전환이 필요하다. 그리고 사회적 기업에 대한 지원보다는 사회적 기업에 대한 금융 및 투자제도를 강화시켜 민간 및 공공의 다양한 자원의 동원과 투자가 용이할 수 있도록 제도적인 개선과 지원이 필요하다. 특히, 미국의 Social Innovation Fund, 영국의 Social Impact Funds 등의 도입에 대한 검토와 한국형 Social Impact Funds에 대한 모색과 지원 방안 등에 대한 모색이 필요하다.

　마지막으로, 지역사회에서 사회적 기업이 지속가능하기 위해서는 다양한 이해당사자들과의 네트워크 및 협력적 파트너십을 구축하는 것이 필요하고, 네트워크 구성의 구심점 역할을 지방정부가 수행함으로써 다양한 주체들과 이해당사자들과의 네트워크 구축이 가능할 수 있다.

　사회적 기업이 지역사회에 잘 정착되고 지역의 다양한 문제들을 해소하고, 필요한 사회서비스를 효율적으로 공급하고 소외된 계층에게 일자리를 지속적으로 제공함으로써 지역의 발전에 조금이나마 기여를 한다면, 그것이 실질적으로 보여지는 사회적 기업의 지속가능성이라고 할 수 있다. 그리고 이러한 사회적 기업의 역할과 효과들이 지역의 경제체계에 자연스럽게 녹아들면, 지역의 모습과 경제 상황은 더 긍정적으로 개선될 것이다. 예측컨대 사회적 기업이 지역에서 잘 작동될수록 그만큼 삶의 질이 개선되고 지역의 갈등, 사회의 갈등도 줄어들게 될 것이다. 장기적으로 이러한 모습을 기대하기 위해서는 사회적 기업이 자생적으로 자립할 수 있는 능력이 전제가 되어야 하고, 이러한 능력을 갖추기 위해서는 사회적 기업이 활동할 수 있는 환경의 조성과 다양한 지방정부를 중심으로 한 다양한 지역의 이해당사자들의 노력과 협력이 필요하다 하겠다.

참고 문헌

강병준. 2011.『거버넌스 구축을 통한 사회적기업 활성화 요인에 관한 실증
　　적 연구』. 박사학위 논문. 서울시립대학교 대학원.
구인회. 2006.『한국의 소득 불평등과 빈곤』. 서울대학교 출판부.
권용덕 · 김덕주. 2011.『경남의 사회적기업 육성방안』. 경남발전연구원.
김을식 · 고재경 · 이정훈. 2011. 사회적기업과 정부의 역할.『이슈 & 진단』
　　제16호.
김성기. 2011.『사회적기업의 이슈와 쟁점』. 아르케.
김종수. 2012. 사회적기업 육성을 위한 지방정부의 역할: 지역자산 활용을
　　중심으로.『충남리포트』제61호.
김학실. 2011. 행위자 특성에 따른 사회적기업 지원정책 우선순위 연구.『지
　　방행정연구』제15권 제2호: 165-185.
김혜원. 2011. 한국의 사회적기업 지원정책의 개선방안 연구: 일자리 창출
　　중심의 지원에 대한 비판을 중심으로.『한국사회정책』제18집 제1호:
　　209-238.
남승연 · 이영범. 2009. 우리나라 사회적기업의 유형화와 발전방향에 관한
　　연구: 일자리 제공형 사회적기업을 중심으로.『경희대학교 사회과학
　　연구』제34권 제3호: 29-60.
박지선 · 전은주. 2012. EU 사회적기업들의 지역네트워킹에 관한 연구.『EU
　　연구』제30호: 95-132.
엄경수. 2010. 지역사회와 사회적기업(http://www.heri.kr/files/
　　board.9/2227_1253526066.pdf).
오미옥. 2009. 사회적기업의 특성과 연관된 지속가능성장 방안.『한국지역
　　사회복지학』제31권: 79-98.
이윤재. 2010.『사회적기업 경제』. 탑북스.
이은애. 2011. 농촌형 사회적기업 활성화를 위한 정부의 역할과 과제.『경남
　　사회적기업 2차 포럼자료』.
이주성 · 신승훈. 2011.『미래 경제와 사회적기업』. 도서출판 청람.
이주하. 2011. 빈곤에 대한 정치사회학적 이해.『한국사회정책』제18집 제1
　　호: 11-42.

양준호. 2011. 『지역과 세상을 바꾸는 사회적기업: 개념 사례 정책과제』. 서울: 도서출판 두남.

최조순. 2012. 『사회적 기업가정신과 사회적기업 지속가능성의 관계에 관한 탐색적 연구』. 박사학위 논문. 서울시립대학교 대학원.

충남발전연구원. 2011. 충남사회적경제 생태계분석. 『제10차 사회적경제연구회 워크샵 자료』.

한국사회적기업진흥원. 2011. 『사회적 가치 측정 도구를 활용한 사회적기업의 자본 투자 활성화 방안 연구』. 한국사회적기업진흥원.

황미영. 2007. 사회적 경제조직으로서의 자활공동체의 실태와 전망. 『시민사회와 NGO』 제5권 제2호: 73-103.

Alter, S. K., & V. Dawans. 2008. The Integrated Approach to Social Entrepreneurship: Building High Performance Organizations. *Social Enterprise Reporter 1-4*(http://www.virtueventures.com/files/ser_integrated_approach.pdf).

Alvord, S. H., L. D. Brown and C. W. Letts. 2004. Social Entrepreneurship and Sociental Transformation. *Journal of Applied Behavioral Science,* Vol. 40, No. 3: 260-282.

Ashoka. 2006. http://www.ashoka.org/home/index.cfm, Accessed January 6, 2006.

Austin, J., H. Stevenson and J. Wei-Skillern. 2006. Social and Commercial Entrepreneurship: Same, Different, of Both? *Entrepreneurship Theory and Practice,* Vol. 30, No. 1: 1-22.

Bebbington, J., & R. Gray. 2000. An Account of Sustainability: Failure, Success and a Reconceptualization. *Critical Pespectives on Accounting,* Vol 12: 557-587.

Gilchrist, A. 2000. *The Well-connected community: networking to the edge of the chaos.* Oxford Univ. Press.

Kerlin, J. 2005. Social Enterprise in the United States and Europe: Understanding and Learning from the Differences. *Voluntas,* Vol. 17, No. 3: 247-263.

Pearce, J. 2003. *Social Enterprise in Anytown.* London: Calouste Gulbenkian Foundation.

색인

| ㄱ |

▌필자 소개 (원고게재 순)

❖ **강욱모** · 경상대 사회복지학과 교수

❖ **최문경** · 전 사회투자지원재단 연구원

❖ **강병준** · 서울시립대 사회과학연구소 전임연구원

❖ **심창학** · 경상대 사회복지학과 교수

❖ **채종헌** · 한국행정연구원 연구위원

❖ **김종수** · 충남발전연구원 책임연구원

❖ **권영빈** · 한국행정연구원 연구원

❖ **최조순** · 서울연구원 전략연구센터 부연구위원

[경상대학교 인권사회발전연구총서 3]

사회적 기업을 말한다

이론과 실제

초판 1쇄 발행 | 2012년 12월 15일
초판 2쇄 발행 | 2013년 8월 23일

엮은이 | 강욱모 · 심창학
발행인 | 부성옥
발행처 | 도서출판 오름
등록번호 | 제2-1548호 (1993. 5. 11)

주 소 | 서울특별시 서초구 서초1동 1420-6
전 화 | (02)585-9122, 9123   팩 스 | (02)584-7952
E-mail | oruem9123@naver.com
URL | http://www.oruem.co.kr

ISBN 978-89-7778-383-6   93330